U0919464

字有久香

[Zi] [You] [Jiu] [Xiang]

王丹阳 著

深圳报业集团出版社
SHENZHEN PRESS GROUP PUBLISHING HOUSE

责任编辑：王　杰
装帧设计：一　月

图书在版编目（CIP）数据

字有久香 / 王丹阳著．—深圳：深圳报业集团出版社，2014.1
ISBN978-7-80709-577-4

Ⅰ．字… Ⅱ．①王… Ⅲ．①散文集—中国—当代 Ⅳ．① I267

中国版本图书馆 CIP 数据核字（2014）第 010038 号

字有久香

Zi You Jiu Xiang

王丹阳　著

深圳报业集团出版社出版发行
（518009 深圳市深南大道 6008 号）
深圳市信和印刷有限公司印制　新华书店经销
2014 年 1 月第 1 版　2014 年 1 月第 1 次印刷
开本：787mm×1092mm　1/16
字数：250 千字　印张：21.5
ISBN978-7-80709-577-4　定价：28.00 元

序

《字有久香》是我出版的第四本书了。若要说我对这本书有何期待，不过就是盼望它能“自有久香”罢了，或者若是能“字有酒香”大致也是不错的。书中的文稿早已完成，自序却拖了很久。一本书的自序有时就如同写自我介绍一样，是一件异常困难的事情。你看，我是这么复杂的一个人，有时候开朗乐天高谈阔论，有时候沉静寂寞离群索居；有时候呼朋引伴，有时候独自远行；有时候野心勃勃耽于享乐，有时候清心寡欲安贫乐道。你看，这书里写了这么多不同的东西，有那些光影故事映现后的思索，也有那些看似常见的物件背后冷僻的掌故由来，还有那些一件件发生的大事小情中的冷静旁观。这些，都不是用寥寥几百字就可以完成的介绍，如同满腹的话，正因为太多太多，反倒不知该从何说起。

在《字有久香》出版前，我终于辞去了一份在外人看来前途光明头衔响亮的工作，收拾行囊开始了一个人的旅行。旅行和写字，我认为这些都是应当专心投入的事情，并不是抽空就可以完成的。这其中的种种取舍在最初之时，我也曾经乐此不疲地对周遭人诉说过，后来也就渐渐倦了懒得解释。甲之熊掌，乙之砒霜；人之锱铢，我之泥沙，无非如此。生命的走向本来就是极其私人的选择，我们的情感、经历、见解与喜恶决定了我们的路途，他人或许有他人的锦绣前程，我也自有我的海阔天空，冷暖自知。

旅程中，我在威尼斯买了一支鹅毛笔，一叠手工牛皮纸，然后在佛罗伦萨的小酒馆里写下了这篇序。很奇怪，无数次对着电脑敲不出字的空白文档，在这种古老的书写方式下却找到了出口。文至一半，邻桌的酒客过来攀谈，我突然又有了倾诉的兴致，好不容易用算不上流利的英文说完了我的种种近况，询问他觉得这样的取舍是否过于离经叛道。他却一脸莫名地看着我说，你自己的生活爱怎么过就怎么过，只要你快乐，只要你不伤害他人，又从何谈起对与不对？原来长期被认为是特立独行的我，在他们看来却平常至极：人之一生最最紧要的自然是依照内心所往过活，至于未来——又有谁的未来是可以安排的呢？若是未来是由安排而来，大致人生也无聊至极了。所谓“离经叛道”中的“经”与“道”，也不过是些早已作古之人的一时之见罢了，我们又何必在千年之后依旧循着古人划下的道路再走一遍自己的人生呢？我想这大概是西方文化思考方式中最大的优点：理解与包容。在他们看来，只要你不为非作歹，怎样生活都是值得尊重的选择。而中国式思维可悲的地方正在于此：只要自己认为正确的观点，非得强加到他人身上并施以要求方肯作罢。但凡与自己认知或生活经验相悖，便咬牙切齿痛不自已。末了酒客说，听闻你们中国人都很有远大抱负，从小都立志当科学家文学家金融家政治家。我们的孩子，哪怕只是想当个邮差，我们也是尊重与鼓励的——谁能说邮差不比总统快乐呢？我苦苦给他解释，我们中国人，只快乐是不够的。上要挣钱伺俸老人，下要争权便利后代，很不容易。他哈哈一笑，也不争辩，只说：可爱又可怜的东方人。随后坚持替我付了酒钱，哼着不知名的歌就摇摇晃晃地离去了。只留我一人继续用鹅毛笔蘸着蓝金色的墨水，努力为这篇序结尾。

我记得曾经有一个朋友这样对我说过，他说阿怪啊，你不似活在现世中的人，但是我们那样羡慕你。你就像是一部没有剧本的电影一样，是自由发展着剧情自行决定着结局让我们惊叹着参观的，让我们期待究竟在这样充满规则与妥协的俗世中，你能活出一片怎样不同于众的海阔天空。我自然也并不如他说的那样真正潇洒无牵无挂，我自然也是活在俗世中的人，也得担心老父老母余生是否有所保障，也得担心日子是否能继续快活地过下去，也得担心柴米油盐股市涨跌，也得担心是否能一生吃饱穿暖。其实能真正无所牵挂的人，这世上又哪里真的有呢。不过都只是些身在大荒里，心向彩云中的自我安慰与救赎罢了。若要说真有不同，或许只是我一早已明白人生只有一次且时日苦短还有各种天灾人祸不作其美，种种枷锁与桎梏虽与生俱来无可逃避，但毕竟还有可以由自己选择的远方与终点值得期待——可以由自我意识选择前路，这何尝不是人类最大的幸运，可惜无数人怀揣珍宝而不自知，将此幸运视若无物，宁可如同水母浮萍般，不辨方向地由周遭潮涌决定何去何从。当然更可悲的是，无数人很乐意充当周遭潮涌这样的角色，并以水母浮萍为识时务之俊杰加以颂扬。在我而言，人类的存在之所以伟大与了不起，是因我们虽一一背负枷锁受制而来，但我们从不绝望与放弃；是因为我们始终坚信，纵使路途千难万阻，但终有一日会于战战兢兢跌跌撞撞中逆水行舟渡过千山万水到达终可自由无惧的安乐彼岸。我认为这是我之一生应该到达的终点，是凤凰之所以愿受火刑以期获得的涅槃，所以我愿为此付出更多的代价，如此而已。啊，对了，这个朋友一直叫我“阿怪”，是源于一首叫《阿怪》的歌。那首歌是这样唱的：

我们叫他阿怪，他说的最多的是拜拜。

钱赚够了就离开，直到不能够生活他才回来。

他常说日子过得太快，还没攀过乌拉山脉。

他有他未来，我们学不来。

阿怪在饭店长住，永远都在准备云游四海。

一间房子可能不方便携带，拿不走的他都不会买。

他常说，时间过得好快，来不及到北极看苔原带。

阿怪，说时间好快，来不及看一朵花怎么盛开。

他有他未来，我们都学不来。

王丹阳
2013年11月8日
写于佛罗伦萨

目 录

第一部分　光影评说

第二部分　物的文化

第三部分　时事杂谈

Part 1 第一部分 光影评说

了不起的盖茨比

在我年少时候读过的书里，有三本影响了我后来的很多思考与决定，《了不起的盖茨比》是其中之一，另外两本是亦舒的《喜宝》和歌德的《浮士德》。现在想来，它们诉说的其实是一个互有关联的故事，无论是求之不得的追逐，还是得到之后的迷惘，都是我们与魔鬼达成的交易。一切皆有代价，我们所经历过的所有皆是如此。毋庸置疑，所有生命都是一个毁灭的过程，而在这之前的旅程里，充满了抵达终点之前的幻想与渴望。在这些幻梦的悲剧里，或者繁华似锦或者沧凉如水。我们在懵懂时以知识为救赎；在贫穷时以金钱为救赎；在寂寞时以爱情为救赎；在疾病时以健康为救赎；在迷惘时以理想为救赎，也在丰衣足食但无情无趣的人间里以死亡为救赎。盖茨比无疑是了不起的，因为他穷尽一生皆有梦想。他为梦想而生，也死于他的梦想。这正如同海明威对其作者斯科特·菲茨杰拉德的评价一样：女人成就了他，也毁了他。人们总是被成就自己的东西毁去，无一例外。

浮生若梦

故事从尼克的回忆开始。这个看上去浑身弥漫着迷惘与绝望气息的男人，他是这个故事的旁观者，也是这个故事的当局者。他曾经做过和盖茨比一样的梦，却也在盖茨比破灭的梦想中感受到了绝望与虚无。在尼克的回忆中，上世纪20年代美国的纸醉金迷如同一幅充满迷幻色彩的油画被打开了，在一望无尽的浓烈色彩中，尽是日不落灯不熄人未眠的繁华，这时的盖茨比，仅仅只是一个神秘的富有绅士，还没有真实出现在尼克的生活中。

在盖茨比富丽奢华的城堡中，夜夜尽是无休止的纵情享乐。似乎无论多少人也永远喝不完的美酒，似乎永远不会停止的音乐，全城的名流还有怀揣改变命运梦想的年轻女孩子们，他们在这座如同幻梦一般的极乐城堡里，放纵着青春与欲望。过于盛大与奢华的场面显得毫无真实感，使得一切更像是一场梦。而这场梦背后的造梦人，正是盖茨比。人们都在猜测，这样富有又年轻的人啊，他还需要什么呢？他应该什么都有了。但是拥有这一切的造梦人盖茨比也有他还未完成的梦想，那是他夜夜凝视的绿光，是他造梦的动力，是河对岸那所豪宅里的女主人，也是他依然年轻的爱情。

盖茨比虽然没有等到他梦中的爱人黛西的到来，却意外发现了自己的穷邻居尼克竟然是黛西的表哥。于是他给了尼克一张这场盛宴的邀请函，邀请尼克来到自己的世界，参与这场浮华的梦。尼克当然的如他所愿了，他是多么羡慕和向往盖茨比拥有的一切啊，盖茨比的人生正是他连梦中都不敢幻想的场景，而现在，他竟然能够和这样的人成为朋友，又有谁可以拒绝呢。

盖茨比是可爱的，是冲动的，是真诚的，却又是神秘的。他充满着成功男人的魅力，却又保持着一片赤子之心。尼克逐渐把盖茨比当做了真正的朋友，并开始为他和黛西之间的旧情复燃制造机会。那一场盖茨比和黛西重逢的戏拍得是很好的，也是这部充满冷色华丽的电影中唯一一场充满温暖感觉的描述。盖茨比手足无措的紧张，那些几乎淹没了整个屋子的鲜花，逃走又回来后的故作冷静，让我们毫无意外地爱上了这个在金钱与浮华的堆积中依然纯真如孩童的盖茨比。他带着黛西去自己如同城堡一般的家中，像个得意的孩子一样给黛西展示着自己所拥有的一切。物质，物质，还是物质。是的，他得意的一切都是物质，因为他知道他爱上的女人正是一个物质女郎，而他也只能靠物质去征服她。他对她说爱总是少于他对她孩子气地炫耀，因为没有人比他更明白黛西，那是无法仅仅凭借爱与真心得到的女人。所以他曾经失去过她，所以他今天还能够赢回她。

然而好景不长，当盖茨比与黛西的恋情被黛西富有的丈夫汤姆发现之后，盖茨比还是失去了黛西。黛西要什么？她要浮华享乐的生活，也要真挚热烈的爱情，还要安稳的一生。她要得太多，所以无法放弃。在黛西的游离与拒绝中，盖茨比还是为黛西的醉酒撞人顶了罪。这是丝毫不让我们意外的决定，因为黛西始终都是盖茨比的梦想，如若他背叛了梦想又还能剩下什么呢。庆幸的是作者最终还是把最后的仁慈给予了盖茨比，在他临死前他听到了电话铃声，他以为是他所爱的女子就要决定和他一起共度余生。他死在了梦想幻灭之前，或许这比让他面对昔日之梦的彻底崩塌要更好。至于现实中的真相，梦碎后的悲凉，却留给了可怜的老好人尼克。

尼克为盖茨比处理着后事，他虽然没有亲身经历与享用过盖茨比的浮华人生，却见证了盖茨比无从知晓的人情冷漠与世态炎凉。他曾经仰望着羡慕着盖茨比所做过的那些梦，还未成真就已破碎。他为盖茨比的结局感到愤怒与绝望，因为他知道这将会是这个时代中所有做梦人的结局。这是这个物质时代所注定的悲剧，是那些此刻被黄金时代的光晕映射到熠熠发辉的年轻骄傲冷漠的人们的共同悲剧。盖茨比死在此刻，所以他还依然热烈地活着。这城市却如同一座死城，无尽繁华中尽是已死去的行尸走肉。所以盖茨比是尼克的了不起的盖茨比，至少他生于梦想，也死于梦想。

覆灭的爵士时代

盖茨比是20世纪20年代美国文明孕育出来的产儿。第一次世界大战以后，元气未伤的美国进入了历史上一个空前繁荣的时代。“美国梦”像一个在半空游荡的色彩斑斓的大气球，使一代美国人眼花缭乱，神魂颠倒。这时的美国，经济大萧条还没有到来，传统的清教徒道德已经土崩瓦解，享乐主义开始大行其道。用菲茨杰拉德自己的话来说，“这是一个奇迹的时代，一个艺术的时代，一个挥金如土的时代，也是一个充满嘲讽的时代。”菲茨杰拉德称这个时代为“爵士乐时代”，他自己也因此被称为爵士乐时代的“编年史家”和“桂冠诗人”。在他的笔下，那些出入高尔夫球场、乡村俱乐部和豪华宅第的上流社会的年轻人之间微妙的感情纠葛是一个永恒的主题，他们无法被金钱驱散的失意和惆怅更是无处不在。《了不起的盖茨比》以年轻的渴望和理想主义为主题，因为这是美国人的特征；《了不起的盖茨比》中更多却是面对感情的变幻无常和失落感，因为这是那个时代的人们无法逃遁的命运。

菲茨杰拉德并不是一个旁观的历史学家，他纵情参与了“爵士时代”的酒食征逐，他完全溶化在自己的作品之中。正因为如此，他才能栩栩如生地重现那个时代的社会风貌、生活气息和感情节奏。但更重要的是，在沉湎其中的同时，他更像是冷眼旁观的尼克，体味“灯火阑珊，酒醒人散”的怅惘以及对于“美国梦”感到幻灭的悲哀。不妨说，《了不起的盖茨比》不仅是“爵士时代”的一曲挽歌，一个与德莱塞的代表作异曲同工的美国的悲剧，也是作家本人“灵魂的黑夜”的投影，因为“在那里永远是凌晨3点钟。”

菲茨杰拉德以诗一般的文字，描述出了“爵士时代”一个“美国梦”从鼓乐喧天到梦碎人亡的悲哀。如同在影片中不断出现的上帝之眼一般，当我们回头审视《了不起的盖茨比》，它正是“爵士时代”的一个缩影，菲茨杰拉德对那个时代美国社会的种种腐败现象作了酣畅淋漓的描绘：如贩卖私酒、黑帮猖獗、农民背井离乡、涌向东部大城市，农业社会的败落，工业化和城市化的恶果显露，道德被打上金钱的烙印，物欲横流，享乐主义至上等等。透过这些现象，可以直接感受到菲茨杰拉德对于上世纪20年代表面繁荣的忧心，对于1929年证券市场的暴跌及稍后出现的大萧条的那种隐而不露的超验先觉。同时也象征性地表达了一个时代的既将结束，另一个时代的开始，美国传统信念的沦丧，最后不可避免导致美国梦的破灭。

所谓“美国梦”是一种信念，更是一种欲望。做梦人认为在这块充满机会和财富的土地上，人们只要遵循一组明确的行为准则去生活，就有理由实现物质的成功。但是，《了不起的盖茨比》写的不仅是“美国梦”幻灭的悲哀，它也写了“人类最后的也是最伟大的梦想”的顽强生命力，盖茨比虽死而不悔的追求就是它最好的印记。

绿光

《喜宝》里有段很是出名的文字，是这样写的：想要很多很多的爱，如果没有，就想要很多很多的钱。如果也没有，至少要有健康。在我年少的时候，并不理解为什么爱会被摆在第一位。就如同我年少时看《了不起的盖茨比》一样，我也不明白这个什么都拥有了的人，为什么会付出一切为代价去换取早已面目全非的爱情。在我年少的时候，还曾经羡慕过浮士德，夜夜幻想也会有个魔鬼来与我做交易，死后的灵魂算什么，如果可以换取成就、金钱，当然要毫不犹豫的交换。后来的每年，我几乎都会重读这几本书，我开始觉得喜宝是多么地聪明啊，她虽然曾经淹没在欲望的沼泽里，但是她一早就知道唯有爱才是她的救赎。我开始明白当她的爱人死后，那唯独剩下金钱的无尽空虚的生命里的悲凉。我也逐渐明白了盖茨比的了不起，逐渐懂得了浮士德的痛苦。这世间的一切，皆有代价，但是往往我们所追求的，都是注定会幻灭的虚空，交换出去的代价，却往往都是不可再寻回的美好。得到与失去之间的重量无从衡量，因人而异。所以有人一辈子追求物质却求而不得，有人在钱花光之前就已生无可恋无聊至死。所以有人穷尽一生追名逐利，有人桃花树下高歌醉舞五十年。

在菲茨杰拉德的墓碑上镌刻着这部小说的最后一句话：盖茨比相信那盏绿色的灯，它是一年一年在我们眼前渐渐远去的那个美好未来的象征。从前他从我们面前溜走，不过那没关系，明天我们将跑得更快，手臂伸得更远，总有一个明朗的早晨……于是，我们奋力搏击，好比逆水行舟，不停地被水浪冲退，直至回到过去。而一代美国梦的传奇代表，世界首富比尔·盖茨，也将这句话刻在他豪宅图书室内的顶板上，作为自己的座右铭。

生命总是在各种希望和幻灭间轮回，人类与盖茨比的伟大却正来源于此。我们知道我们终将死去，我们知道我们终将被遗忘，我们知道生命有多么的艰难，我们知道时间之河里皆是苦痛，而我们在死亡之前总是逆水行舟。但是我们从没有人在得知自己终将会死去之后就放弃活着，这就是我们的伟大。我们虽然一次次的失望，一次次的目睹梦境的幻灭，人世的沧凉，但我们依然相信，下次只要再努力一点点，跑得再快一点点，胳膊伸得再长一点，终有一天能触到那缕希望的绿光。于是我们纵使逆水行舟却从未放弃过奋力前进，于是当一个梦碎掉我们便寻找下一个梦想。就在这样的轮回与坚信中，在如同西西弗斯推石般的轮回与反复中，我们成就了我们的伟大与了不起。

一代宗师
——逝去的武林，远去的侠义

《一代宗师》，这不是一棵树的故事，而是一个武林的故事。《一代宗师》说的也不仅仅是叶问的故事，而是身处于那个时代中的群侠的故事。一抬眼，一转手，一回眸间，尽是独属于民国的淡然与内敛，动乱中的有序。这无疑是至今为止最好的武侠片了，因为在《一代宗师》里，江湖终于没有再扯上庙堂。民族主义这件政客的遮羞外衣终于被扯下，有的只是一个纯粹的武林，百花齐放的各派各宗在一个白银时代的尾声处，由人至艺演绎出了一场再也无法复制的时代绝响。

说起中国的武侠电影，其实我是很怕一看的。武侠片作为中国独有的一种类型片，长时期以来都作为一种国力不足的心理补偿而存在。李小龙一度是华人圈最大的明星，因为他“弘扬了民族自尊心”，很难想象，这种话会用在美国影帝盖博或法国影帝让·迦本身上，实际上，他们的魅力正来自他们对美国和法国的冷嘲。而功夫，也一度成为了一种强烈自卑之下的粉饰品。武术一直被捧为“国术”，《东方不败》里那句“你有科学，我有神功”，用一种戏谑到极致的语调，给国人的武术情结做了最好的诠释。科技，在武侠电影历史上是个贯穿的春梦，各路英雄都意淫战胜之。武侠电影的软肋是，枪一出现，武功就不成立了。武功如何对付枪？以轻功对付枪？趁人没开枪之前，把枪掰坏；敌我双方的子弹打光了，是比武的理由；或是有一个热爱中国武术的外国高官，嘱咐手下“不要开枪”；或是法律规定不能用枪……武功到底能不能对付枪？这是百年前义和团的思考，到上世纪三四十年代，兴起武侠小说后，其盟主人物还珠楼主在《蜀山剑侠传》中写了一系列仙佛神功，大长民族自豪，造成许多青年去山中寻仙的社会现象，但那些神功是怎么想象出来的？《一代宗师》毫无疑问是一部为功夫、为武林的正本清源之作，它尽可能地还原了江湖社会与游民社会之中的滋味。实际上，无论怎样崇敬武侠，武侠所在的也是一个地下社会而已，也就是后来说的黑道。用武侠片来讲家国情仇、民族大义，实则就是一种黑道洗白。叶问终于没有再去打日本人，仅就这一点来说，《一代宗师》就已经是一部不再需要用民族主义这剂老而又老的兴奋剂的，挺直了腰背放平了眼神坐稳了姿态的大成之作了。

中国因为近代的屈辱史，江湖中人也背负上了强国的责任，武侠片也渐渐沦为国人以求自强的工具，而它的出发点无非是国人的民族自卑。于是《叶问》和《霍元甲》纷纷抡拳砸向日本人，以歪曲历史的方式构建国人的孱弱自信。试问一句：难道当年的中国只要人人武艺出众就可扭转历史乾坤吗？这真可谓是一大笑谈。过往的武侠片故事是其次，口号是重点。就如同一场无聊繁复的晚会一般，人物与情节都是填充，末了只要把那句“中国人不是东亚病夫”和“江湖中人也爱国”的口号喊出来便了事。如同春节晚会莫名其妙的一堆节目后只为了说一句“给您拜年了”是一个意思。现实的孱弱不能靠外在的强壮来改变，唯图精神上的胜利。于是武林人士救国变成了我们的影视作品乐于表现的题材，但这些全不是武侠片，因为并没有武侠片特有的意识形态内核，而这个内核就是江湖规则。《一代宗师》中讲的最多的就是武林规则，江湖仪轨。他没有再让叶问去打日本人，更在影片中隐去了国仇家恨的抗日年代，因为这个年代，武人是没有什么大作为的。《一代宗师》是个汤料正宗的武侠片，里面的家国大义在隐而不发之中却更显气度。

逝去的武林

人总是要向前走的，但人有时需要往回走。武侠片无疑正是满足着这种“往回走”的需要。前途空洞无聊，起码过去还有些依凭。武侠片如果要形成类型，先要建立自己的恐惧和救赎。丰衣足食，但文化消亡，武侠片的救赎是礼乐。人间变得无智无趣——武侠片应该怕这个。而武侠片的救赎正是礼乐。待到礼崩乐坏的一日，武林规矩荡然无存之时，也正是武林消亡之日。所以《一代宗师》讲了很多旧时武林中的礼乐规矩。各门各派的宗师有别于街头混混的，除了武艺，更在仪轨。武侠片应该敏感中国人的“样”，保留些传统中国人生活方式。怕“样”消失，应是武侠片的恐惧。这种恐惧不是臆想出来的，而是历史中一种庞大人群共有的心理。在《一代宗师》里，从马三的欺师灭祖开始便是一种礼崩乐坏的象征，我们也由此可知，这个武林，这个江湖，就快要被埋没在大时代的背景中，渐渐失去了。而宫二这个出身名门的宗师，在从始至终对马三的追讨中，都只是想要拿回宫家的东西，无关其他。宫家的东西，是绝艺，是师训与规矩，更是一派功夫大家对于武林规则的尊重与守护，是武林的面子。庙堂中人可能重视里子，但对武林中人来说，失了面子，便也失了一切了。《一代宗师》中处处演绎着武林仪轨，多不胜数。在掰饼论艺一段已足够让人大饱眼福，杨露以蝉鸟不飞的绝技，用自己的力气化解掉麻雀的借力，夺饼也是同样道理。在夺饼中，叶问第一次掌心向上，是谓阳手，也就是“慈悲”这招只会伤人不会死人，当此招掰饼失败后，叶问又掌心向下，是谓阴手，也就是“超度”这就是狠招了，最后两招全无用后，叶问就用咏春听桥，这就如太极中的推手或黏手，借力使力，跟着你走，咏春功夫较柔，这门听桥克刚克柔无往不利，在前面的贺拳中，叶问正是用听桥化解了勇哥的半步崩拳，在形意拳中，就有“半步崩拳打天下”一说，听桥既可化解猛拳，亦可化解柔势。而一线天在三江水的挑衅后也有一段话，“念经就限这么一回，下回要超度了”，这里的“超度”跟叶问的二次夺饼是一个意思，都是杀着，不留情面之意。

影片还有一处“老猿挂印”。马三当了日本人的官儿，而宫宝森告诉他，此招的关隘不是挂印而是“回头”就是让马三回头是岸，马三当时没悟懂继而跟师父大打出手，而取宫宝森性命的正是“老猿挂印”一招。“老猿挂印”就是用膝盖去撞对手胸骨，是谓挂印，而宝森用了一招“叶里藏花”将马三推出。其实两招均是杀着，在这两招比试中就看谁快谁猛，但显然宫宝森慢了一着，他心存善念，望徒弟浪子回头，所以手下留情。而最后在宫二和马三的比试中，他们依然用了这两招，马三被打败后才悟到“当年的话，我没听懂，还以为是他慢了”。我们还可以看到小流氓跟一代宗师的区别，三江水打斗的方式是“你捅我三刀，我捅你三刀”，这在八极拳宗师看来俗了，什么叫雅？一线天来了招“美人挂画”，八极拳的劈和扑力道十足，“打人如挂画”我们看到三江水如一张画一样横推到墙上。很多人很是费解为何会有这号人的存在，然而我却深以为一线天的存在是《一代宗师》的精妙之处所在。一线天的故事实则可以说是《一代宗师》的续集，当武林消亡后，宗师们大隐隐于市，不同于叶问依然教导武艺开设武馆，一线天以一种更为隐晦，也更与时代贴合的方式存在着。这无疑也满足了武侠迷们的“扫地僧”幻想。金庸笔下的扫地僧武艺高于众大侠，而或许在某个老街角的小理发店里，坐镇的正是昔日武林的一代宗师。王家卫无疑对于逝去的武林有着太多的留恋，于是只能于一线天身上幻想，武林仍存，只是外人不可知而已。电影中还有金楼里面的奇女子和众豪杰，都有极考究的江湖仪轨，精彩之处说之不尽。但最为精致的规矩全体现在宫二身上了。她是这个武林最后的世家之后，真正的名门贵族。可以为了武林规矩，奉道断发，也为了宗派规矩，至死也未满足心爱之人想要窥得宫家六十四式的心愿。那场戏是绝佳的，两人对坐，暗香绵情浮动之间，宫二仍能冷冷地说出“你要是一进门就说这话，那恐怕得先唱一出《杀四门》”。就是这个道理。你想看人家的武艺，从没有人家表演给你看的道理，唯有将人家打败方能提这种要求。这也是踢馆的套路。你想看看人家武艺的门道，唯有上门讨教切磋，否则免谈，绝没有坐下来开学术讨论会的事情。已身出武林的宫二在心爱之人面前，江湖规矩仍是一道越不过的坎。如此孤守之下，更让我们怅然那个曾经的武林，那些曾经的宗师都已再不可返了。《一代宗师》不断用一帧帧的黑白照片提醒着我们这些都是故去的人，故去的事了。“逝去的武林”和“远去的侠义”是《一代宗师》的内核。在民国与宗师不复存在的今日，或许我们只能在对一线天的想象中，安慰礼崩乐坏的今日了。

风尘之中，必有性情中人

宫二与叶问的爱情，是《一代宗师》里串起各个人物，串起每段时间的索绳。叶问，宫二，一线天等门派宗师在时代洪流中安身立命，悟道潜行，即使三人命途际遇不同，但几人在江湖中的萍水相逢扔撩拨着我们的心弦，发酵出王家卫电影里始终难以割舍的主题——人生无常，慎惜以渡。彼时，盛年盛时，她正艳光灼华，却也傲气无双。他如玉温润，一代大家气势已成。那一场翩若惊鸿的试手，“若打坏了一样东西便算你赢了”的宠溺，鼻尖滑过时再也隐忍不住的暧昧与呼之欲出的情意，楼梯处他的相让，她得意刁蛮的浅笑，在最好的年华，她遇上了他，这大概是宫二一生之中最念念不忘的回想了。宋慧乔演绎的张永成，也自有一番名门闺秀的气韵。而她与叶问的婚姻，确是应了那句话：纵使举案齐眉，到底意难平。举案齐眉的无声胜有声，熬得过悠悠岁月，却抵不过“生死契阔，与子相悦”之人的出现。一淡雅，一浓烈，如同清茶与醇酒，张永成让叶问自持与清醒，宫二却无疑是让叶问醉去了。王家卫在情感渲染上发挥了他向来最拿手的技艺，将宫二与叶问之间的思与念烘染的像是夕阳晚照下的森林，看不清绿意，但能感觉到浓度。一次比试时的鼻尖碰触，一颗纽扣的送与还，一抹眼泪的夺眶而出，将宫二与叶问之间道不明的情愫饱满地渗透在银幕上。情是浓的，但看起来很淡；意是重的，但看起来很轻。叶底藏花一度，梦里踏雪几回；郎心自有一双脚，隔山隔水有来期。这便是宫二与叶问的情意了。多浓的爱慕，多悠长无止的相思，也不过就是一句“你来，我等着。”宫二说人生无悔，那都是赌气的话。若真无悔，那人生该多没趣啊！叶问便答一念既出，万山无阻。于武于情上，两人都是最好的对手。情之一事，正如下棋一般。段数越接近，时间越持久。宫二与叶问，这两位一代宗师的爱情里，尽是你不用说我不用问的默契，也是我会等着，你会来的笃定。这样的感情已不是爱与不爱可以言说的分量，越重便显得越轻，越浓便只见越淡。轻生死重离别之间最终也只剩得念念不忘的回响罢了。身后有身，路后有路。这是电影里的宗师们都无法抵达的境界。有情，有义，有念，有恨，就已注定了退无可退，守无可守。叶问在与宫二的那场比试中，便输在了此处。但于叶问而言，若是无宫二相爱相守，又要那身后身，路后路有何意义。情之一事，大致浓到极致也莫过于此了，明知退无可守，进无可寻，亦是不弃不悔。

《西游降魔》

——何处是西天

不论大众如何理解《西游记》，我始终觉得这是一出充满悲壮色彩的悲剧。一群人，踏上充满苦难的道路寻找坚信的救赎，然而毫无疑问这救赎是注定寂灭的虚空。由魔至佛的过程，无非是一个人从生到死的旅途罢了。成佛讲究四大皆空，放下一切欲望，而一个毫无欲望、感情、梦想的人，一个毫无痛苦也无欢乐的人，还剩下什么？欲望是人性中的魔，无欲是佛性的皈依，这与从生到死亡的结局是一样的。西天是佛之所在，也是人之归宿。每个人其实都在西游之路上走着，战斗过，希翼过，爱过，痛苦过，也欢乐过，最终一切归于寂灭。我们终究都将到达西天，终究都会在愿与不愿间主动或被动地放下一切，在这之间的路，无论平凡与否，都是一路的战斗，一路降服自己心魔的旅程。然而很少有人思考的是：如果我们的最终信仰是四大皆空，是笑对一切，是放下欲望，那我们生的意义又在哪里？仅仅是为了让这段生与死之间的旅程显得更加精彩丰满吗？每当我们如是思考，我们便会明白，唯有人间之爱才是救赎。

《西游记》从来都不是一个一路打小怪，偶尔打大BOSS的无聊故事。《西游记》的天界、地界、冥界、水界大概分别代指朝廷，地方，地下世界，商帮。而孙悟空则是人之欲望的体现。人在年轻时都如孙悟空般敢想敢干，上天入地，无所不能，敢于蔑视任何权威，“粪土当年万户侯”；一旦碰了钉子，栽了一个大跟头后，就会学习去找一个超越冲动与欲望的“正果”，说服自己克服艰难险阻和人生中的诱惑。我一直不理解有些影视作品是怎样把《西游记》拍成一部充满欢乐、激人上进的闹剧，还敢妄称为“经典”的。孙悟空的由魔转佛，在传统价值观里一直是一种积极向上的引导，这可谓讽刺至极。孙悟空成佛的路上经历了什么？他降的魔大部分是当时与他一起浴血奋战天庭的兄弟，比如牛魔王，还有些是最初时他自己的缩影，由各种神仙的爱宠和坐骑刻意制造出来的磨难就更不用提了。在昔日兄弟的血中走过，用一个小金箍和一段掌握在别人手上的咒语来遏制自己的思维与欲望，难道还有比这更悲剧的人生吗？如果我们要说孙悟空的故事，那么不论过程如何喧闹，其基调都是一出悲剧。从这一点上来说，虽然我一向不欣赏周星驰那些刻意又做作的演绎方式，但是他显然是少数明白孙悟空的人。从《大话西游》到《西游降魔》，或许有人曾经笑过，但更多的人是为其哭过。从《大话西游》到《西游降魔》，里面贯穿的主线都是爱情。这毫无疑问是充满怜悯心的安排，在这样的一段旅程中，倘若再失去爱的救赎，该有多么可悲。虽然不少观众认为可悲之处在于爱情发生之后，与成佛之路产生了冲突而不得不被放弃掉。但是总比什么都没有发生过要好，不是吗？

大概在《大话西游》里，孙悟空已经被演绎完了，抖不出多少新包袱了，因此在《西游降魔》里，唐僧成为了主角。然而《西游降魔》里我们欣喜地看到了那个早已被我们遗忘的，被“朝廷”（天庭）招安之前的悟空。他狡猾，狂傲，诡变，充满兽性。当然，这或许并不是兽性，是人性罢了。只不过当人性被赤裸裸地剖析之刻，人们总还能找到一个自我安慰：这不是人，不是我们，是只猴子。由此获得慰藉。孙悟空被招安的过程依然是被“打服的”，当然，八戒与沙僧也皆是如此，这从片尾处几人面目呆滞的迈上西天取经之路就可以看出了。有意思的是，佛家讲感悟与点化，然而在西游里，似乎一切皆是靠打。这无疑是吴承恩寄托于书中的对人生的一个巨大的讽刺。事实上，人之一生的可悲之处正是在于，总是有种力量能够让你不得不低头，不得不服从，甚至还为自己找出诸如成熟与顿悟这般的理由来粉饰太平。就如同孙悟空总会遇上如来，其他妖怪总会遇上孙悟空一般。而唐僧，作为一个顺从官方期望的存在，却是不论遇上什么灾难，总是有人救他于水火之中的。

在《西游降魔》中，“儿歌三百首”是个新亮点。《大话西游》里的伤心之作被改编成为了劝善降魔的手段，无论这是不是导演的刻意安排，都使得整部电影更加具有了讽刺涵义。而唐僧这个人物，也从此处开始才算真正出场了。《西游降魔》里主要说的是唐僧的故事：个体在懵懂的状态下，被赋予了某项重大使命，与此同时爱情也在他不情愿的情况下降临。故事的结尾处，唐僧被迫要在爱情和使命之间做出选择。但实际上这个选择是被虚置的，因为命运已经决定了爱人要为唐僧赴死，从而只留给了唐僧一种选择——有阴谋论倾向的同志大概会想：这个女人真地是死在孙悟空的手下吗？那我们怎么解释她突然间突兀地出现？难道这不是天庭的安排，或者我们称之为命运的戏弄吗？当命运掌握在一些希望唐僧完成使命的人手中之时，唐僧的爱人得到如同降魔一样的下场似乎也就不足为奇了。

《西游降魔》从台词上也呼应了《大话西游》。《大话西游》里说：“曾经有一份真诚的爱情放在我面前，我没有珍惜，等我失去的时候我才后悔莫及。如果上天能够给我一个再来一次的机会，我会对那个女孩子说三个字：我爱你。如果非要在这份爱上加上一个期限，我希望是……一万年！”《西游降魔》里却说：“一万年太久了，我要你爱我，现在！”这是周星驰时过十余年后的感慨。如果当人物被置于西游这样的背景之下，那一万年就注定是虚空，注定是放下。倒不如在人性尚存的一刻来得珍贵。

从《大话西游》到《西游降魔》，无疑都非常不原著，但是却都很西游。至少比那些又臭又长的一路打妖怪的号称经典的电视剧要强了许多。事实上，在大部分中国人眼里，名著一直是一个碰不得的东西，如同对待婚姻一样，不忠实就是最大的错。如果我们妄图把《西游记》理解为一个宗教入门故事，那就大错特错了。事实上，对于佛的理解绝非是呈现在《西游记》之中的那样。我们知道，任何一个文艺工作者，其创作一部文学作品也好，创作一部电影也好，都只不过是想在别人的故事里说自己想说的话罢了。如果仅仅追求于情节与形体的相似，思想却背道而驰这或许才是最大的不忠实。听说《西游降魔》的票房不错，有些人这样评价它：很搞笑。还有些人这样评价它：很悲剧。还有些人说它很烂。怎样评价并不重要，无论是笑过，哭过还是骂过，我们都随着故事重历了一遍西游。每个人心中都有一个没被招安前的孙悟空，大部分人却都在唐僧的路上走着。唐僧想要救赎整个世界，整个人类，但是他却从未曾真正的救赎过自己。或许比历经一路磨难更加难以坚持的，不是信仰，而是不被改变的自己。

时间规划局

——寿命资本主义的狂想曲

一杯咖啡价值20分钟，一瓶好酒价值1个月，一架跑车价值70年，一栋豪宅价值200年……在《时间规划局》里，时间成为了唯一流通的货币。每个人手臂上的数字显示着生命的剩余长度，在倒数中飞快流逝。在这个想象出来的未来世界里，人类的遗传基因被设定为最终停留在25岁，不管他们活多久，生理特征都将保持在25岁。然而到了25岁之后，所有人最多只能再多活1年，唯一继续活下去的方法就是通过各种途径获取更多的时间。这无疑是一个关于资本主义的终极想象——寿命资本主义。在这个想象中，构造出了一个财富阶层的乌托邦：没有衰老，没有疾病，最大程度地接近永生。“至少每个人都会死”，这个跨越阶层的公平性被推翻了。当资本可以换取生命的长度，当时间成为唯一流通的货币，人类的选择便显得愈发单一。财富的涵义不再仅仅是能让人们过上不同的生活，而变成了能让人们生活多久。我们不再能期望也许并不富裕但是平淡温馨地过一生，因为那意味着一生或许只有20余年。活着或者死去变成了单向的选择，富人在这个世界可以追寻长生不老，而穷人们的生存则变得很艰难。因为一旦无法获得时间，那便等于宣告了一个人的死亡。

故事从贫民区里开始。当主角WILL和他的母亲初一上场时，我们都会以为他们是情人的关系，随后才反应过来：啊，原来每个人都会保持25岁的样子不再变化。这使得伦理道德变得极端的薄弱和怪异。当然，在穷人的世界里，两代人能同时出现就已经不错了，但是在富人的世界里，当时间足够富裕的情况下，四世同堂的家族里，却分不清谁是孩子谁是长者，这无疑会显得更加的诡谲。WILL的母亲给了他半个小时，可以吃顿午饭——由这里开始，整个故事的基础逻辑清晰了起来：时间是可以转移的，如同货币一样，它可以被赐予，获得，付出，也可以被偷窃。

WILL的奇遇从他遇上一个从富人时区里来的有钱人开始了。富人的手臂上有一个多世纪的时间——要知道，在贫民区里，几乎每个人都只拥有几小时到几十个小时的时间而已。他在酒吧里肆意挥霍钱财，被时间盗贼盯上。WILL从时间盗贼的手里救下了他，但是这个不知道已经活了多久并且会一直活下去的富人却不想再活下去了。这或许是普遍灵魂仍存，思想未竭的尚未沦落成货币繁衍工具的财富阶层的烦恼：丰衣足食，但人间无趣。在钱花光之前，就已无聊至死了，而对于感到一切无趣无聊的人来说，或许永生才是最大的诅咒。当然穷人不会思考这些，活的久一点好一点就已经是人生的意义了。他们或许一生都在奔忙于此间。要知道，人生与意义这样的命题，只有生活无忧者才会思考。这个生无所趣的富人把他所有的时间都送给了WILL，这或许是他在人间做的最后一件有趣的事情了，毫无疑问，他改变了WILL的命运，但是这突如其来的财富究竟会给WILL的人生带来幸运或是不幸，他却不得而知了。

得到一百多年的WILL如同所有一夜暴富的人一样，他期望自己的财富能为周遭的人带来改变。他送给了最好的朋友十年，还想要送给他的母亲很多很多的时间。然而悲剧在此刻上演了，他的母亲因为一张车票的涨价，耗尽了所有的时间，死在了WILL的面前。

这时，想象与现实是重叠的，现实中的悲哀正是空有财富却无法挽留住挚爱亲人的离去。但在这个虚拟的世界中，或许只要那张车票还没涨价，WILL就还来得及让他的母亲再活上几十上百年。我们可想而知，在这样的假设下，WILL对社会秩序和富人的仇恨到达了顶点。而此时他被时间盗贼的追杀则让他决定跨越时区，到富人的世界去。要知道携带着近一个世纪的财富待在贫民区里，实在是太冒险了。

在时区的跨越中，需要支付时间以做资格保障。最初的几个时区只需要支付几个月的时间，到了后来渐渐变成几年。终于来到富人区的WILL，尝试着过富人的生活：吃价值半个月一餐的早饭，住价值几个月一晚的酒店。但他并不真正的像一个富人：这就像一个暴发户进入了贵族阶层一样。或许可以消费同样的物质，但是却有着截然不同的生活方式，那是由出生及成长的阶层所决定的，很难改变。在这个时间就是金钱的世界里，富人们最大的奢侈并不是消费，而是慢慢的生活。慢慢的喝一杯咖啡，在阳光下发一下午的呆，和朋友们漫无目的的聊天，这些才是真正奢侈的事情。但WILL在长期的生活习惯中，在长期面临手腕上只剩几小时的恐慌中，哪怕吃一顿再昂贵的饭也是习惯性的狼吞虎咽。这让他在富人区里看上去非常的奇怪：他总像是在赶时间，要知道，只有穷人才会这样忙忙碌碌的生活。

WILL开始逼迫自己学会如同富人一样的慢节奏生活，他出入各种上流社会的聚会。善于赌博的他在赌场逐渐为自己赢得了几千年。他开始变得越来越像一个真正的富人，开价值百年的豪车，追求银行家的女儿。如果故事一直这样发展下去，或许他会慢慢遗忘当初对于社会与富人的仇视。但在这个时候，时间警察却找上了他。他们不相信会有一个人心甘情愿的送给WILL一个世纪的时间，认定是WILL谋杀了他，偷走了他的时间。WILL所拥有的几千年都被时间警察冻结，而他则绑架了银行家的女儿走上了逃亡之路。

后来的故事就比较俗套了。银行家的女儿为爱走天涯，跟着WILL一起四处躲避时间警察的追捕。甚至一起抢劫自己父亲的时间银行，想把富人的时间都分给穷人，达到劫富济贫天下均贫富的共产主义理想，但这无疑是极其可笑的。在后半段的剧情中，有两个小片段很值得深思。WILL绑架了银行家的女儿后，要求银行家用1000年来赎回自己的女儿。银行家的妻子说给他吧，这对我们来说也算不上是无法承担的钱。但银行家说，我们的女儿值1000年甚至更多，但是我不能把这1000年放到市场上去。而后又有一场，WILL逼迫银行家拿出了100万年。银行家说："你认为你救了所有人，你是英雄，但实际你把整个社会体系毁了，一切都将混乱。"

从经济学的角度来说，银行家无疑是正确的。这样大笔的廉价资本冲入市场，貌似是行侠仗义，实则会引发一系列的通货膨胀及社会动乱。值得一提的是，银行家存放一百万年的保险库里，密码是达尔文的生日。达尔文与他的进化论大概是所有精英阶层所奉行的圣经，也大概是所有底层人民最深恶痛绝的歪理邪说。而精英阶层认为自己所拥有的一切皆是进化结果，底层人民却认为自己的不幸皆是社会不公，这是任何体制下都无法调和的矛盾。从推翻到重来也无非是个洗牌的过程而已，洗牌之后新的阶层分离还是会出现，不同的只是原有的富人被干倒了，新的富人起来了。然后周而复始成为历史永恒的怪圈罢了。

WILL在电影里想做的事和所有时代里的穷人们想做的事是一样的，那就是清零。把富人们所有的资产与财富都抹去，然后让穷人变成富人，这无疑是个巨大的悖论。绝对的平等是不可能存在的，因为贫与富的存在正是相对之下才存在的。当穷人变成了富人，没有任何理由和证据证明他们不会比今天的富人更糟糕。财富阶层对于底层人民的剥削是无可否认的，但是当我们冷静的追溯起源我们会发现，财富阶层的起源也不过只是一些在物竞天择这个游戏过程之中获得利益的平凡人罢了。他们的第一桶金纵使沾满原罪，却也并非不劳而获。一味的仇富与干倒富人的思维无疑是反进化的，事实上也不可能真正成立。当我们冷静的回顾历史就会发现，那些起义推翻现有阶层与制度的所谓底层人民，最后都成为了新时代中的剥削阶层。但是古往今来，活得不好的人总是比活得好的人要多得多，所以历史总是在重演。

根据布迪尔的学说，人类在实践中的理性不可能是完整的，因为每个人都有自己的局限，更重要的是，有一种紧迫感。我们不可能优哉游哉地把每一件事情研究透彻之后再作抉择，时效性逼迫着我们必须在信息不完整的背景下做事，这种时效性的逼迫，一部分来自自然的节奏，另一部分，则来自于我们必然有限的生命。但是在寿命资本主义的假想中，上层阶级则突破了这一限制。他们有大量的时间可以思考，可以消化吸收人类的所有精神成果，并推动文化前进。寿命资本主义第一次使得统治阶级掌握了“紧迫感”这种武器：下层人民为了赢得寿命，不得不低头做工，不停地投入生产，以获得生存必需的时间和物质资料。这使得他们无法反思自己的生命，无法提升自己的眼界和素养，无法获得足够的信息以摆脱目前的困境。如果说传统的无产阶级至少还有与资产阶级一样长的寿命以形成阶级觉悟或者实现向上流动的话，寿命资本主义时代的下层阶级将永远无力翻身。从这一点来看，当时间真正成为资本存在时，贫富才会成为永远无法逾越的鸿沟。由此我们可知，真正决定上层或下层的关键，不在于财富，而在于可用于思考与学习的时间与空间。停下来，回头看，不再如同水母一样被外界因素推着不断的无知觉的前行。停下来，想一想，想到清晰了再接着走，这无论在想象的世界里或是在现实中，都是对于生命来说最奢侈的事情。但是这样的奢侈最终会决定的，才是一个人真正的命运。

蝙蝠侠3

——富且行仁

故事发生在蝙蝠侠消失的8年以后。背负着巨大的谋杀指责，布鲁斯韦恩现在是一个伤痕累累的隐居者，但哥谭市的地下势力正在复兴——一个叫贝恩的面具狂人决定是时候要毁灭这座城市。面对新的威胁以及神秘猫女赛琳娜·凯尔，韦恩决定要让黑暗骑士再一次降临哥谭市。

故事的开始，是一场严肃的对丹特的追悼，以及对韦恩的指责。如果说蝙蝠侠对于大众来说，是一个黑暗骑士的存在，那丹特显然符合了大多数人对于光明骑士的想象。丹特心里一直住着一个野兽，要给予所有邪恶以毫不留情的打击，他之前之所以没有走上邪路，是因为他还相信，他追求的东西可以通过法治来实现。蝙蝠侠通过自我道德判断与能力，辨善恶，给奖惩。但显然，这种个人的价值道德体系与私刑让公众感到不安。而丹特做的，正是尝试用体制和法律解决这个问题。但其实他不明白的是，带来公平的不是规则，而是没有规则。

或许这个论点让诸多人感到费解，这就让我不得不再回顾一下那部著名的大作：罗尔斯的《正义论》。罗尔斯假设了一个绝对正义的“无知之幕”，这就是说，只有当我们不知道自己是谁的时候，才能知晓何谓正义。比如你觉得杀光富人是正义，但拉开无知之幕，才发现自己是世界首富。可惜的是，所谓正义，都是我们以幕后的身份思考得来的，圣贤与凡人尽皆如此。

卡赞扎基斯曾写过一个故事：懦弱的木匠为统治者制造刑具，后来，上帝把神技降于他，把他心底深处的信仰释放出来，他拥有了众多的追随者。可是他的内心一直痛苦。有一天，他哀求自己最优秀的弟子去出卖他，以自己的生命去为世人赎罪。他的这个弟子为了他和他的老师的信仰去告密了，木匠被处死，弟子则背负了万世骂名。《黑暗骑士》中的韦恩，他走上侠客之路是因为父母的死，而父母的死的原因可以追溯到他对蝙蝠的恐惧。蝙蝠侠的身份本身就意味韦恩对自己的战争。他通过与堕落的世界宣战来发动对自己的战争，他对外的胜利就是对自己的胜利，他对外的失败就是对自己的失败。他与影武者同盟的区别在于他的目的只是通过打击罪恶来修正高潭，而影武者同盟是要让高潭陷于毁灭的疯狂而“对整个文明进行洗牌”。他与小丑不一样的是他的“规则”与“目的”，规则让韦恩有了底线也有了弱点，“目的”的明确让他面临“内外”两难之时选择了为了高潭而独自承受一切。

韦恩与丹特的关系十分微妙，而《黑暗骑士》的结局则强化了韦恩的自我牺牲与“蝙蝠侠”身份的危险与模糊，这也是韦恩通过自我牺牲把权力归还给体制的过程。就像卡赞扎基斯笔下的犹大一样，成为罪人是为了树立起上帝的荣耀，而在高潭，这个“上帝”就是法律。蝙蝠侠承担了无尽的骂名，把光荣归于代表法律与体制的哈维·丹特，而哈维·丹特则充当了为高潭而死的圣徒。蝙蝠侠可以动用私刑，因为他本身就是非体制的，但是丹特却不行。戈登是高潭司法界的骄傲，无论是客观的社会原因还是戈登、韦恩与丹特自己的主观行为，都把他与法律制度捆绑在一起了。如果连维护法律的光明骑士都要通过私刑复仇，那教市民如何相信法律？如果这个偶像破灭，那市民好不容易树立起来的对法律制度的信心将会重新幻灭。经历死亡后的幻灭会更让人绝望。绝望的极致就是价值观的虚无。

黑暗骑士的崛起

在回顾了一下韦恩与丹特的故事之后，我们有必要把注意力拉回这个新的故事里来。新的故事开始于前集结局的八年后。对于高潭来说，这八年可谓风调雨顺五谷丰登，黑帮在各方势力或利用或围剿之下彻底消停了。蝙蝠侠顶下了丹特犯下的罪，和高登一起把丹特塑造成了英雄，而英雄这个概念则以一个叫做“丹特法案”的地方法律存活了下来，大体意思是对于犯罪分子在保释等方面毫不留情的态度。

这个法案把全市的罪犯和黑帮锁进了监狱，他们在绝望的死寂中蠢蠢欲动。而韦恩呢，拖着一条残疾的腿，这个昔日的蝙蝠侠，在自己华丽却又萧索的庄园里用一种“等死”的姿态生活着。但他等待的不是病死或者老死，而是等待当高潭再次需要他的时候，重以蝙蝠侠的身份战死。他想为自己的人生找一个合适的结局，为自己战士的一生写一个挂着勋章的墓志铭。他是这个城市的英雄，怎能这样郁郁寡欢地拄着拐杖了此余生?

然而，这伟大的超级英雄回来之后却遭遇到了更大的困境：在与贝恩的较量失败后，他被扔进了一个深处黑暗深渊之中的，地狱般的监狱。而本片的大高潮就在这里上演了。《蝙蝠侠3》中的重点毫无疑问在于“崛起”一词。韦恩在那绝望的，却又能仰望阳光的深渊地狱中，一次次尝试爬出的时候，那段震撼的人声配乐名字就叫崛起。这个虽然英勇却一心求死的韦恩，在那个让贝恩被绝望刺穿的地狱里面却实现了自己人性的崛起。

贝恩用电视直播着自己是如何颠覆高潭的，那个核弹的出现让韦恩彻底感到危机感，他不能就这样躺在里面等死。面对贝恩对他灵魂的挑衅、激怒、嘲笑，他心底最初的斗志被激发了，他拼尽一切都要爬出去。他的城市在倾塌，他的人民需要他的救赎，他需要自己的崛起。在一次次的攀爬失败中，也道出了电影的一个主题：最大的勇气来自对死亡的畏惧。从不畏惧死亡到敬畏生命，这无疑是勇者与真正的勇士之间的质的鸿沟。而随着韦恩的飞跃，我们仿佛看到，那个曾经固执、疲惫而倔强的找寻自己的小男孩，终于成为了一个真正的男人。他的偏执、痛苦和负罪感驱使着他完成了伟大的事业，而比“英雄”本身更重要的是，在成为英雄的过程中，那个曾经消沉、悲伤、脆弱的贵族男孩完成了真正意义上的成长。他不停偏离着人生航道，却又一次又一次回归，每一次都带着憧憬和憧憬的无力在力量和智力的角逐中坚守，个中滋味实在令人唏嘘。韦恩家族身上有着明显的欧陆遗风：那种为了某些形而上的追求而约束自己行径的力量；让人们想到了很多欧洲王室：强大的道德自律感、关怀弱势群体的使命感和承担社会责任的骑士精神。韦恩无法为私欲成长，却能够为高潭崛起，这才是真正的贵族：无论在多么深的绝望之下，无论在多么恶的处境之中，都能够有所为，有所不为。

索多玛城的失落与救赎

丘吉尔说，“对伟大人物的忘恩负义，是一个伟大民族的表现。”丘吉尔作为引领英国赢得二战的英雄，竟然在二战结束后的大选中落败。随着秩序的形成，公义的回复，高潭市民也开始像伟大的英国人民一样，开始反思：既然蝙蝠侠已经给了我们希望，那么蝙蝠侠是不是该退出了呢？因为蝙蝠侠的存在有一个天然的缺陷，那就是非法。蝙蝠侠引领我们守法护法，可我们为什么要让一个本来就非法的存在引领我们呢？我们向往光明，可是我们为什么要一个穿着一身黑衣的人带给我们光明呢？

人民说，我们不能靠一个非法侠客维系社会治安，我们是民主国家，怎么能靠偶像化一个蒙面骑士保护我们自己呢？这似乎说出了人民的心声。但是丹特不同意，他认为，只要是打击犯罪，有着一颗正义之心，手段不正义也没什么。他举例：当兵临城下时，罗马人选出了凯撒作为独裁者，打退了敌人。在这个想法背后，丹特直击了民主法治制度的弱点，那就是在重大问题面前没有向心力。但是我们不能忽视的是：凯撒虽然最后保住了罗马，但他不愿意放弃权力，最后成为暴君。这时候人民说，他们需要的是丹特这样的光明骑士，而非黑暗骑士，因为光明骑士的力量能得到控制，黑暗骑士不行。

在这样的逻辑铺垫下，贝恩的革命开始了。贝恩以上帝自居，当他认为高潭已是一座充满着罪恶的，需要被审判的堕落之城，他的观点并不是如同韦恩一样努力修正，而是妄图如上帝一般，彻底摧毁，然后让之新生。他认为必须让人们自我毁灭，少用技术，多用人性。他揭穿了丹特这个民众的“光明骑士”的内幕，良民意志崩溃，囚徒暴乱在即，一场战争一触即发。而贝恩无比期盼的，是这场战争能够让高潭彻底变成一片废墟，再由他亲自完成这场废墟上的重建。而“光明骑士”丹特内幕的揭发，引发的民众信念崩塌的后果，无疑让我们开始正视：建立在谎言之上的和谐，崩溃得只会更彻底。但贝恩的革命，说到底只发动了监狱里的囚徒，那些本就作恶而被绳之以法的恶棍，而并没有动摇全体人民的世界观。他发动了那些底层建立了对良民的独裁统治，理由却仅仅是因为他们腐败。试想一下，如果这伙人上了位，一方面是他们本身的素质，另一方面因为独裁，他们只可能更腐败。

全城大爆炸的那段戏，是影片中的一个亮点。导演没有使用慢镜头、大特写等好莱坞大片描绘同类场景常见的电影技巧，也没有以伤亡场景进行任何煽情的叙事；相反，他给出一个长时间的大远景，让观众以一种俯瞰众生的视角观察哥谭镇的遍地开花。发生爆炸的范围如此之广，但单个爆破的力度又不是太强，没有末世景象，也没有恐怖氛围，有的只是连环的、密集的、“自下而上”的爆破——赤裸裸的、影像方式的革命定义。

哥潭普通市民的退场，人民的缺席，出现在全城大爆炸之后。在贝恩的武力威慑下，前来报道的媒体记者四散逃窜；橄榄球赛的观众席上那些惊慌失措的人民群像，在此后的篇章中也难觅踪影。事实上，在影片的最后一个小时，我们看到的只有以官员、警察为代表的国家机器，以贝恩为代表的反动暴民，以及以蝙蝠侠为代表的第三方独立力量。除此之外，唯一出现的“普通市民”是一群孤儿和一位神父——那些可以被轻易去政治化的人物。而几位孤儿，虽然尝试挨家挨户去敲普通市民的房门，带他们一起逃生，但影片后来并没有展现这些市民，一个都没有。而没有人民的革命，又怎么能被称为革命呢？

富且行仁

《蝙蝠侠》的一个重要主题是关于“社会向何处去”的讨论，其他主要人物也带着自己的动机和蓝图试图改变世界。在一个几乎完全封闭的城市里，他们以此为据，或进或退，遑论正派反派，都指向了一场关于选择和博弈的“意识形态战争”。世界是人民群众的，有时候他们会受限于有限理性和信息不对称而犯错，但最终他们选择了在电影世界观中看最好的模式，那就是仅仅在现有社会形态上面加入蝙蝠侠。从这个角度来看，蝙蝠侠成功得很彻底。贝恩并不仅仅因为注射液体而变得无比强悍，正如阿尔弗雷德（Alfred）注意到：“我看到信仰的力量。”韦恩家族的管家一直充当着他主人的良知贯穿整个系列，如今他再次出现，质疑他伤痕累累的亿万富翁主人不断追求社会正义最终自己能得到什么。

确实，我们能感觉到韦恩似乎回到了《侠影之谜》的那个小男孩，已经从孤儿身世悲痛中脱离的征程再次因为童年挚爱的逝世而回到原点。从前两部来看，规则这个词是导演最想在电影里探讨的，小丑无原则地破坏规则，瑞乔狂热地坚守规则，丹特利用规则实现公平，当然，还有蝙蝠侠超越规则去维持规则，并且自己设定了一个最低规则，然后不依靠规则而依靠自律来维系它……每个人的规则观直接决定了他的立场。

关于本片的政治寓意不用多说，显在或潜伏的革命意象遍布全片：慈善晚会上的猫女在布鲁斯耳边吐出的警告“一场风暴就要来了”，是过去几百年来重复过无数遍的革命宣言；贝恩率人侵入证交所的段落，是“占领华尔街”的戏剧性表达；“地上都市”与“地下世界”的分野，是老生常谈的阶级修辞；放出政治犯的情节，是活生生的“攻占巴士底狱”重现；审判给出的两种选择——死刑或流放，以及展现流放时出现的冰天雪地，让人无法不联想起苏联上世纪30年代的“大清洗”……剧组在川普大楼取景时恰逢华尔街事件，导演没想利用活动本身，却有意无意地在影片里表现出了这点。这毫无疑问的点出了贯穿《蝙蝠侠》三部的主旨：在贫富差距逐渐加大之下的社会，我们所需要做的不是如同贝恩一样，用一种洗牌的思维，挑起暴动与革命，借此去打击财富拥有者和上位者，以期获得利益所属的交换；我们应该尊重资本的力量，尽可能找到让更多人进步的方法与规则。而同时我们需要的蝙蝠侠，已经成为了一个期望的象征：他不是科学怪人，不是外星来客。他的力量与能力，皆来自资本。但是我们爱他，因为他富且行仁。

当影片行至警察从地底出来，这无疑象征着黑暗腐败的制度在面对巨大的毁灭性灾难时的重生。曾经懦弱自私的警官也穿上最好的制服战死于街头。丹特神话的破灭制造的空缺让蝙蝠侠取代了。活生生的偶像是危险的，甚至只要偶像的继承者是活生生的，那都是危险的。不知道韦恩决定“假死”是因为疲倦还是接纳了管家老爷子的意见，反正他在市民的心中他已经是一个殉道的圣者。被赞颂的只是一个“死者”，没有新的活的偶像被赞颂。这或许是最好的结果了。

对于大多数民众来说，蝙蝠侠只是，也只能是一个精神偶像的存在，而实际生活中，他们更依赖的是体制与法治，更愿意相信并遵从的，不是正义，而是规则。最后，我不得不提的是影片结尾处，韦恩对于英雄的定义：每个人都可以做英雄，即便你只是在一个小男孩身上围了一件大衣，告诉他这不是世界末日。实际上，这“每个人”的概念远没有那么广阔，实则指的是那些有能力的人，我们希望他们都可以成为我们的英雄。《蝙蝠侠》最成功之处在于：他的主角并不依赖莫须有的古怪科学实验，不依靠什么外星球的神秘力量，他依靠的，是资本的力量，与一颗对弱小群体的关怀之心。这与那种“平民英雄”的童话故事显然相差甚远，但是更真实，也更被人们期待。无论是高潭，还是现实中的我们，都希望更具有能力的人，能如同蝙蝠侠一般，心怀正义，心怀怜悯的，富且行仁。

安娜卡列尼娜

——与爱情无关

幸福的家庭都是相似的，不幸的家庭各有各的不幸。

—《安娜·卡列尼娜》

毫无疑问，能沉迷于俄国文学，且能忍受那些如同火车般冗长名字和那弥漫着工业色彩的坚硬冷峻和沉闷苦难氛围的，都是文字的虔诚信徒。而我们知晓，在文字信徒的眼中，没有任何光影的诠释能够替代阅读。在这样的前提下，我们就了解，为什么所有改编自文学巨作的影视作品都陷入了一种吃力不讨好的境地之中。显然，面对如同《安娜·卡列尼娜》这样社会百科式的巨著，妄图用两个小时的时间来表达是一个不可能完成的任务。编剧也好，导演也罢，他们可以做的仅只是从这个大部头的小说里运用极简主义的精髓，提炼出灵魂来。而这样做显然会导致原著迷们的不满，你知道的，他们会觉得书中的每一句话，每一个描写都有着不可缺失的意义。

在乔·怀特的《安娜·卡列尼娜》里，他把原著开篇中那个著名的句子当作了影片的灵魂，提炼了两个家庭的故事作为缩影。抛开原著不提，单从电影来说，我们大致有几个评判标准：画面，故事，演员。若是从这个角度评论，我想我们应该对乔·怀特致以敬意，不同于以往十余个版本拘谨严肃的改编与沉闷的无过无失中规中矩的演绎，乔·怀特在他的《安娜·卡列尼娜》里，突破了用平庸的手法来叙述一个人尽皆知的故事这个名著翻拍的最大死穴，带给我们的惊喜无疑是巨大的。

人生如戏

任何一门艺术都要涉及到形式与内容的问题，而就这部乔·怀特的《安娜·卡列尼娜》来说，它的出彩就依赖于其在形式上的“创新”，或着也可以说是一种“实验”。乔·怀特用鬼才般的舞台演绎形式带来了华丽的戏剧风格，他用大量的舞台剧式场景的转换来递进叙事，通过舞台调度造成一种间离效果。整部电影充满着舞台剧的形式感，同时又具备着默剧的浓墨重彩和木偶剧的构架。色调浓丽华彩，仿佛一个个场景与人物皆是从凝固的油画中走出一般，把古典印象主义演绎得十足。而每当我们沉浸于剧情之中时，舞台式的场景转换又把我们从中剥离开来，但如果我们是在看一场戏，这舞台般的设计仿佛又在暗示着，戏中的他们的悲欢离合，挣扎与痛苦，繁华与骄傲，笑与泪，也不过是在演出一场盛大的戏而已。所谓人生如戏，戏如人生，大致也就是这般了。

影片一开场就是一个舞台剧院，剧中场景的切换都是通过这个舞台来演绎的，安娜和沃伦斯基共舞，沃伦斯基从马上跌下，还有几处火车站的场景都在舞台剧院中表现。影片从头到尾只有很少的室外戏，大部分室内戏都能让观众明显看出是在舞台上表演，试图带给观众一种新颖而复古的审美情趣。明显的是，乔·怀特很擅长用长镜头，以舞台剧的方式在有限空间内通过布景和灯光实现时空转换的能力，例如，我们可以经常看到：一个镜头“追随”着一个场景中主要角色，而这个场景通过移动以及演员换装迅速地发生着变化，很快我们会发现，刚刚的角色已经处在另一个场景之中了。

值得一提的是，影片在一些段落中的节奏处理上很到位。尤其是沃伦斯基赛马那场戏，伴随着重音突出的音效，安娜摇扇子的声音越来越急促，观众的心跳也随之加速，之后的坠马更是快速而有力，最后紧张的安娜看到心爱的沃伦斯基坠马瞬间后情不自禁的一声高喊，使得观众们一直以来的紧张和压抑的情绪突然得以释放，这样的节奏无疑是准确地控制住了观众们的“呼吸”，使得故事显得抓人感十足。故事里的故事“你靠什么谋生，我不感兴趣。我想知道你渴望什么，你是不是敢追求你心中的渴望。你几岁，我不感兴趣。我想知道你是不是愿意冒险，看起来像傻瓜一样去冒险。为了爱，为了你的梦想，为了生命的奇遇。什么星球跟你的月亮平行，我不感兴趣。我想知道你是不是触摸到了你忧伤的核心，你是不是因为生命的背叛而敞开了心胸，或是变得枯萎，因为怕更多的伤害。”这是某位印第安长老的话，却似乎说出了安娜的灵魂。

影片的开始并没有详细的介绍安娜的婚姻生活有多么不容易或是存在对丈夫不满的原因。这显然是一个严重的缺失。但凡是曾经阅读过原著的人，都知道安娜的婚姻有多么的糟糕，充满着一种令人绝望的窒息感——又有谁愿意嫁给“道德的虚伪”，并且与其终老呢？直到安娜的哥哥与法国家庭女教师恋和妻子多丽闹翻，安娜从彼得堡乘车到莫斯科去为哥嫂调解，在车站认识了青年军官沃伦斯基。他在见到安娜的一瞬间，就被这位美丽、高贵、大方的贵妇所吸引。这一次邂逅，让安娜沉寂的内心蹦出了激情的火花，从一切为了儿子的母亲到摒弃世俗异样的眼光而大胆追求自己爱情的战士。然而，在他们第一次见面的时候，在火车站发生了一件悲剧的事情，一个铁路检察工人不幸被失灵的火车碾死。这在凸显出社会层次对差的同时，也为安娜最后的悲剧结局埋下了个伏笔。

在安娜与沃伦斯基的相处中，他们俩毫不避讳地参加各种上流社会的舞会，完全陶醉于他们相互的思慕中。在故事发展的过程中，安娜虽有顾忌到儿子和丈夫的立场，但是心中的那种向往与渴望被唤醒之后便难以抵挡，她心中的那股热情俨然超越了一切。在沃伦斯基的那场赛马失意中，安娜对沃伦斯基的感情达到一个高潮。在他从马上摔下来的那一刻，安娜失态的紧张与喊叫，足以证明安娜为了爱与世俗相对，像傻瓜一样进入了下一阶段的冒险。然而，我们得到的总是需要付出代价的，有时命运的残酷正是在于：代价并不一定能换取一个结果。安娜抛弃了自己的家庭，沃伦斯基毁灭了自己的事业，这样的一对经历艰辛才在一起的恋人最终还是未能在一起终老。

安娜在沃伦斯基善意的欺骗中感受到了孤独与绝望；在世俗的眼光中领略屈辱与痛苦。突变的一切让安娜触摸到了忧伤与侮辱，生命的背叛让充满激情的安娜没有正视这一切的不幸而是萎靡下去，最终萌生了了结生命的念头。

安娜的悲剧不是由爱情制造的。卡列宁与沃伦斯基无论如何都处于同一个社会阶层，无论怎样的改变，都必然会葬送安娜。他们生活的环境是城市中的上流社会，在这个城市里生活的，不仅是卡列宁与沃伦斯基，还有形形色色的人。正是这些人的存在，他们形成的社会舆论让安娜喘不过气来。而与之相对的，则是托尔斯泰着力刻画的爱情真实存在的地方，那就是乡村。在《安娜·卡列尼娜》里，托尔斯泰不仅仅书写了一个悲剧的旧时代的爱情故事，而且在此基础上加上了他所向往的真正的爱情。乔·怀特的电影版也将这个爱情展示了出来，那就是在安娜之外的另外一条线索，就是凯蒂与庄园主列文的爱情。那是一种乡村的爱情，真实而炙热，原始而真诚。而安娜及她所处的背景，则是俄罗斯的旧秩序。在这个秩序下，安娜的丈夫卡列宁是一个真诚的正人君子，恪守着社会秩序，隐忍而谦和，努力地守持着他所在阶级的荣耀与禁锢。沃伦斯基则本当是旧秩序的另一种形式的摧毁者，他勇于追求自己的爱情，并且还追到了手。但在此之后，他的固步自封和不知所以，让他的爱情无处可去，并且最终导致了安娜的自杀，可谓是一手葬送。在这个故事里，乔·怀特其实对于小说已经做了很大的变动，主要是对于卡列宁与沃伦斯基的改动上，卡列宁不再那么地令人感到龌龊，而沃伦斯基也没有那么地轻浮，从而减少了人物的单向性。

在托尔斯泰生活的时期，民粹主义大行其道，他们认为社会的上层阶级是社会的寄生虫，过着表面华丽而内在肮脏的生活。只有乡村里淳朴的人，才过着最为朴实最为真实的生活，那里有着人类原始的东西。凯蒂也正是从都市出走，进入了乡村，才得到了属于她的真爱，并且幸福地生活着。凯蒂与安娜之间的对比，正是托尔斯泰作为俄罗斯知识分子的精神趋向，也是托尔斯泰本人最终的生活选择。从这一点来看，似乎归隐田园野趣，是不分国界的知识分子们的终极梦想。久居都市的知识分子，处于对自身生活的不满，加之对乡村生活的不全面的理解，从而萌发了浓厚的民粹主义，托尔斯泰即是典型之一。在他人生的最后，甚至不顾年岁已高，还是勇敢地与家庭割裂，怀着激情亲自走向了原野，并且死在了那里。

安娜的悲剧，是多种原因造成的。不过在安娜自己，却是无辜的。安娜的无辜具有超越时代的意义——她所要的爱情，她所要的生活，她所要的，那样如同一个真正的人一样真正地活着的方式，在那个时代既负担不起、也理解不来。而卡列宁和沃伦斯基的行为，则是受了时代与人性的局限，说来全都使人唏嘘。因此这个悲剧简直像一个自然式的、不可避免的过程——就像一朵花，发芽，绽放，凋零。人类并不是植物。花朵对自己的盛开与腐败是无能为力的，而人类则对一切事物有知有觉。我们生而为人，思想给予我们区别于众生的灵性，因此我们的一切行为恰如本我一般自成逻辑，却又偏偏想超越本我，成就自己所不能。这是不可抗拒的进化。

一百多年过去了，我们在不同的时空里审视着这个叫作安娜·卡列尼娜的女子，她们有的目光柔顺，有的尖锐狂烈。乔·怀特则和我们分享着他对安娜的热爱，安娜和沃伦斯基的相遇和种种都处理的非常清新，他用莎士比亚式的浪漫表达阐述着托尔斯泰笔下的安娜飞蛾扑火的极致美感。最后安娜自杀的一幕，终于在纵身一跃中，跳脱出了一个女人和她的爱情的桎梏，那更像是一种对自由殉道式的探索，而非绝望的自陨。她终其一生所追求的，所绝望的，从来都不是爱情而已，而是一种能自由选择生活方式的权力。这样的死去华丽又纯粹，扑面而来的能量让人窒息。在碾过安娜尸体的车轮声中，我想起了臧克家的那句老而又老的诗：有的人活着，他已经死了。有的人死了，他还活着。

大上海

——江湖之远，庙堂之高

江湖与庙堂，这几乎构成了男人的所有话题。年少时憧憬江湖之远，年长后追逐庙堂之高，避世后重回山林江湖快意之乐，这似乎是一个固有的循环。权力、金钱、兄弟、女人，这也几乎构成了一个男人所有的追求与奋斗。而《大上海》所讲的，就是这么一个故事。

不论剧中人物姓甚名谁，在这个片名与海报的暗示下，几乎所有人都会知道，这是杜月笙的故事。有意思的是，两代“许文强”：周润发和黄晓明，一同演绎了这个隐喻之后的隐喻：成大器。当然，许文强也好，成大器也好，都不过是借着杜月笙的影子，说着或真或假的杜月笙的故事罢了。不只是杜月笙，上海三大亨的影子都能在片子找寻到相符的对应：洪寿亭是黄金荣，茅载则是张啸林和戴笠的合体。

单从电影本身看，茅载可以说是整部影片的情节推动者。情节的需要使得人物的本身显得有些不合情理。从军阀到特务头子，从特务头子到汉奸，在没有任何铺垫与心理转变的过程之中，这个为反派而生的反派就这样诞生了。当然，茅载身后融入了太多人物的影子，无论是张啸林还是戴笠，每个人单拎出来都不是一部两小时的电影可以说完的故事。这也使得我们能够多少谅解每次茅载出场，推动完剧情，交待完任务就遁地而去，然后莫名间又忽然冒出来的荒谬了。但是不可否认，若没有茅载，这个故事很难推动下去，从成大器初遇茅载，一念成魔的开始就已注定了这个人物的属性。有意思的是，在对杜月笙故事的以往演绎中，不论是人物传记般写实的《上海皇帝》，还是戏说般的《上海滩》，在杜月笙缘何踏入江湖这一点上，从来都没有一个渡他成魔的外在人物的推动。因为我们相信，在那样的一个乱世之下，上海滩这个江湖，这个冒险家的天堂，对于每个男人来说，都是直击欲望与野心的存在，一代大亨被动被胁迫地加入，无疑太不符合我们对于人性的想象了。

其实在电影中来说，这本身也是矛盾的，成大器在屋顶上与初恋情人的交谈中，就曾流露出对上海滩、对江湖的无比向往。而茅载真正出现，机遇真正来到的时候，又显得犹豫而扭捏。可见王晶虽然是个不可否认的有天赋的商业片导演，但是长期以来浸淫于娱乐片和快餐喜剧之中，使得他对人性的思考太过于想当然和脸谱化。当他决定把成大器这个一代枭雄洗白成一代英雄的时候，就朝着高大全来塑造，甚至连进入江湖都不能是自愿的，因为这似乎显得人物不够单纯。

让我们说回这个故事的主角，成大器。从黄晓明演绎的年少时眼神中皆是杀气与锐利的小流氓头子，到周润发演绎的中年时包裹在儒雅之后的一代江湖大佬的霸气。从一把上下飞舞的砍刀，到一柄看似如谦谦君子掌中玩物实则掌握生杀的折扇，演员的演绎还是有功力在的。但是从人物塑造上来说，就未免有些可笑了。在往事已远的今天，在我们对那个特殊年代，对江湖，对一代江湖大佬的向往之中，适当的洗白我们乐于所见，但是硬生生要把一个黑社会老大洗白成一个高大全的抗日英雄，似乎就太过了。而这个黑社会老大，甚至勒令手下人不能碰黄赌毒，这就似乎更加不合情理得有些喜剧了。作为一个有所坚持的黑社会人物来说，重信重义和爱国，这个我们可以理解，但是黑道的本性，黑道的敛财方式都妄图以主旋律来洗白，硬要把一个黑社会头子搞成道德模范，这实在是有些不可思议。这让我在电影的中后段一度怀疑，这不是一个江湖大佬的故事，而是一个爱国银行家的故事。

实际上，历史上曾经垄断法租界毒品交易、助蒋介石清党的杜月笙的闪光点确实是在抗战时期。在这期间，他虽避居后方，但运送财物、暗杀汉奸，捐送飞机也确有其事。杜月笙的一生，本就是一个极其丰满的，有血有泪，有情有义的故事。这样的人物，不需要后人为其遮羞掩丑，他的功过都自是一番激荡人心的得意所在。杜月笙本是一个灰色的存在，黑白之间交汇的阴影才是真实的过往。他以毒品交易起家敛财，杀伐决断间笑傲江湖，却又在大是大非大情大义上不负本心。这样的杜月笙毫无疑问，要比成大器精彩得多。

《大上海》最让人失望之处，还不在江湖之中。虽然主要人物的塑造都经不起什么推敲，但是也算是个热血的故事。然而令我们遗憾的是，除了茅载的偶尔出现和捐送飞机一事以外，王晶似乎刻意避而不提江湖与庙堂的种种纠葛，这就使得人物也好，时代也好，苍白失色了许多。实际上，杜月笙与蒋介石的种种博弈，相互赏识与利用，才是杜月笙之所以在由古至今那么多的江湖大佬之中尤其被我们记住的关键。他不是一个生于江湖，死于江湖的黑社会老大而已。他是一个生于江湖，却灭于庙堂的一代枭雄。成大器死在日军炮火之下，杜月笙却亡于政治。

成大器的大致经历基本与杜月笙是相符的。杜月笙14岁时，初到上海十六铺鸿元盛水果行当学徒，日夕与流氓、歹徒为伍，又嗜赌成性，不久被开除；后转到潘源盛水果店当店员。时拜青帮陈世昌为老头子。由陈世昌等人的关系，杜月笙获得机会进入时为青帮上海龙头的黄金荣公馆。因杜月笙为人机灵诡诈，善解人意，很快获得时任法租界华探头目、黑社会头面人物黄金荣的赏识，成为其亲信，由“佣差”升格为鸦片“提运”，并负责经营法租界三大赌场之一的“公兴俱乐部”，并很快成为鸦片提运中最具势力的一个，与黄金荣、张啸林并称的“上海三大亨”之一。斯特林·西格雷夫在《宋家王朝》中描述了杜月笙鸦片销售这条通畅的“全球网络”：杜月笙的很多海洛因都是通过官方渠道进入法国大市场的，由于上海法租界由河内管理，而不是直接由巴黎管理，这就构成了一个由上海到河内、西贡进而直到马赛黑社会的阴暗交通网，这个网由科西嘉人强大的“科西嘉联合会”所控制。这个联合会有一个更通俗的叫法是“黑手党”。据西格雷夫的记录，有人甚至认为当时全世界的八包海洛因中，就有七包出自杜月笙之手。

上海三大亨中，素有“黄金荣贪财，张啸林善打，杜月笙会做人”的说法。比起黄、张来，杜月笙确实手法更高明一些，他善于协调黑社会各派势力之间的关系，善于处理与各派军阀之间的关系，善敛财，会散财。他通过贩卖鸦片、开设赌台等活动，大量聚敛钱财，然后，又以这些钱财笼络社会上各种人物，从政治要人、文人墨客到帮会骨干，无所不有。杜月笙也做过很多有符正面形象的事，比如他持续多年购买预防传染病的药水，送到浦东老家按户免费发放；每逢上海及附近地区发生灾害，他会出面组织赈济；他会维护工人利益，出面调解劳资纠纷，等等。他一改传统流氓身着短打、手戴戒指、卷袖开怀的打扮，而是四季身着长衫，打扮斯文，给人一种温文尔雅的形象。

1927年4月，杜月笙与黄金荣、张啸林组织中华共进会，为蒋介石镇压革命运动充当打手。4月11日晚，他设计骗杀了上海工人运动领袖汪寿华，随后又指使流氓镇压工人纠察队，他也因此获得蒋介石的支持。南京政府成立后，他担任陆海空总司令部顾问，军事委员会少将参议和行政院参议，虽是虚衔，但有助于提高社会地位。同年9月，任法租界公董局临时华董顾问，1929年任公董局华董，这是华人在法租界最高的位置。1929年，杜月笙创办中汇银行，涉足上海金融业。通过结交金融界徐新六、陈光甫、唐寿民等著名人士，他的银行业务颇为兴旺。

1930年起，杜月笙在家乡买地五十亩，大兴土木，起造杜家祠堂。1931年6月8日至10日，举行家祀落成典礼和“奉主入祠”典礼。蒋介石亲送匾额“孝思不匮”祝贺。仪仗队有五千人之众，自法租界杜公馆出发，长达数里，巡捕开道，鼓乐震天。杜祠开酒席三日，每日千桌。包括淞沪警备司令熊式辉、上海市长张群等在内的党国要人都送了匾额。排场之大，靡费之巨，极一时之盛。席尽人散后，这个豪华的祠堂就成了远东最大的地下吗啡和海洛因加工厂。

1937年7月，日本帝国主义发动卢沟桥事变，8月，又发动进攻上海的八一三事变。上海人民与全国人民一样，投入英勇悲壮的抗日斗争中。在全国人民抗日要求推动下，杜月笙参加了上海各界抗敌后援会，任主席团成员，兼筹募委员会主任。他参与劳军活动，筹集大量毛巾、香烟、罐头食品，送到抗敌后援会。他弄到一些军中急需的通讯器材、装甲保险车送给中共将领。他应八路军驻沪代表潘汉年的要求，将从外国进口的一千副防毒面具，赠送给八路军使用。

1937年，上海沦陷后，杜月笙拒绝日本人的拉拢，于11月迁居香港。在香港，他利用帮会的关系，继续活动。他担任中国红十字会副会长、赈济委员会常务委员和上海党政统一工作委员会主任委员，从事情报、策划暗杀汉奸等活动。其中最著名的是，他在上海的门徒协助军统特务刀劈了大汉奸、伪上海市长傅筱庵。1940年他组织人民行动委员会，这是在国民党支持下的中国各帮会的联合机构，杜月笙为主要负责人，由此实际上成为中国帮会之总龙头。

1948年春，他参加国民政府召开的“行宪国大”，捧蒋介石当总统。蒋介石为了挽救严重的财政危机，派蒋经国到上海实行币制改革，发行金圆券，要求民间将所持法币外币及金银一律兑换成金圆券。杜月笙的儿子杜维屏没有完全照办，被蒋经国以投机倒把罪逮捕，后被判了六个月的徒刑。经过此事，杜月笙明白自己在上海大势已去。1949年4月，人民解放军在解放战争中连获大胜，上海解放指日可待。5月1日，杜月笙携家眷逃往香港。1951年8月16日在香港病逝，终年63岁。

杜月笙晚年曾忿忿然说：“蒋介石拿我当夜壶，用过了就塞到床底下。”这一形象比喻，既是这位大亨对蒋介石的泄怨，又是失宠后凄楚处境的哀叹。杜月笙与蒋介石的关系，可谓是最有代表性的江湖与庙堂的关系。这无疑是《大上海》之中未有提及的，这是电影的苍白之处。看完《大上海》的当夜，我又重温了张大春的《城邦暴力团》，显然，《大上海》只描述了杜月笙的前半生，而《城邦暴力团》里，才是杜月笙的后半生。在这个故事里，杜月笙是“老爷子”，蒋介石是“老头子”，而漕帮就是青帮。这无疑是对中国近代史上最隐秘部分的一种隐秘的描写。在《城邦暴力团》中，我们会发现江湖与庙堂之间的种种纠葛，江湖大亨与政治大佬间的种种博弈。这无疑才是上海滩给予我们的启示。

早在春秋战国时期，“侠”就是某种生长茂盛的群体了，司马迁曾饱含着热情歌颂过他们；但到了汉代，汉武帝终于发现了侠的危害——其害，不在于他们的武功多么高、干过多少坏事，而在于他们有游离于俗世法律之外的价值观和道德律例，他们是一个看不见的江湖，有自己心目中不受加冕的帝王，所谓“儒以文乱法，侠以武犯禁”。这显然让皇帝缺乏安全感。汉武帝、汉成帝等人都专门收拾过游侠。此后，二十四史中再也没有给“侠”留出专门的位置了。

当然，江湖不著于正史，未必就不存在了；庙堂才是最大、最黑的江湖。把江湖与庙堂相结合，也是晚清、民国至今武侠小说常见的一种路数。而且，因为有了朝廷的介入，江湖争斗悬赏的红利变得更高，可资利用的资源更丰富，手段也更残酷；而江湖对朝廷事务的暗中调度，往往是国家机器腐败昏庸的表现，同时也助长了朝廷的暴戾。在这个意义上，张大春的《城邦暴力团》是传统的；只不过，他笔下的江湖和庙堂设立在近现代史上，或者说就是现实，距离我们如此之近，读来难免惊心动魄。

世间有庙堂之高，亦有江湖之远。张大春将《城邦暴力团》写得花团锦簇、闲情横逸，笔力之雄健与想象力之宏阔均颉颃传统武侠小说大家，但其野心显然不限于此。他以武侠之名，演绎出另一个倒影的世界，将江湖之远与庙堂之高融于一炉，远不可再，高自为高，且幽深阴冷，摄人心魄。这与传统武侠小说重在侠之大者与江湖之远迥异其趣，大约可同西班牙塞万提斯《堂·吉诃德》相类比，以武侠（骑士）小说为出发，以反武侠（骑士）小说为终局。

于是，书中的江湖无人可再独步，恩仇亦非快意，反而牵丝扯蔓，与江湖之外的世界脱不得干系，乃至揉进整个纷纷扰扰的时势乱局中。这里再无如黄药师般超然世外的武林隐者或郭靖式敦厚忠义的国民大侠，庙堂之高容不得侠以武犯禁，任何江湖中人只能成为大历史的一枚棋子，点缀于时代乱局的棋盘中，自有无形之巨手刻意播弄，或飞黄腾达，或湮没于荒烟蔓草间。

对命运的反抗是人之为人的高贵所在，更何况别有怀抱的侠者。而诡异的是，在这个倒影的世界中，江湖快意已成奢望，因之，没有复仇，没有武林盟主争夺，没有为国为民，没有搏浪一击，唯余“隐遁、逃亡、藏匿、流离”。怀有惊世绝技的侠客，甘愿隐匿于大历史的角落，辛苦辗转，只为躲开飞来的祸事。他们知道，江湖之远早已是遥不可及的神话，其何曾自外于人间世，庙堂的倾轧如水银泻地，任是何种帮派亦无所遁逃天地之间，或为其所用，或自绝于江湖。作为个体，容有若干选择，或虚以委蛇，或倾身投靠，或隐遁藏匿。因为触犯了庙堂之威，只有流离于江湖。

庙堂对江湖的态度亦是微妙，利用之，遮掩之，戒备之。《城邦暴力团》中，“老头子”（蒋介石）为新式军校出身，曾为获取势力支持加入漕帮，在对政权的攫取过程中借力不少，而在成为一国的执掌者后，形势大变，漕帮亦不敢留，恭送昔日的弟子出帮为自由之身；在“老头子”的雄猜之下，谁人敢提旧事，而帮派的势大，亦为当权者侧目，多出手段削其财力人力，八千子弟战死沙场，桐油借款事件险象环生。即使赴台之后，形势并不稍松，终至有全书开篇荷塘小亭漕帮帮主老爷子（杜月笙）被暗杀一幕。个中缘由，抽丝剥茧，足以绕百年风雨史数匝而不绝。

侠客不再像侠客，江湖亦失却邈远之色，均缘于大历史的切入，勾连起中国百年的风风雨雨。尽管在此恢弘沉郁的图景中，江湖世界只能隐匿于难于见光的角落里，但成就的幻灭奇观，却映出了我们失落的自己的倒影，于秘辛中见寻常，正是历史述说的另一面。而这，显然是《大上海》所无法达到的高度。

危险关系

——欲望游戏

我们可以一起共度六个小时，我想让这段时间全部充满欢乐，所以我让他的激情缓和下来，以妖艳的神情代替了爱抚和温存。这是我第一次这么费尽心思地去讨他人的欢心，我对自己的表现非常满意。吃过晚饭，我一会儿带着孩子气，一会儿又变得理智，一会儿淘气，一会儿又多愁善感，甚至还会表现出风骚放浪。我喜欢把他看成是一个待在自己后宫的苏丹，而自己则扮演着不同性格的妃子。其实，虽然他总是对同一个女人表示敬意，但每次接受他敬意的都是一个新人。天亮了，这意味着我们得分手了。从他的话和他的行为中，我看出他并不想分手，但我们必须这么做。出门的时候，我把这个秘密约会地方的钥匙交给了他，作为最后的告别。我告诉他："这把钥匙是为您而制的，应该把它给您掌控，神殿就应该由祭司来管理。"他苦求我们约时间再去那里，不过因为我很爱他，不想他这么快就没有精力了。我们只会和那些即将要舍弃的人一起纵情狂欢，他不知道这点，不过好在我明白这点，也算他幸运吧。突然发现现在已经是凌晨三点了，我原来只想写一封短信，但却洋洋洒洒写了那么多。这也是友谊吸引人的地方，也正是因为友谊，你一直是我最爱的人。但说实话，骑士更符合我的心意。

——肖德洛·德·拉克洛《危险关系》节选

《危险关系》是法国作家拉克洛于1782年发表的一部书信体长篇小说。这是拉克洛一生所著的头一本，也是他唯一的一本小说。故事描述了法国大革命前夕上层社会的腐朽政权和人际关系，揭露了统治阶级荒淫无耻、醉生梦死的生活，描绘了几代人堕落、放荡的轨迹。书中讲述的爱情游戏，以及对异性追逐与诱惑的故事，充满了征服与赢得爱情的各种技巧，它蕴涵的丰富寓意堪比古罗马奥维德那本珍贵的典籍《爱经》。

《危险关系》在1782年出版后即刻风行一时，引起了巨大的社会反响，在作者生前至少印了50版，但在19世纪，此书却被法院以“内容淫猥、有伤风化”为由多次列为禁书，作者也因此声名不彰。直到20世纪中后期，随着保尔·布尔热对他的揄扬以及波德莱尔有关这部小说的笔记的出版，尤其是二战以后，经过纪德、马尔罗、吉罗杜、莫罗亚、罗歇·瓦扬、布托尔等作家对他的高度评价，才恢复了拉克洛在文学史上的大师地位。在纪德开出的10本法国最伟大的小说中，《危险关系》高居前列。众多影视戏剧界人士也频频出手，将这部小说改编成电影、戏剧或电视剧，这一路上，此书本身在法国知识界的地位扶摇直上，甚至超过了普鲁斯特的《追忆逝水年华》。这部两度被禁的《危险关系》，却颇受艺术界重视，曾被十余次改编为舞台剧、电影以及电视剧。而最新的版本，就是这部由严歌苓编剧，许秦豪执导的中国版《危险关系》。

用伤害救赎伤害

在许秦豪的镜头里，这段危险关系发生在上世纪30年代的上海滩，这是一个被记忆和文学幻想勾画出的城市，人物行于其中，管繁弦急却心绪不宁，追逐与等待并驰，喧嚣暗藏寂寞苦衷，但在这一切之上的，是浓如油画般的，晕不开的奢靡。一个浮华的城市，和属于它的那些人，上演的故事开幕了。

在严歌苓的构思中，危险关系之所以出现，是基于对真爱的放逐以及对背叛自我初衷的惩罚，但《浪荡子》中约翰的下场才是所有花花公子的宿命——放荡之人必将死于放荡。所以《危险关系》因为爱情的介入，显得更为扭曲和变态——“真爱”被置于赌桌之上，追逐感情的人注意力却在手中的牌上，忙于计算胜率，和享受翻牌的快感，处心积虑的较量成了一个繁华过场。只是这目空一切的华丽镜像还是给了故事一个最好的开始，人物缤纷踏至，在互相试探中粉墨登场，谢易梵也好，莫婕妤也好，两人此时关系尚未成型，都还在自己熟悉的环境中轻松游弋，掌控故事节奏和即将达成的目的，自以为是的让一切都在原有轨道中有条不紊的进行，此时暧昧的氛围反而让故事充满趣味，直到杜玉芬的出现，贞洁被迅速攻破，情感的描述也就变得强烈起来。此时的情欲却被情感取代，不安感被等待抚慰征服，平衡的角力开始倾斜继而破裂，大时代逐渐被沉入细节，爱情成为劫数。也直到此时的影片才让节奏摆脱对人物的沉迷，由视觉美学带着哲思的诡辩开始为结局铺垫情绪的爆破点。在杜玉芬的颤栗和呻吟中，在莫婕妤绝望的大笑与崩溃的嚎哭中，在谢易梵向所有女人说出我是真心的之后，让赌局中的人陷落，也让这种拒绝与索要的矛盾对抗一次次的攫取观众的脆弱。但真爱的病变是从什么时候开始的？是在赌局的约定之初还是情路的中途生变？坏感情的成型是因为“替我关照那个处女”时的不良初衷还是“对所有女人都那么说”的口是心非？放荡之人最终死在了妄图结束放荡的路上。

贵族游戏

毫无疑问，《危险关系》是一个只属于贵族的游戏。倘若没有了那末世糜烂般纸醉金迷的上海滩，倘若没有了那富丽堂皇如宫殿般的洋房与花园，倘若没有了那一场场在名利中盛开的舞会，倘若没有了那些鱼贯而出的低眉顺眼的女佣和那些太太小姐们身上洋派却又不失高贵身份的旗袍与礼服，那《危险关系》也就不过是个花花公子的普通故事罢了。之所以强调“贵族”，乃是基于《危险关系》故事的基调而言的，这个故事本身其实是颇有些“无聊”的，怎么附加上贵族式的游戏感，从生命体验深处的百无聊赖透射出对爱情和生命本质的反思，恐怕才是《危险关系》的命门———这有点类似《红楼梦》，公子小姐们稀松平常的日常生活、饮食人欲，若少了贵族式的诗礼簪缨，就真地无聊了。

《危险关系》讲的是高智商男女设陷阱算计情欲的故事，这是只有根正苗红的贵族才会乐在其中的游戏，远不是《阿尔菲》或《恋爱刺客》那种业余选手所能染指的。贵族，是上流社会的显贵阶层，有钱有地位又有闲情逸致。整个天下都可以是他们的游乐场，芸芸众生都可以是他们游戏中的小卒子。两百多年前，小说《危险游戏》中诞生了两个令人毛骨悚然的贵族形象。瓦尔蒙子爵是个深怀“纯洁破坏癖”的顶尖猎艳高手，对于目标，他不但能在情欲上擒获，更能在心灵上征服，比一般把妹玩家高了不知多少档次。他的对手是梅尔特伊侯爵夫人，一位滔滔情海中独孤求败一般的存在，她是极度理性、冷酷的化身，游刃有余的掌控着自己的情绪，随心所欲的幻化出千万张面孔，能从只字片言中探知任何人内心最深处的秘密。

终于等到《危险关系》拍中国版，要上哪里找贵族呢？最起码眼下是没有的。毛主席曾经说过："我们一定要警惕，不要滋长官僚主义作风，不要形成一个脱离人民的贵族阶层。"有这句话在，那些开宝马的富二代，商务圈里的金领，经常换手表戴的高官，即使从物质条件上看怎么都像跨进了贵族的门槛，他们也是绝不敢承认的，更不可能被拍出来。那么，学老外上溯到封建社会去找呢？也不行。中华民族的文化背景，决定了八旗子弟中出不了唐璜、卡萨诺瓦、巴里·林登那种人，更勿论瓦尔蒙子爵和梅尔特伊夫人了。再往前唐宋元明更不可能。好在封建社会和新中国之间，还有30多年腐朽的半封建半殖民地时期，还有那金碧辉煌、声色犬马、物欲横流的十里洋场，这是孕育和滋养贵族的肥沃土壤。

当然，此处的贵族，不是指政治的上层建筑，更多是享受经济特权的那一群，套用个时髦词汇，叫"新贵"。那俯瞰镜头下车水马龙的街景和港口，那典雅奢华的住所，那精致考究的服饰，那男女主角在璀璨阳光下抽烟调情的画面，都像视觉海洛因一样叫人上瘾。银幕上的时尚不同于现实概念，是一种幻觉，一种虚拟心理体验，类似武侠片和超级英雄片，不能太实，也不能虚的只剩下轻飘飘的影子。上世纪30年代的上海滩曾经存在，但我们已无法确知细节，只对其盛世烟云略有所闻，带有某种先入为主的想象印记，这就为架空式美化提供了空间。

放荡主义

毫无疑问，没有人可以把《危险关系》和放荡主义剥离开来。事实上，危险关系的屡屡被禁，正是因为放荡主义是这部长篇书信体小说的核心。放荡主义是活跃于17世纪的欧洲之政治和社会群体。放荡主义者指脱离社会和宗教的正常观念和道德束缚的人。放荡主义是一种自由思想哲学，首先用于指称16世纪荷兰的一个反抗既有传统的再洗礼派别。

要注意的是这“自由思想”指反对既有传统、信念、权威和信仰的哲学。其在18世纪和世纪的英格兰和法国得到新支持者，代表人物有萨德侯爵和艾利斯特·克劳利。现时放荡主义联系有施虐与受虐、虚无主义和不限于与一长期伴侣的爱情和性行为。而这些，无疑都在《危险关系》中得到了淋漓尽致的体现。

放荡主义者的世界，是一座被宗教和信仰遗弃的索多玛城。在这里，一切关系的起因都是因为欲望。可以说戏中莫婕妤的腹黑，本身就是对旧制度的叛逆，打破男权的藩篱，成就自己的主权，可惜的是这个同样早嫁豪门的年轻遗孀，没有在欲望里三从四德，而是游走在欲望的深海里，无法自拔。无论是换妻还是伴侣交换，这些与人权论沾边就太不靠谱，而《危险关系》里的赌注命题其实在很多貌似时尚圈里早已经不是秘密。有多堕落就有多肮脏的交易，莫婕妤拿自己做赌注的玩笑显然就是一种与男权扳手劲的较量。只不过她显然用错了智商，直至自己最后的鸡飞蛋打。

《危险关系》中每个人都是欲望的牺牲品。人的欲望越大，他沉沦的速度就越快，因为满足欲望的不择手段就是一种犯罪。古人对欲望的戒律就是：自反，克己，去人欲，格物。身在滚滚红尘，有多少人会停下自己的脚步去自反，去劝告自己匆忙的步伐，去戒除贪欲，去看淡物质的欲念。人在江湖，身不由己，其实这完全就是一句自我的辩解。《危险关系》显然就是淋漓尽致的把这种乱伦的关系给彻底的曝光，目的就是揭露和告诫人们，欲念永远没完只有人身的离去似乎一切才戛然而止。

青春派

——回望已是万重山

从《那些年我们一起追过的女孩》到《致我们终将逝去的青春》，追忆青春似乎成为了近来电影热衷的题材。然而无论是“那些年”还是“致青春”，无疑都只是极小一撮子人的影像重温而已。我们的青春是那个样子吗？其实多数人的回答都是否定的。在我们的青春，在我们的青葱岁月里，绝不仅仅是有着满怀的激情，也绝不仅仅只是有着尚且纯洁的爱情，如果是那样，我们又为何在那个最好的年代里许过最多的愿望就是快些长大？青春无疑是每个人都曾路过的一座围城，当我们身在其中时，我们并不觉得它有多么的美好，充斥其中的是父母给予的沉重期望，是老师们千篇一律的教诲，是谈恋爱等同犯法的岁月，是被书本和考卷淹没的一日又一日。只有当我们长大了，当我们可以有足够的自由去做那些年少时不敢也不能做的事情时，我们才会回头去缅怀那段再也回不去的时光。

尽管前辈们循循教导好时光如白驹过隙一去不再，但我从来不相信有何人是在他尚且年少时就知年少之可贵的。在我们年少时许过的那些愿望里，大多数的背后都藏着一个主题：逃离青春。我们渴望着独立，渴望着自由，渴望有一天能玩到12点以后再回家也不会被骂，渴望有一天能大方的执起爱人之手不用再偷偷摸摸，渴望有一天能自己挣钱不用再向父母开口。在这些渴望的延展中，当我们终于长大了，却怀念起那个充满着“不准……不准……不准……”的青春。

无高考，不青春

《青春派》的主题是高考。这无疑在每个人的青春中都是极其重要的一段回忆。那些年，我们如此的单纯，还以为靠一个漂亮的分数就能改变命运救赎人生。就如同后来的我们那么单纯，以为贫穷就是最大的罪恶，可以靠努力赚钱来洗刷一样。故事的一开场，就是高三照毕业照的场景。男主角居然把告白的话写在手心上，对暗恋三年的同学黄晶晶表白。在老师的斥责中放肆又骄傲的说：“我们已经毕业了！”其口吻跟说“我刑满释放”了一个意思。然而他没有想到的是，就是这告白后短短存在又逝去的的恋情，使得他第一次高考失败了，拍过了毕业照的他又再次进入了高三的教室，开始了一年的复读生涯。

高考失败后的居然过着如同世界末日般的生活：母亲的眼泪，周遭亲人的斥责，以为熬完了却又重入的高三炼狱。然而居然却说：我高考失败是因为早恋，但我不后悔，因为我高考的失败恰恰证明我是真心投入的爱过。这样的勇气诚然是我们再也找不回来的了，越成长越理智，越在得与失之间学会衡量代价，但我们自以为学会的成熟与衡量，也许失去的正是对于人之一生来说真正宝贵的东西：激情与真挚的情感。

在居然的高三复读中，当然也并不只是只有苦难的。在操场摆满蜡烛追求女孩子的富二代，在每一级楼梯上都写满祝心爱女孩生日快乐的男生，都让我们回忆起了青春年代不可复制的为爱痴狂的萌动。有一幕拍的是很好的：秦海璐饰演的班主任，每天都像吃了兴奋剂似的举臂高呼着诸如“两眼一睁，开始竞争”；“累死你一个，幸福你一家”；“破釜沉舟，拼它个日出日落；背水一战，干它个无怨无悔”的高考口号，但是这个单身的铁血女老师在看到那写满了几千级楼梯的“祝你生日快乐”时，故作生气的斥责后却在转身时露出的是也羡慕也怀念也遗憾的微笑。那个微笑和所有坐在下面看着电影的我们一样，多么庆幸我们逃离了处处受制的少年时期，却又多么怀念那些激情燃烧着就能不管不顾的岁月。

回不去的时光

纵观全世界各国学校的校规，大致只有中国的校规上是明文规定“不许早恋”的。这无疑是最可笑的规则之一，诸如感情的事，又岂是一句“不准”可以压抑的。年少时从父母到老师的规则里，好好学习考个好大学就是最高目标。其余一切都得为此让路。然而到了现在我们才知道，高考改变人生的神话已经不再存在了。然而我们不可否认的是，高考仍然是我们人生中最重要的历程之一。虽然一个知名学府的毕业证书不一定能真实的为我们带来好的际遇与幸福的生活，但是想想看，如果当年的我们多做错或者是少做错几道题，都会去到不同的城市，遇见不同的人，有着不同的朋友和圈子。如此想来高考就如同一场盛大的命运转轮游戏，它安排着我们与应该相遇的人相遇，也或许正安排着我们与应该相遇的人擦肩而过。

从第一排传到最后一排的卷子；黑板上的高考时间倒计时；必须读出声的英语半小时；码得能挡住头的书墙；考完后从楼上扔下的雪花般的课本，这些情节不是杜撰，它曾经真实地发生在我们每一个人的身上。我们虽然都知道时光不可逆转，但是当那些过往的场景一幕幕再次浮现的时候，我们才会真正地承认，我们再也回不去了。那一段可能是一生中最好也最糟糕的岁月，无论我们是怀念它还是憎恨它，我们都回不去了。我们在命运的单行道上渐行渐远，从曾经想起遥不可及的30岁行至已不再遥远的中年，我们一路得到一些，也一路失去一些，但终归都是无法回头了。这些年我们看过的电影中，无论是多么煽情的情节，多么感人的故事，我们都逐渐麻木以对。但是那些屏幕上的年轻的闪着光的倔强脸庞却让我们泪凝于眶。我们一遍遍在深夜的KTV里唱着“再不疯狂我们就老了”，却在这一刻，终于承认：我们正在老去，不可逆转。

在电影快结束的时候，我听到四周响起的感叹声，有人回忆着小声跟同伴说着往事，也有人狠狠的立誓将来有了孩子一定不让他们过这样的生活一定会支持他们在最好的岁月里谈一场最美的恋爱。这样的以后的事，又有谁能知道呢？就如同我们的现在也不是曾经的我们可以想象的一样。当我们回头想想那年，其实最难的习题也不过是一页纸的笔记。但我们如今面对的困境，又岂是咬咬牙刻苦努力就可以解决的事情。我们每个人从出生开始，接受的所有教育都是为了工作准备着，然后我们工作，不断的，日复一日的努力工作，为了能过不错的生活，买不错的房子开不错的车子。然后我们老去，然后我们终将死去。我们的一生究竟在做什么呢？做一台台的物质制造机器，维持社会正常的运转与繁华的延续。每个人都如同世界这台大机器上的零件一样，从被生产出来就开始被打磨被制造，然后不停的运转直到新的零件被换上。我们中又有几个人能在活着时想明白活这一遭的意义，又有几个人能在死去时说一声无悔无憾？《青春派》里的故事是90后的故事了，但是就和昨天的我们的故事一样，还会和明天的00后的故事一样，不断重复着上演。这或许就是现代社会的人们的宿命。虽然过着不同的生活，遇见不同的人，但是轨迹早已被定下。我们自以为能思考，有意识，但我们做着的还是轨迹之内的事。在这样的一代又一代的轨迹教育下，社会稳定的发展着。如若真是每个人都能独立不受外界影响控制地思考自身的命运和意义并为之努力，如果每个零件都能拥有独立的意志，那这台不断制造物质的社会机器大致也就到了灭亡之日。

坦诚的说，《青春派》算不上是一部拍得很好的电影，但是它让我们温故了青春。就如同黑板上每天都会减少数字的高考倒计时一样，无论是一秒，一天还是一年，我们都无法回头。这样的恐慌与失落让我们在走向明日之路时，在创造出一个个的结果时，更加的谨慎和小心翼翼。仅从这一点来说，这就是一部值得看的电影了。

北京遇上西雅图

——对的时间才能遇上对的人

《北京遇上西雅图》，显然这样的爱情轻喜剧并不值得从各个侧面。大角度、小观点和深度上去对其分析评论一番，但是在这样终于告别严寒迎接春暖花开的季节里，遇到爱情，就算显得多么俗套的剧情似乎也比起探讨人性和哲学思辨要更加适合。这或许也是《北京遇上西雅图》票房大获成功的原因之一，对的时间遇上对的人，爱情需要如是机缘，电影也需要。

电影里最有趣的地方无疑是主角身份的设定。不事生产，依靠男人提供物质生活的败金“小三”和吃软饭的中年男人。这可能是中国人传统价值观里能够想出的对女性和男性最为鄙视和不屑的身份定位了。所以他们的爱情注定只能发生在西雅图这样的西方城市。用理想化的纯西方的思维剥离开现实与身份，落足于本质。本质就是一个男人和一个女人，他们各有各的问题，但是他们相爱了。这样的角色设计无疑给无数单身男女开启了希望：如果连未婚生子的“小三”和离婚有孩子的中年吃软饭大叔都能找到爱情，那我们还担心什么?

故事从缠紧了肚子准备去西雅图生产的文佳佳的出场开始了。从头到脚全套的奢侈品，嚣张的性格，艳俗的打扮，刻薄的说话方式，青春娇美的长相。几乎用不着身份交代，一个北京“小三”的形象就已清晰明朗了。不得不说，汤唯还是更适合类似《晚秋》那样的文艺电影，忧郁的文艺女青年形象跟她本身的质感更加贴合。在《北京遇上西雅图》里，接地气接的有点猛，显得还是略微不自然。相比之下吴秀波对Frank的驾驭可谓是游刃于余。隐忍、无奈与自嘲，还有眼神里散发出的值得信赖的真诚。这是他个人的天赋，每句话都似乎是从内心最深处思索后说出来的，有着无比的魔力。

文佳佳和Frank的初见显然算不上愉快。Frank有着美国中产阶级的典型特征：克制，有礼，拘谨。文佳佳则带着中国都市人习惯性的挑剔、自我和对陌生人的提防心理。两个人的初次见面虽然是用中文进行，但是中西方文化的碰撞却已露出了不和谐的一角。

后来的剧情发展毫无疑问都朝着“在一起”的方向进行着。虽然这是我们都知道的结局，但是过程并不生硬，为Frank和文佳佳的恋情给够了充足的理由。他的不善于拒绝和习惯性的忍受，成为了她在这个陌生城市可以找到的一个精神陪伴。陪她去夜场放纵，也陪她渡过难关，陪她找医生，听她吐苦水。而这些正是富有的老钟所缺失的。其实对于这样年纪的女孩子来说，没吃过苦没受过难没有面对过生死存亡，物质的真实含义和力量她们其实并不明了。追求的名牌物件也好，奢华生活也好都只是年少时做过的公主梦里一个个符号性的标志，唯有切实的陪伴才是生活中填充每一刻的良药。当她惶恐，当她开心，当她生病，当她寂寞，有一个人在身边的陪伴与引导，才是梦醒后现实的需要。其实以文佳佳为代表性的女孩子很多，她们期望物质丰裕，却都是不懂得自己的人，也不懂得那样的生活究竟是什么样，才会盲目向往。财富的力量与意义其实是巨大的，从来都不是豪宅名车可以替代的。但是落实在一个不参与其创造过程的小女孩身上，就很难体会了。她无法从财富的创造中得到成就感，无法体会自身创造的财富改变了无数别人的命运，甚至改变了社会的发展这样的巨大的满足感以及随之而来的担负起社会责任的英雄感。实际上，她们只是被财富改变的那些人而已。在她的眼中，财富的含义就是名牌包包，是跑车，是游艇，是豪宅，是法餐。这些都是没有拥有前会向往，拥有后注定丧失意义的虚无之物。向往坐在豪车里哭的人，一定没有真实的坐在豪车里哭过，所以才能那么倔强的说即使哭也要。世界上很多东西都是这样，因为没有拥有过，所以向往，拥有过了才知道也无非如此。但是其中的过程是无法省略的，一个从未拥有过的人也没什么资格说那其实不是她想要的，也不可能真实的说服自己相信这种吃不到葡萄说葡萄酸的心理。经历造就话语权，这是千古不变的。

当文佳佳还没当上小三的时候，肯定也曾羡慕地看着那些在名品店里挥金如土的女人，向往有一天也像这样生活。但是当她孤身一人在异国他乡，才明白能够给予一个人内心满足和温暖的，只有可能是另一个人。Frank在这个时候出现得刚刚好，若是早个几年就不是这个结果了。先遇上老钟再遇上Frank才是顿悟后的修成正果，先遇上Frank再遇上老钟，那就是《蜗居》里的故事了。由此我们可知，正确的时间、正确的心智下才能遇到正确的人，而前两者的重要性远远超过了这个人究竟是谁。

Frank爱上文佳佳似乎也是顺理成章的事。文佳佳是掷入他生活这潭死水里的石子。虽然未必是颗巨石，却也足够引发长时间的涟漪。Frank隐忍，克制，被责任压得喘不过气。而文佳佳却是鲜活立体的存在。她爱憎分明，对一件事情的判断先是从自我情感出发，而后才是所谓的责任。她是任性生长但是生命力十足的野生植物，为中年的Frank带来了新鲜的生机。她还具备他虽然作为男人但不具有的果断、坚强与豁达。从这里开始，文佳佳不再是以小三的身份存在着，Frank也不再是以个吃软饭的身份存在着，他们找到了对方身上真实的本质，也看清了自己真实的需要，回归到了最质朴的一个男人与一个女人相处的关系上。

《北京遇上西雅图》有个优点，它从始自终都没有否定过物质在人之一生包括感情生活中的重要程度。文佳佳与Frank相爱之后，并不是脱离现实的在贫困中以精神安慰度日，而是积极地寻求自立与改变，以获取长相厮守的资格。是的，长相厮守也好，爱上一个人也好，都是需要资格的。没有谁应该为另一个人的人生买单，纵使以爱为名。否则那就是一种畸形的关系，最终也不会获得长久的安乐。于是文佳佳努力独立，做自己的小事业，Frank重新拿起手术刀，获得新的社会身份。一切都是为有资格去爱，有资格负担爱而准备着。而一段感情最好的样子或许就是这样：离开了别人自己也能够很好的独立生活，但有了他，会变得更完整更好。

第二部分 物的文化

花想容

小山重叠金明灭，鬓云欲度香腮雪。懒起画蛾眉，弄妆梳洗迟。照花前后镜，花面交相映。新贴绣罗襦，双双金鹧鸪。

——温庭筠《菩萨蛮》

洞房昨夜停红烛，待晓堂前拜舅姑。
妆罢低声问夫婿，画眉深浅入时无？

——朱庆馀《近试上张水部》

化妆，从来都是女人们最有兴趣的话题之一，这一点从古至今，从平民百姓到皇亲贵胄无不例外。美貌是上天赐予女人的一份变数极大的厚礼，它是女人们最盛大的嫁妆，也是女人们生存于社会的原始本金。有时这份礼物显得不合时宜，它会带来多于平凡的灾难与痛苦。但大多数时候，这份礼物是一把改变自身命运的钥匙，它打开的门后通常会是一条布满怜惜与爱护的平顺坦途。在长达数千年的男权世界里，一个女人过得怎么样基本取决于她嫁了一个怎样的男人，因此美貌这块敲门砖就显得尤为重要。哪怕时至今日，美貌的女人也总是能获得更多的机会与捷径的。如何让自己更美丽？这个穿越了数千年的女性命题衍生出了化妆品，到了今天，甚至形成了一个跨越全球的庞大产业。在如今的女人熟练使用睫毛膏、口红和粉饼的时候，也不禁让我们开始好奇：古时的女人又是怎样装扮自己的?

化妆品的历史几乎可以推算到自人类的存在开始。自有人类文明以来，就有了对美化自身的追求。在原始社会，一些部落在祭祀活动时，会把动物油脂涂抹在皮肤上，使自己的肤色看起来健康而有光泽，这也算是最早的护肤行为了。在公元前5世纪到公元7世纪期间，各国均有不少关于制作和使用化妆品的传说和记载。在古埃及，人们为了防止炎热和皮肤干燥，常用香油和油质软膏涂抹皮肤。另外，古埃及人还喜欢眼圈化妆，即在上下眼皮上勾画绿色、黑色或蓝色颜料，据说这是为了预防砂眼、苍蝇和飞虫的入侵，也是为了遮蔽灼热的阳光和消毒。因此在配制这种涂料化妆品时，大多掺入具有杀菌作用的蓝绿色孔雀石粉末。后来人们对这类化妆品的色泽也开始讲究起来，便特别爱用淡黑色的二氧化锰调制的涂料，甚至还有选用绿色树脂的。在对古代木乃伊的研究分析中，我们就发现古人的眼皮上部涂过黑色颜料，下眼皮涂过蓝绿色颜料，这种黑色颜料的主要成分是硫化铅，蓝绿色颜料主要成分是孔雀石。而在古希腊，人们则流行先用烟黑涂描眼睫毛，然后涂上黄白色的天然橡胶浆。当时的妇女还爱从指甲花萃取红色染料，涂抹嘴唇和两颊。而这些，基本就是如今睫毛膏，眼影，腮红与口红等化妆品的雏形。

可以说，中国女性是最早学会化妆的群体之一。《楚辞·大招》里是这样描写当时美女的："易中利心，以动作只；粉白黛黑，施芳泽只。"由此可见，早在先秦时代，那些秀外慧中、体态优雅、举止自然的美女们便开始化妆了，她们涂粉、画眉、搽香，将自己精心打扮，化妆美容也已在女子之中流行开来。那的女性特别喜欢抹粉，这种化妆手法对现代中国女性尚有很大影响。《战国策·楚策三》中所谓“彼郑、周之女，粉白黛黑”，反映的便是同一时代女性的审美趣味，不只南方楚国的女性喜欢化妆，就连北方西部的郑国、周国女性都用上了化妆品。

粉白

从“粉白黛黑”一语中我们发现：粉，应该是古代中国女性最早使用的化妆品之一。从其字的“米”字旁可知，粉的主要原料就是人们日常食用的大米。古时制作粉的工艺并不复杂：将浸泡过的新米细磨成浆，盛放在圆形的粉钵内，发酵沉淀后便得出了洁白细腻的米粉。然后放在太阳下晒干，将粉块研成粉末，再添加入香料，即是最早的“香粉”。

唐宋以后，粉的品种更为丰富，如在魏晋南北朝时期，宫人段巧笑以米粉、胡粉掺入葵花子汁，合成“紫粉”。唐代宫中以细粟米制成“迎蝶粉”。在宋代，则有以石膏、滑石、蚌粉、蜡脂、壳麝及益母草等材料调和而成的“玉女桃花粉”。在明代则有用白色茉莉花仁提炼而成的“珍珠粉”以及用玉簪花合胡粉制成玉簪之状的“玉簪粉”。清代有以珍珠加工而成的“珠粉”以及用滑石等细石研磨而成的“石粉”等等。还有以产 地出名的，如浙江的“杭州粉”（也称官粉）；荆州的“范阳粉”；河北的“定粉”；桂林的“桂粉”等等，粉的颜色也由原来的白色增加为多种颜色，并掺入了各种名贵香料，使其具有更迷人的魅力。但在古代的中国，最“高档”的化妆品却是铅粉，它属于古时中国女性使用的奢侈品了，几乎只有高门贵户中的小姐才能得以一用。

铅粉质地细腻，色泽洁白，其制作工艺接近于现代化妆品，是通过化学反应的手段取得。其提取、制作方法较复杂，据《抱朴子·内篇》所记，将铅、锡一类物质与醋酸放在一起反应，使之生成黄丹，再由黄丹转化为糊状的铅粉。如米粉一样，干结后研成粉末，故名“铅粉”，有的也做成粉块。随着考古的深入，大批妆粉实物相继出土，有的盛在精致的钵内，有的安装在丝绸的包里，最有特色的是从福建福州出土的南宋妆粉，被制成特定形状的粉块，有圆形、方形、四边形、八角形和葵瓣形等等，上面还压印着凸凹的梅花、兰花以及荷花纹样。

因古人认为铅粉系铅之精华，故又名“铅华”。曹植《洛神赋》中“芳泽无加，铅华弗御”中的“铅华”就是这意思。当然“落尽铅华”中的铅华指的也就是这种铅粉。铅粉的美白效果比米粉更强，又不易变质，在古代上层社会的女性中使用最多。铅粉虽然是高档化妆品，但其含铅量太高，可以说是一种“有毒化妆品”。现代实验证明，铅粉的主要成份实是碱式碳酸铅，长期使用可致慢性中毒，造成永久性损害。因此有不少人揣测：“黄脸婆”一说正是因为长期使用铅粉之后，其有害化学物质年复一年的堆积终将导致肤色黯黄长斑而致。

黛黑

在古代女子的化妆中，“粉白”固然重要，然“黛黑”也是必不可少的。“黛黑”指的就是用玄色画眉。在战国时，还没有特定化眉的化妆品，女人们都用柳枝烧焦后涂色在眉毛上。随后才出现了“黛”——这是一种黑青色的矿物。描画前需要先将黛放在石砚上磨成粉状，加水调和后才能使用。比之石黛要高级一些的画眉材料是螺子黛。螺子黛出产于波斯国，它是一种经过加工制造，已经成为各种规定形状的黛块。使用时只用蘸水即可，无需研磨，因为它的模样及制作过程和书画用的墨锭相似，所以也被称为“石墨”，或称“画眉墨”。关于画眉墨的制作方法，宋人笔记中也有叙述，例如《事林广记》中说：“真麻油一盏，多着灯心搓紧，将油盏置器水中焚之，覆以小器，令烟凝上，随得扫下。预于三日前，用脑麝别浸少油，倾入烟内和调匀，其墨可逾漆。一法旋剪麻油灯花，用尤佳。”这种烟薰的画眉材料，到了宋末元初，则被美其名曰“画眉集香圆”。到得元代之后，宫廷女子的画眉之黛则全部选用京西门头沟区斋堂特产的眉石，至明清也如此。

画眉是古代中国最流行、最多见的一种化妆技术。到得汉代时，画眉更普遍了，并且一个女人的眉毛画得好不好看开始显得很是重要。《西京杂记》中写：“司马相如妻文君，眉色如瞧远山，时人效画远山眉。”这是说把眉毛画成长长弯弯青青的，像远山一样秀丽。到了盛唐时期，流行把眉毛画得阔而短，形如桂叶或蛾翅。元稹诗云“莫画长眉画短眉”，李贺诗中也说“新桂如蛾眉”。为了使阔眉画得不显死板，妇女们开始学会在画眉时将眉毛边沿处的色彩向外均匀地晕散，称其为“晕眉”。还有一种是把眉毛画得很细，称为“细眉”，故白居易正在《上阳白首人》中有“青黛点眉眉细长 ”之句，也在《长恨歌》中还描述道：“芙蓉如面柳如眉”。到了唐玄宗时画眉的方式更是多姿多彩，流传至今的著名眉形就有十种：鸳鸯眉、小山眉、五眉、三峰眉、垂珠眉、月眉、分梢眉、涵烟眉、拂烟眉、倒晕眉。在古代夫妻的闺房之乐中，男子常常为女子上妆的也正是眉部，这是因为最初女人们用烧焦的柳枝画眉的缘故，取其谐音“留”字，意在留住夫君恩爱不移。

胭脂

“粉白黛黑”显然只是古时化妆的基础要求。想要艳色出众还得要肤色若芙蓉，唇色如樱桃。这就需要胭脂与口红才能达到了。历代典籍中有关胭脂的写法有很多，如“焉支”、“烟支”、“鲜支”、“燕支”、“燕脂”、“阏氏”等等。所谓的“胭脂”，实际上是一种名叫“红蓝”的花朵，它的花瓣中含有红、黄两种色素，花开之后被整朵摘下，然后放在石钵中反复杵槌，淘去黄汁后即成鲜艳的红色颜料。

据记载，纣王爱将凝固的花汁送给宠妻爱妾化妆面容，因这种化妆品最早源于燕国，所以后人就把它叫作“燕脂”。另一种说法认为，中国古代胭脂的真正产地，是匈奴境内的焉支山。胭脂传入中原地区，和汉代张骞出使西域有关：“阏氏”，是匈奴人对宫廷妇女的一种称呼，原指贵族正妻，因为这些贵族妇女常用“胭脂”妆饰脸面，而“阏氏”与胭脂同音，所以成了她们的代称呼。

自汉代起，中国女子已广泛使用胭脂。长沙西汉马王堆一号墓中出土的精美小巧的漆器梳妆箱中，除有发绺、梳子、香粉、黛石外，就还有胭脂。妇人妆面的胭脂有两种：一是以丝绵蘸红蓝花汁而成，名为“绵燕支”；另一种是加工成小而薄的花片，名叫“金花燕支”。这两种胭脂都经过阴干处理，使用时只要蘸少量清水即可涂抹。制作胭脂时通常是使用颜色新鲜纯正的玫瑰花瓣置入石臼中反复研磨成浆，用绢纱滤去杂质后，取其厚而纯的红色液汁，一周以后取出玫瑰汁丝饼，选晴好天气曝晒四五天至干透，即可入妆袋，用时只需以清水稍濡，即芬芳扑鼻。

到了南北朝时期，人们在这种红色颜料中，又加入了牛髓、猪胰等物，使其成为一种稠密润滑的脂膏。由此，燕支被写成“胭脂”，“脂”有了真正的意义。

《红楼梦》四十四回中有一段关于胭脂的描写，说得非常形象。这种胭脂“也不是一张，却是一个小小的白玉盒子，里面盛着一盒，如玫瑰膏子一样。宝玉笑道：‘铺子里卖的不干净，颜色也薄，这是上好的胭脂拧出汁子来，淘澄净了，配了花露蒸成的，只要细簪子上挑上一点儿，抹在唇上，足够了；用一点水化开，抹在手心里，就足够拍脸的了。’平儿依言妆饰，果然鲜艳异常，且又甜香满颊。”

由于胭脂的推广流行，汉代以后，妇女作红妆者，与日俱增，且经久不衰。古时女子化妆，单以胭脂妆面的比较少见，往往是先抹粉后涂脂，这也就有了“脂粉”之说。先抹白粉，再涂胭脂，胭脂的位置往往集中在两腮，所以双颊多呈红色，而额头、鼻子以及下颌则露出白粉的本色来，中国古代传统画人技法中有“三白”之说，就是根据这种化妆方法而来。这种妆式常用以青年女子，史书中的“桃花妆”一词，即指这种妆式。

由于用色的程度不一，名称也不同，浓艳者称“酒晕妆”，稍浅一些称“飞霞妆”。据传说，杨贵妃去后宫同双亲告别时，泪水纵横，临上车时，因天气寒冷，脸上的泪水竟冻结成红色的薄冰……此外，贵妃因体态丰满，每当盛夏季节便热得喘不过气来，汗水盈盈，每当她用手绢抹脸时，手绢就变成红色的了。胭脂到了今天，逐渐发展成为了腮红，仍然是女人们最常使用的化妆品之一。

樱唇

除却“三白”之说外，古时化妆还讲求“三红”：即双颊红，唇色红。古时女子的唇妆品是口脂。口脂大多呈朱赤色，涂在嘴唇上，可以增加口唇的鲜艳，给人健康、年轻、充满活力的印象，所以自古以来就受到女性的喜爱。《唐书·百官志》中记：“腊日献口脂、面脂、头膏及衣香囊，赐北门学士，口脂盛以碧缕牙筒。”这里写到用雕花象牙筒来盛口脂，可见口脂在诸多化妆品中有着多高的地位。

中国古代的口脂，制作得很精细。北魏贾思勰在《齐民要术》中，曾经记载过当时的制作工艺：先制香酒，以丁香、藿香两种香料，拣上好的新收的、无杂质的洁净棉花裹上，然后投入事先已烧至微烫的酒中，以热酒吸收棉中的香料之味。吸收的时间为夏日一天一夜，春、秋两季为两天两夜，冬季为三天三夜。

浸透到期后，取出棉花和香料，将牛油或牛髓放人此香酒，旺火大烧，滚沸一次加一次牛油脂，数滚之后，撤火微煎，此时慢慢掺人以朱砂研取的红色颜料，并以青油调入，搅拌均匀，灭火后，待其自然冷却，凝成的红脂细腻鲜艳，香气蕴藉，即为妇女喜爱的饰唇用品了。

古时习惯以嘴小为美，即“樱桃小口一点点”，如唐朝诗人岑参在《醉戏窦美人诗》中所说：“朱唇一点桃花殷。”唐朝元和年以后，由于受吐蕃、胡人的服饰、化妆影响，出现了“啼妆”、“泪妆”。顾名思义，就是把妆化得像哭泣一样，当时号称“时世妆”。诗人白居易曾在《时世妆》一诗中详细形容道：时世妆，时世妆，出自城中传四方，时世流行无远近，腮不施朱面无粉，乌膏注唇唇似泥，双眉画作八字低，妍媸黑白失本态，妆成近似含悲啼。这种妆不仅无甚美感，而且给人一种怪异的感觉，所以很快就不流行了。唐宋时，还流行用檀色点唇。檀色，类似粉红色。北宋词人秦观在《南歌子》中歌道：“揉兰衫子杏黄裙，独倚玉栏，无语点檀唇。”这种口脂的颜色直到现代还在流行着。

花黄

除了香粉，眉黛，胭脂与口脂之外，古时化妆还有一个重要的元素：贴花钿。所谓“对镜贴花黄”，指的就是这个。这是种贴在眉间和脸上的一种小装饰，可以为妆容画龙点睛，很是流行了一段时期。

关于花钿的起源，据宋高承《事物纪厚》引《杂五行书》说：南朝“宋武帝女寿阳公主，人日卧于含章殿檐下，梅花落额上，成五出花，拂之不去，经三日洗之乃落，宫女奇其异，竞效之”。因故称之为“梅花妆”或“寿阳妆”。梅花妆一直流行到了宋朝，汪藻就曾在《醉花魄》中吟：“小舟帘隙，佳人半露梅妆额，绿云低映花如刻。”

古时候做花钿的材料十分丰富，有用金箔剪裁成的，还有用纸、鱼鳞、茶油花饼做成的，最有意思的是，甚至蜻蜓翅膀也能用来做花钿。如宋人陶谷所著《潸异录》上说：“后唐宫人或网获蜻蜓，爱其翠薄，遂以描金笔涂翅，作小折枝花子。”可见古时妇女的化妆方式不仅丰富，而且别出心裁，不拘一格。花钿的颜色有红、绿、黄等，花钿的形状除梅花状外，还有各式小鸟、小鱼、小鸭等，十分美妙新颖。

面白如玉，黛黑如墨，肤艳若桃，唇红如血。这样的化妆审美一直延续到了今天。数千年时光过去了，女人们在化妆一事上的热情却有增无减的保存了下来。从古至今，那些几乎出现在每个女人妆台上瓶瓶罐罐里的各式化妆之物，寄托着女人们数千年来对美丽的追求与向往，或者不只是美丽，更是对寻一个良人过一世幸福日子的向往。古往今来，“女为悦己容”的心思从来没有改变过，女人们在化妆时总是表情严肃而虔诚，这或许是因为她们早已知晓：能明了内秀慧中之珍贵的男子世间极少，唯有美丽的容颜才是俘获对方爱惜的直接办法。可见人类虽进化至今，然在求偶一事上仍保存着动物一般的本性，总是容易被美丽之物迷惑心智，却忘记了大自然最基本的生存法则：美丽的通常都带毒。

口红

——血为骨花为魂心为色

如果不明白物质中的文化，那么作为女人，她可能很多东西都不明白。口红之所以可以称为一种文化，因为它与整个人类的社会发展密不可分。它兼具宗教性、社会性与男女地位等研究意义，如果这也不算是一种文化，就没有什么可称为文化的了。

在女人一生所拥有的所有物质里面，大概没有一个女人的清单上会缺失口红。它是女人成熟的标志，或许你管它叫堕落的开始。它是诱惑的起源，或许是挑逗的表现。口红的发展史其实是人类历史的又一面镜子，有女性美丽的影像，有过往潮流的反光，也折射出中外女人人性的压抑与伸展的历史。涂着口红的女士曾被称为“撒旦的化身”，虽然批判声此起彼伏，但都没能阻止口红和人类一起走过中世纪的漫漫长夜，走过文艺复兴，走过二战和妇女解放运动，最终成为一个女性的生活中最重要的物件之一。

烈焰红唇——埃及艳后克里奥帕特拉

我爱你无与伦比的鲜艳红唇，它让我想起王冠上最瑰丽的红宝石。

——古罗马将领安东尼《关于口红的情感与回忆录》

2011年3月23日，伊丽莎白·泰勒辞世。这位美国影坛的常青树，虽然依靠《青楼艳妓》和《灵欲春宵》两获奥斯卡最佳女主角奖，但奇怪的是，人们提及她对影史的贡献，却总是会先想起另一部电影——《埃及艳后》。如果说这部好莱坞历史上数一数二的“烧钱之作”还有什么值得留恋的话，那将古埃及托勒密王朝的最后一任法老：克里奥帕特拉七世的形象，紧紧地和伊丽莎白·泰勒捆绑在一起，一定是为数不多的成就之一。

伊丽莎白·泰勒饰演的克里奥帕特拉之所以深入人心，很大程度上要归结于两人身上诸多相似的特质。当大家讨论他们容貌、情路、人生的相似程度时，却经常会忽视一个显而易见的环节：伊丽莎白·泰勒和克里奥帕特拉同为口红发烧友。前者曾宣称：“女人拥有的第一件化妆品应当是口红。”而后者，1962年著名化妆品品牌“露华浓”推出的SPHINXPINK口红广告，上面写着的标语就是：“克里奥帕特拉一样的造型，只有露华浓能做到！”

考古学家认为，最早有意识地使用化妆品来装饰个人的是古埃及人。他们使用化妆品的范围很广，无论是个人使用或在宗教仪式中使用，甚至在葬礼中为死者化妆都可以看出他们对美容的偏爱。

虽然关于口红的历史，尚无明确的记载，但从古代遗迹和金字塔等中所见到的壁画、雕刻以及陪葬品等考察来看，人类早在4000多年前，就有口红的意识，他们在唇部面部、自体上涂上各种颜色的土，表示对神的敬畏，以祛魔逐邪，同时显示了自己的地位和存在。因此，埃及是应用口红出现最早的国家之一。天然色素和动植物油脂是人们最早的制口红原料。古埃及女王克里奥帕特拉时期，女王用驴乳沐浴使皮肤细腻增白，用散沫花染指甲、手掌和嘴唇等使化妆品艺术达到高峰。埃及壁画上就出现过有着多彩多姿唇形和唇色的宫女画像群。

克里奥帕特拉对口红热爱，并不是后世为了兜售商品而炒作的噱头。其实早在公元前3000多年前的苏美尔文明中，人们已经开始使用白铅和红色岩石粉末装饰嘴唇了。而到了古埃及，由于无论男女都视化妆为日常生活的例行事务，涂抹口红之风气更盛。埃及人用的口红，多取自代赭石，有的会混合树脂树胶以增加粘性。今天，你随便拉开一个现代家庭主妇的抽屉，基本都能从里面翻出唇膏来，这一“传统”似乎也能追溯到古埃及。那时几乎家家都备有制作口红的金属和木制工具，尤其是帝国的全盛时期，唇膏的颜色从紫红到蓝黑，多种多样，更可以随心所欲自由选择，无视等级社会中繁琐的规则约束。

而我们的口红发烧友克里奥帕特拉登场，让一切有了变化。克里奥帕特拉特别偏爱一种从雌胭脂虫的脂肪和卵中提取的洋红色（这种颜色至今都被命名为“克里奥帕特红”），她的喜好让洋红成为口红最经典的色系，影响至今不辍；她为口红的使用制定了条令：嘴唇着色必须用潮湿的木条；甚至她离世之后，人们还不忘在克里奥帕特拉的陵墓中放几罐子唇彩。

有意思的是，地中海另一边的希腊，对口红却有着和埃及截然相反的态度。也许是人工雕琢之美无法见容于崇尚自然的希腊精神，古希腊甚至将口红打上了“禁忌”的烙印，这从制造口红的原料中便可一窥端倪。除了充当发色剂的红色染料外，希腊的口红里还包括绵羊的汗、人的唾液和鳄鱼粪便等等物质。而早期的希腊女性除了染发和佩戴假发外，几乎不化妆，口红那时归属于一个特殊阶层：妓女。为了避免男性受到诱惑，同时保护女性安全，古希腊政府为口红的使用制定了如下法律：妓女如果在非指定时间出现在公共场合，或者没有涂上指定色彩（通常为酒红色）的唇彩和化妆以区别于“普通”女性，他们将受到严厉惩罚。

美还是禁忌？选择还是堕落？古埃及和古希腊对口红的不同态度，居然为后世关于这种化妆品的争论定下了全部基调。两种思想的较量分出了短暂胜负。公元前6世纪到3世纪之间，口红进入了古希腊主流社会之中，不光是妓女，精英们也乐于涂上它出席社交活动（但下层劳动妇女依旧抵制）。因此，口红的成分也有了一次大变化，桑葚、海藻、蔬菜根茎等植物染料进入了唇彩的原料单。这恐怕是几百年前的那些希腊统治者做梦都想不到的。

继承了希腊传统的古罗马的居民们，对口红的喜爱绝不输给埃及人。古罗马皇帝尼禄的情妇波贝娅，据说她身边有一支不下百人的奴隶队伍，以保证自己的唇彩随时处于最佳状态。在波贝娅的带领下，当时罗马的贵族女子都视红色和紫色唇膏为时髦。爱美的罗马人还开发出了独特的口红原料：一种富含水银的海藻。事实上，这可不是什么高明的点子。植物中的水银通过口红和嘴唇接触进入人体，最终导致中毒死亡。富裕的罗马人并不知道自己每天的化妆其实是在和死神接吻，但穷人却误打误撞躲过一劫。因为负担不起化妆品的高昂开支，他们只能依靠葡萄酒沉淀物涂抹双唇，没想到这却成了延生保命之道。

唇比血更红——两个女人的一世恩仇

谁会预料得到呢？如果没有那种浪漫的口红，苏格兰的历史也许将会改写。

——克鲁吉亚历史学家别尔斯基《口红的历史》

口红并没有随着罗马帝国的崩溃而消失。从苏格兰到西班牙，我们都能找到口红曾经风行的证据。虽然中世纪的教士们大力反对，但在从他们记录下的诸多抱怨中，依然可以窥见这种化妆品的影响力。英格兰教士的态度尤其激烈，他们将一个涂着口红的女士称为“撒旦的化身”，认为人工装饰的面容正在挑战着上帝的权威。虽然评判声此起彼伏，但都没能阻止口红和人类一起走过中世纪的漫漫长夜。

颇有讽刺意味的是，在口红的禁忌最为强烈的英格兰，居然出了一位嗜之如命的女王，她就是伊丽莎白一世，都铎王朝第五位也是最后一位君主。伊丽莎白一世不但在治国理政方面颇有建树，在口红发展史上也是位里程碑式的人物。她的口红用胭脂虫、阿拉伯胶、蛋清和无花果乳配制而成，显现出独特的红色。她还以石膏为基材发明出固体唇彩，这也成了现代口红的远祖。随着年龄的增长，伊丽莎白一世对口红的依赖越来越严重，她生病的时候，精神状态不佳的时候，都会大量使用口红。而去世的那天，伊丽莎白一世用掉了几乎半英寸长的口红。但更为讽刺的是，伊丽莎白一世一辈子的死对头，死在她手下的著名绝代艳后玛丽·斯图亚特也是口红的狂热爱好者。这或许也是一种必然，男人们会因为相同的爱好成为朋友，而女人们却恰恰因为相同的追求成为死敌。

充满女性气质，为爱情而生活的玛丽，和理智、坚强、与王国结婚的铁女人伊丽莎白，这一对表姐妹简直是命中注定的仇敌。1558年，当伊丽莎白刚成为英国女王时，玛丽就曾对她的王位继承权提出异议。因为伊丽莎白是前英王亨利八世和安妮·博林的女儿。由于亨利八世和他的前妻凯瑟琳离婚未得到罗马教皇的承认，所以按照天主教徒的看法，亨利八世与安妮的结合无效，伊丽莎白只是一个私生女。如果这样看的话，只有亨利七世的曾孙女玛丽·斯图亚特，才是英国王位的合法继承人。当时作为法国皇太子妃的玛丽，在所有文件上的署名都是“法兰西、苏格兰、英格兰的统治者玛丽·斯图亚特”。尽管在这对皇家死敌的来往信件上也是以“姐妹”相称，但无论玛丽还是伊丽莎白，在内心深处都极端仇视对方。据说，伊丽莎白女王就经常向驻伦敦的苏格兰大使炫耀自己有3000套华丽的服装，每天交替穿着，并且还寻根问底地要他回答“玛丽和我相比，谁的头发更美丽”，“皮肤更白皙”，“到底我们两人谁更漂亮”等问题。由此可知，玛丽在她心目中是一个相当棘手的对头。

1565年2月，一位英国贵族亨利·达恩利勋爵突然出现在苏格兰宫廷。据说他是受到想使他成为苏格兰国王的母亲唆使而来的。这位长身挺立、擅长跳舞和骑马，也能作诗的花花公子很快就获得了玛丽的芳心。

而最让玛丽欣喜若狂的是达恩利带来了一种新的口红秘方并把它专门献给了自己。据说这种口红除了在自己所爱的男人身上会留下吻痕，在别的场合都不会掉色，有点类似于我们现代的不脱色唇膏，甚至更富有神秘浪漫的氛围。玛丽获得这种口红后拒不外借，甚至当表姐伊丽莎白女王写信索要秘方时，也借故推辞了。玛丽甚至在背后讥笑伊丽莎白要了这种口红也没有用，因为她根本就不知道男人，也没有男人对她有兴趣。

常常有人笑说，这两个英格兰最有权势的女人之间的仇怨，就是这只口红引起的。在后来长达十几年人监禁中，玛丽很快地憔悴了。她再也不用任何装饰，除了每天必抹达恩利献给她的口红，借以回忆她丰盛年华里的快乐与荣光。最后，由于她策划刺杀伊丽莎白女王，被推上了断头台。临刑前，她身穿大主教殉教者的火红长袍，描抹了同样鲜红的“达恩利口红”——她确实是这么叫它的。如果没有这口红，没有口红带来的丈夫达恩利，没有口红带来的伊丽莎白的炉嫉，也许，玛丽的生命会全部改写，苏格兰的命运也会全部改写。

口红陪伴着玛丽的断头，也陪伴着伊莉莎白一世的死去。或许在临死前的她们，总会在涂抹口红的时候，回忆起那个相恨一生又相缠一生的对手。

点绛唇

窄袖半掩，莺啼处，点破樱桃一点红。

——何冠《凤凰台上忆吹箫》

华夏文明的丰富性，有口皆碑。提到口红，依然是丰富无比，像说不完道不尽的唐诗宋词一样，别有一番气韵。有个词牌名曰“点绛唇”，令人勾起无限想象。试想一位古装美女轻拢琵琶低唱一曲“点绛唇”，樱桃小口微微开合，该是一件多么让人目醉心迷的乐事。

“中国的石榴娇”这话大约会使人想到妆唇的红色，其实不然，它是中国古代女性描唇的一种形式。与眉妆同样，唇妆也有它繁复的花式，这在世界化妆史上，也是独具中国特色的口红文化现象。

妆唇以红，在中国起源亦早，楚宋玉的名篇《神女赋》中就有“眉联娟以娥扬兮，朱唇的若其丹”。“丹”即朱砂，它是古代妇女妆唇所用红脂的主要原料，“朱”的色彩为“红”，故古人常称女性的口唇为“朱唇”。《释名》定义曰：“唇脂以丹作之，像唇赤也。”以朱砂研磨后得出的红色颜料可以饰颊，人们又将颜料拌人动物的油脂，使之凝结成脂类物，既滋润口唇，又增添红色，且不易脱落，深受先秦至汉时期妇女的欢迎。1949年，湖南长沙市郊陈家大山楚墓出土了一幅古帛画，据测此画约距今2300余年，画中的女性口唇均饰朱色，则妆唇习俗，早在3000年之前，已在我国的黄河流域出现了。在江苏扬州、湖南长沙的西汉墓中，甚至还发现了保存完好、存放在漆匣中的朱砂唇脂实物，可见唇脂是妆品中受重视的程度。在文献的记载中，它常与傅面之粉、描眉之黛、沐发之泽并列而称。《淮南子·修务》曰：“不待脂粉芳泽，而性可说者，西施阳文也。”《韩非子·显学》亦云：“故善毛嫱、西施之美，无益吾面，用脂泽粉黛，则倍其初。”皆是例证。

中国古代的口红，制作得是很精细的。北魏贾思勰在《齐民要术》中曾经记载过当时的制作工艺，即先制香酒，以丁香、藿香两种香料，拣上好的裹入新收的、无杂质的洁净棉花中，然后投入事先已烧至微烫的酒中，以热酒吸收棉中的香料之味。吸收的时间为夏日1天1夜，春、秋两季为两天两夜，冬季为3天3夜。浸透到期后，取出棉花和香料，将牛油或牛髓放人此香酒，旺火大烧，滚沸一次加一次牛油脂，数滚之后，撤火微煎，此时慢慢掺入以朱砂研取的红色颜料，并以青油调人，搅拌均匀，灭火后，待其自然冷却，凝成的红脂细腻鲜艳，香气蕴藉，即为妇女喜爱的饰唇用品了。

红脂的原料在汉代以后，北地的红蓝花在内地得到广泛的种植，便取代了朱砂，原因是红蓝花汁色鲜，质地均匀细致，不似朱砂总带着粉粒，而且附着力强，不会轻易褪色。明人的《正字通》云：“燕脂，以红蓝花汁凝脂为之……后人用为口脂。”清时统称为胭脂，既抹唇又妆脸。《红楼梦》第44回里，宝玉拿出一个盛了上好胭脂的白玉盒子，给平儿妆唇，就是一个明显的例子。说宝玉喜欢吃女儿口上的胭脂，其实就是指的口红。

南梁的沈约在《少年新婚为之咏》中，有这样的名句：“托意眉间黛，中心口上朱”，很形象地说明了妆饰在妇女社会生活中的特殊作用。既然心情各异，朱唇也就会有不同的妆法了。

中国古代对女子面目五官的审美标准大概是：细弯的柳叶眉、圆圆的杏仁眼、小巧的樱桃嘴，至于鼻，则无物可状，以挺直而小巧为标准。女子若有其中一美，便可入美人行列。唐诗人白居易家蓄妓，有两人最中他的意，一位称樊素，貌美，尤以口型出众；一位名小蛮，善舞，腰肢不盈一握，白居易为她俩写下了“樱桃樊素口，杨柳小蛮腰”的风流名句。

唐时唇脂和白粉都已有相当的制作水平，女性们充分利用这两种覆盖力极强的妆品，创造出各式不同的口型。一般的饰法是先涂白粉，将天然的唇形掩盖，然后以唇脂描画出自己喜爱的样式，嘴唇左右角不同的可修正为对称，双唇太厚太薄的可以描成恰当的比例，当然，最主要的还是以描为小巧为时尚。宋人《清异录》有言：“（唐）僖、昭时，都下竞事妆唇，妇女以此分妍否，其点注之工，名色差繁。”宇文士及在《妆台记》中进一步记录了这些妆唇的样式是：胭脂晕品、石榴娇、大红春、小红春、嫩吴香、半边娇、万金红、圣檀心、露珠儿、内家圆、天宫巧、恪儿殷、淡红心、猩猩晕、小朱龙、格双唐、眉花奴等17种。从名称上看，妆唇的红脂颜色有大红的、淡红的、掺金粉的、粉红的等等；妆成的形状有圆形的、心形的、鞍形的，不一而足。唐时妇女又喜用檀色（即浅绛色）点唇，如敦煌曲子《柳青娘》句有“故着胭脂轻轻染，淡施檀色注歌唇”，秦观的《南乡子》句：“揉蓝衫子杏黄裙，独倚玉栏，无语点檀唇。”从现存唐代的一些出土文物中，可以略见当时的口妆样式，新疆吐鲁番阿斯塔那墓出土的女性泥俑，其唇被画成颤悠悠的花朵状，上下两唇均为鞍形，如四片花瓣；两边略描红角，望之极有动感，鲜润可爱。唐代的敦煌壁画《乐庭环夫人行香图》中的女性，有的将唇画成上下两片小月芽形，有的画成上下两片半圆，有的则加强嘴角唇线效果，使整个唇形呈菱角状。

唐代的唇妆，对后世的影响很大，五代相沿唐风，花样繁出；至宋名目渐少，以唇薄嘴小为美，无复唐时的活泼丰满。民间妆唇，仍流行改措成鞍形唇，以显唇线之优美。明代的口妆修饰精巧，红唇一朵，优美自然。清代的口妆比较特别，用两种红色妆唇，在浅红色描完了唇形后，又用深红在上唇点两点、下唇点一点，使红唇有一种撅起如花蕾的俏皮感觉。

樱桃形圆色艳，清代“樱桃小口”一点点的时尚唇形给人留下深刻的印象，即用红色口脂点画出圆唇。所谓点圆唇，是为了造成一种错觉，只为缩小妇女的口型而产生一种清香的感觉。这表明当时人们注重唇色的同时，也注意唇形的变化所产生的美感。

唇上的樱花

直如口色红，变幻总无因。

——（日本）无名氏《见斋物语》

提到樱花，我们自然想到岛国日本。在这个樱花的国土上，大和民族的文化对口红的尊重和发扬在世界上都是非常重要的。因此，日本被认为是世界四大口红生产国之一，其口红的文化特色更是为人津津乐道。

日本上古时代有用储上涂面的风习，但没有真正意义上的妆品。6世纪时，有一位名叫昙微的和尚，从高丽渡海而至，把能绞取红色颜汁的植物带到了日本，从此才开始了妆唇的历史。在唐代文明的影响下，他们也在额头、眼侧及口边点红，称为“花子”，甚至还像西欧流行的“黑子”那样，用布和纸剪成各种形状贴在脸上。但是，以上的妆法，都只是在一个地区、一段时间内实行，而未曾普及到全国。尤其是口红的使用，一直要到公元17世纪，进入江户时代以后，才慢慢出现，至18世纪后，唇妆则风行于日本列岛。

在唇妆初兴的时候，与日本的整体审美观相适应，人们提倡“樱色唇”。所谓“樱色唇”，就是指将唇红的颜色规定为樱花开放时的那种浅淡粉红。事实上，正常人的唇色，都比樱花要红，所以妆唇为樱色是不可能的，只是日本人极爱樱花，以其为国色，“樱色”是日本人心目中最美的一种素绚的轻红，它体现了一种淡雅的情调。不但妆唇，胭脂的运用、妆粉的运用都是同一标准，如《女用训蒙图汇·卷三》曾这样教导女孩子：粉的涂敷不可太白，只要使肌肤显出柔和如玉即可，胭脂也要轻扑，以樱色为佳。《女重宝记》也明确规定：红应薄薄施，浓红为贱者所用。所以，中国的红妆可称“桃花妆”，日本的妆式则以名“樱花妆”为宜。

但是，这种传统的审美观，到了明治时代渐被淘汰。18世纪末、19世纪初，日本开始进行对外贸易，商业发达的结果，是游女遍天下，冶装风习一日浓似一日，并时兴下唇比上唇抹得更红的涂法，这种化妆的效果是缩小了唇形，而且丰厚的下唇看来比较性感，更女性化。

当时，在游女们所用的口红中有一种特别的颜色，名“笹色红”。“笹”字在日本语里就是竹类苇类的叶子，顾名思义，笹色红不是纯红，而是在深红中显青绿的颜色。这种笹色红如果浓浓地涂，会随阳光的明暗照射，呈现闪闪的紫、绿色光，给人一种相当醒目而又神秘的感受，日本人也把它称为“玉虫色”。所谓“玉虫”，据《嬉游笑览·卷一容仪》中载，玉虫于5、6月间生于草蔓之上，大于榆荚，类如金龟子，身上青翠金绿，非常漂亮，如玉虫死去，则金翠之光亦灭。人们将其放人粉盒以取其金色萤光，谓之“养粉”，相传它又能给人带来桃花运，所以又俗称它为“媚药”，游女们以这种颜色涂唇，大约亦含有这种意义。《嬉游笑览》著于19世纪30年代，对这一现象也进行过非难，说是近来，女子们把唇抹成浓红，甚至发着青光，使唇失去本色，直如假物。笹色红的原理就是利用光合原理使红色显出铁锈色、黄金色、青绿色，在阳光下变幻不定（其色现虽不用以妆唇，但“玉虫色”一词，却被广泛应用于政治领域，成为弹性法案、交易性政治的代名词）。这种红很贵，有“红一两，金一两”的说法，故一般的民间女子，就在妆唇时先以黑墨打底，然后再涂红色，也会取得差不多的效果。

明治时代，由于女性饰唇已成了一般的习惯，故口红的种类不断地增加，有专装口红的小盒，在徐口红的小笔，有一种色彩极重的，产于当时首都京都的唇脂，称“京红”，为京都的名产，据说还有在冬季最寒冷的几天里制出的口红，又称“寒红”，色最纯正，是被公推的口红极品。笹色红的浓妆逐渐消失以后，人们仍又回到含蓄的、淡雅的审美观上来，口妆中对红的使用十分吝惜，口红不涂上唇，只涂下唇，或是小小的半圆，或是沿抿紧的双唇在中间染成一线。这种妆法到一战时，尚十分流行，从而成为日本女性的又一面妆特征。

女人的子弹

1867年，纽约的B.Altman百货公司开业，这是历史上第一家拥有化妆品销售中心的百货商场。同年，纽约的哈里特·费舍取得了一张发明专利，这是一件可以给嘴唇和双颊上色的工具，它的颜色来自胭脂红、草莓汁液、甜菜汁和蜀葵的根茎。将口红当做正规商品，美国人比英国人早了不止30年。

棒式口红的出现，是世界口妆历史上的一次革命。这次革命发生在美国，那是在1915年，出现了棒式口红。其样式类似战时的子弹。这是一个商业广告刚刚拉开序幕的时代，于是，满街跑的卡车上，全国通行的火车上，巨大的壁画与标语式宣传，都写满了棒式口红的各种名称。有条著名的广告语是这样写的："口唇不化妆的女性，就像不会发光的电灯泡。"对各种新的品种与使用方式的不厌其烦的宣传广告，充斥了整个社会。对于化妆品的品种、特性，几乎家喻户晓。在潜移默化中，社会的各种观念在不断地转变。在此以前，女性的化妆必须避开人的耳目，而到20世纪30年代，出入于电影院、咖啡馆的女孩子们，可以公然取镜描眉画目。1948年，英国人又发明了唇线笔，同时，口红的颜色也从大红、粉红、橙黄、咖啡甚至浅绿一直增加到无色透明，几乎应有尽有，各种小巧美丽的妆袋亦应运而生。女性的口唇，从来没有显得如此美丽，以致于在二战时，女兵们即使身处前线，闲空时，也仍然不忘涂红口唇，这得到了男兵们的热烈欢迎，也被军部予以推广，认为是提高军队战斗力的一个极好方法，真可谓是口妆史上口红最新奇的妙用了。而口红则被称为女兵的子弹。不少人笑称，其威力远远大过了男人枪膛里真正的子弹。

进入20世纪，口红赢来了自己最好的时光。虽然依旧担负着身份象征的重任，但口红再也不意味着“不名誉”、“不道德”，而是和女性解放紧紧联系在了一起。女权运动的领导人物伊丽莎白·凯迪·斯坦顿和夏洛特·帕金斯·吉尔曼都公开表示过，涂口红是女性的权利，更是解放的标志。1912年，美国妇女为争取选举权而举行的大游行中，口红被当做了运动参与者的固定标志。此时，无论是美国还是英国，敢于为自己争取权利的女性都将口红当做“反抗徽章”。人类社会对口红几千年的偏见，其实是女权受压制的投影，口红似乎成为女性社会地位的一种隐喻：宗教、法律、社会道德的多重限制之下，原本的天性成了刺眼的“红字”。这样想来，20世纪女性解放运动选择口红为其标志的目的，也就不言而喻了。

就在口红的象征意味不断改变的同时，它的制造工艺也日臻完善。娇兰（Guerlain）发明了第一支管状口红，今天我们熟悉的口红样式终于被确定了下来。1915年，美国康涅狄格州沃特伯里的史柯维尔制造公司生产了第一支金属管口红。这支口红因为套筒内有一个方便人们使用的滑杆装置，迅速成为风靡一时的化妆产品。

到了1923年，小詹姆斯·布鲁斯·马森发明了旋扭口红，从外形上看，这种口红和今天已几无区别。那时的口红并没有达到尽善尽美，比如当时口红配方中的昆虫粉末、蜂蜡、橄榄油、黄油、猪油等成分，实在太容易变质，使用几个小时之后就失去效果，让很多女士大呼头痛。

但这小小的困难无法阻止女士们的热忱。整个20年代，有近5000万女性使用口红，每年用掉超过3000公里长的膏体；美国专利局颁发了上百种有关口红的专利；化妆品成为美国继汽车、电影、私酒之后的第四大产业；而“代沟”这个词汇第一次出现时，就是指母亲与女儿两代人选择口红上的不同。

上世纪30年代的大萧条和接下来的二战，口红非但没有销声匿迹，反而凭借着危机稳步提高着自己的社会地位。尤其是战争期间，政府和传媒都鼓励妇女们涂抹着口红进入到工厂或军队，唇间一抹亮丽的红色成了鼓舞士气的法宝。由于大工厂多转产战备物质，各个时装公司纷纷承担起口红生产的任务，这保证了口红在战争期间的供应。美国海军特地开办培训课程，让女兵们学习如何快速完美地化妆，同时还规定，从军女性的口红颜色必须与她们制服上红色臂章和帽子上红色细绳相搭配。于是化妆品商伊丽莎白·雅顿特地开发了一种名为Montezuma的红色用于唇膏生产，以满足军方的需要。

二战之后，女性与唇膏的关系变得简单起来。除了在上世纪70年代“客串”了一次外（有意思的是，当时的妇女自由运动者推崇天然面孔，而新生的朋克运动先锋则选择紫色和黑色口红来表达叛逆精神，这和世纪之初女性的选择形成了鲜明对照），口红再也不用负担多少额外的社会身份象征责任。口红从一种标志，一个徽章，变成了女性生活中最常见、最普通的用具。从女性特殊身份的表征，变成审美品位的镜子，从叠加着各种禁忌的商品，变成大众可自由选择之物，口红身上纠缠了几千年的问题：“美还是禁忌，选择还是堕落”，如今终于有了一个明晰的答案。

典当

典当，是人类最古老的行业之一，堪称现代金融业的鼻祖，它也是抵押银行的前身。说起当铺，在人们的脑海里总会闪现出一些古老的景象：在老城的狭窄街巷里，一座青灰的小楼房，门脸儿前上方悬挂着一米见方的牌子，上写一个大大的"当"字。一位穿长衫、戴眼镜的掌眼先生，坐在高高的柜台后面，虎视眈眈地望着下面。那些倾家荡产的穷苦人，带着家里值钱的东西，去当铺抵几个救命钱。还有这样的镜头，当户把一件新皮袄递上去，随着账房先生一阵算盘响，一声"虫蛀鼠咬，光板没毛，破衣烂衫一件"的吆喝声，当票飘然而下……

还有个奇怪的社会现象也与当铺有关，那就是粗金链条儿。社会上的混混们，不论地位高低，总是在脖子上，手腕上带着拇指粗的金链条儿。一开始我还以为是特殊群体的特殊审美而已，后来才知道了真正的原因——一个退隐江湖的昔日“大哥”告诉我，那是因为江湖上混的人，不知道哪天就会被仇家追杀或被警察通缉，那样的情况下，自是没有时间回家收拾细软的，更不可能使用银行卡这种随时会被追踪方位的东西。而随身佩戴的粗金链条儿则能保证他们无论流亡何方，都至少能找个当铺当了，换得一时所用。这样的原因让人忍不住发笑又唏嘘，看他起高楼，看他楼塌了，大概不外如是。

当铺，似乎总是一个能有故事的地方，也是一个在冰冷冷的数字背后验证着人世无常人情沧桑的地方。那些曾经光鲜名贵的物件儿，随着主人的没落，被低价纳入，然后再被转让出手。而当铺，作为一种“逢低买入，逢高卖出”的典型商业行为的代表，似乎从来都是穷人眼中吸血鬼一般的存在。当铺，这个总让人想起类似“走投无路”如是字眼的所在，其实已经存在千余年了。而中国，正是世界上最早出现典当活动并形成典当业的国家之一。

当铺的起源

关于典当行的起源曾有这样一段故事：在封建社会某朝，有一罪犯王某，经刑部判得永远监禁的罪名，在囹圄中熬了多年，后来成了管辖犯人的一个头目。王遂在狱中勒索银钱，买卖食品百物，复令众犯赌博，输钱者以物抵款。日久，王积资颇多，后又遇赦出狱，即开了个“小押当”，门前挂了一块招牌，上书：“指物借钱，无论何物均可抵押，物值十而押五，坐扣利息，几月为期，限期不赎，变卖折本”。后生意发达，遂逐渐扩大，而成为一种行业。

因典当业始于囚徒，所以，过去当铺的栏柜及门栅，与一般行业不同，仿佛监狱的形式，典当人站在下面而看不见柜台上边。当然，这不过是个故事而已。据史料记载：我国典当业从南北朝时期延续到解放前，历时1500余年。

典当在中国产生于封建社会初期，最早见诸于文字记载是《后汉书》的描述：东汉末年黄巾起义，甘陵相刘虞奉命攻打幽州，与部将公孙瓒发生矛盾。“虞所赍赏，典当胡夷，瓒数抄夺之”。即刘原打算把受赏之财质押外族，却被公孙劫掠。这是历史上将“典当”二字最早连用的一次，是把典当活动作为一种社会经济活动加以记载。

《西京杂记》里描写西汉才子司马相如与卓文君的故事说，司马相如与卓文君私奔回到成都后，过得很贫穷，心情很不好。起初，为了借酒浇愁，司马相如把身上穿的名贵皮裘典当后，到酒肆中换酒，回家与卓文君欢饮。然而喝完酒后，卓文君却抱着司马相如的脖子哭着说：“我一生生活富足，今天却沦落到用身上穿的皮衣换酒喝的地步啊！”这使夫妻二人十分震动，于是，便开始筹集资金准备自立。最后，他们开了一家酒馆，妇唱夫随，这就是后来“文君当垆”的故事。

中国典当史可以说是肇始于南朝佛寺，入俗于大唐五代，立行于南北两宋、兴盛于明清两季，衰落于清末民初，复兴于当代改革。期间，由于战乱不断，典当业发展潮起潮落，几度风雨。既有鼎盛兴旺岁月，也有销声匿迹年代。

最早的典当活动始于南朝，那时当铺由寺院经营，叫“质库”、“质肆”、“质舍”。说典当始于南朝，最有力的证据便是正史里有明确记载的，唐代李延寿所著的《南史·甄法崇传》一段文字：

“法崇孙彬，有行业，乡党称善，尝以一束苎，就（荆）州长沙寺质钱，后赎苎还，于苎中得五两金，以手巾裹之。彬得，送还寺库，道人惊云：尝有人以此金质钱，时有事不得举而失。檀越乃能见还，辄以金半仰酬。往复十余，彬坚然不受。”

故事中“质”和“赎”就是一个完整的典当过程，典当物“苎麻”和“黄金”都能质（当）钱，其中的“寺库”，就是寺院仓库以施舍之闲资兼营典当的专门机构，也就是最初的“当铺”雏型。

典当自南北朝产生以后，曾一度局限于寺院经济。直至唐朝起，典当行才按东主的身份地位和资金来源划分，开始出现多种类型，即除了僧办以外，还有民办和官办性质的典当行。其中民办即地主商人涉足，而官办又有官僚自营和政府投资两种，从而打破了寺院质库的单一典当模式和典当一统天下。但是由于寺院和尚曾经是典当行业的始祖，所以至今许多当铺的神龛上，都还供奉着和尚的陶像，以示对祖师爷的尊敬。

典当行里的规矩

封建社会的当铺都有官发的“当贴”（即执照），每年需向政府提交当税若干。由于当铺与官府利益均沾，因此，它也有些半官方的性质，再加上典当人若不是饥寒交迫，走投无路，就是家庭破产或遇有急事，手中无钱，因此，当铺的老板，以及下面的伙计，都不同于其他行业，从不笑脸迎人，有如凶神恶煞，神气十足。有时借仗官势，欺压平民。直到解放之前，北京几家较大的当铺，与当地官绅也有所勾结。有的是由某个官绅入股，从中渔利，同时成为这个行业的“后台”；有的是从“死当”（即典当者到期无力赎出的物品）中，踞取珍宝衣物，当铺老板甘当“孝敬”，互相利用，狼狈为奸。

这个行业的内部组织与其它行业也有所不同。经理称为“当家的”，下有“头柜”、“二柜”，一般作价、看货都要经他们之手；管库人则被称为“包袱褡”或“朝奉”。

在当铺内部所用的语言，外人也很难听懂，多用徽话。如1至10，即呼为“摇、按、瘦、扫、尾、料、敲、奔、角、杓”，老太太称“勒特特”，东西称“端修”，什么东西称“杨木端修”。所以用这些“行话”，目的自然是便于自己人捣鬼，外人无从察觉。

在过去，当铺剥削和坑害典当人的手段很多。首先是利用当票作鬼。过去的当票上面印有兰色模糊字迹，然后在上面填写所当物的名称，以及当价多少。当业有它专门填写当票的草字，外人难以辨认，而且所用之字仅写一半，如“衫”写“彡”，“袄”写“夭”，“棉”写“帛”，“皮袍”写“毛夭”。初进当铺学徒，首先要练习此种怪字。

其次，故意降低原物成色。典当业有句行话，叫作“当半价”，无论新旧衣物，甚至名贵的文玩珍品，只要一进当铺，马上降低身价，贬得甚至一钱不值。那时的当价一般是原价的20%～30%。所当衣物，即使是新衣，也必须写“油旧破孔”、“油旧破补”，皮服必写“光板无毛”、“缺襟短袖”、“虫蛀鼠咬”。任何贵重手表，也只写“铜马表”，玉器写“假石”，硬木梨檀写“柴木”。

这样贬低原物成色，其目的也无非是为了压价，明值十元的东西，也只能当三元。典当者因急于用钱，不暇较量，只得听其任意折合。当时“死当”很多，典当人到期无力赎出，当铺贱价收进，高价卖出，从中大量渔利。

在解放前，北京的当业一般利息是五分，最高曾达到八分，即使朝当夕赎，也须扣息一月；至下月过五天，则加利一月。一般以24个月为满期，到时不赎，即为“死当”，当铺可作价变卖。那时北京的当业向有“春添本，秋回利”之说。据伪北平社会局一份档案记载：1939年，北平87家当铺，一年即盈利50余万元，相当资本额的35%，其实这里还有不少以多报少的虚假。即使如此，盈利程度也已相当可观了。难怪民间有句话说：“要想富，开当铺。”

在当铺里，地位最高的当属“掌眼”，就这一点来说古往今来无有不同。掌眼又被戏称为“黄金瞳”，这就是说，通过掌眼的一双眼睛，能够制造出黄金般的盈利。掌眼须得有深厚的功力，辨真伪，度时势，了行情，擅心理。且这种功力不可局限于某一领域之中，下至衣物上至珠宝，从古玩字画到奢侈名物，皆需无所不通。很多当铺的掌眼除了当铺的工作之外，也额外帮人鉴定物件以图外快。而由掌眼鉴定的物件，有时准确性竟然远远高于所谓的专家，且还熟知市场行情。这也无疑从侧面验证了经验相对于学术的实用性。

如今的典当业

典当，并非是只存在于中国的特殊行业而已。据现有的史料记载，国外也很早就有了典当的事情。《旧约全书》上说：“你即或拿邻居的衣服做当头，必在日落以先归还他。”此处的“当头”，即指用于典当的担保物品。这是早于公元前4世纪的事，发生于犹太人范围内，距今已有2400年的历史。

1484年，哥伦布向葡萄牙国王建议西航，但国王认为耗资巨大不予批准。1486年，哥伦布又向西班牙国王呈交计划，王室同样以经费匮乏加以拒绝。直到1492年初，与国王共同治理国家的西班牙女王伊萨伯拉表示，她情愿典当自己的首饰和珠宝作为哥伦布探险筹资的一部分，这才最终促成了哥伦布在人类历史上的这一伟大壮举。于是后人评价道，没有典当就没有哥伦布探险，也就没有美国。

1949年新中国的成立，宣告了中国半封建半殖民地社会制度的彻底结束。不过新中国成立后，旧式典当并没有马上被铲除，仍然存在了一段时间。

1956年初，中国的旧式典当行业完全实行了全行业公私合营。在一些城市，当铺成为中国人民银行有关分支行领导下的专门办理小额质押贷款的独立经营机构——小额质押贷款处。

但此时的小贷处仍有当铺的影子，基本上沿用典当模式运作，故实际上是旧式典当业的一种转型或改造。在天津，这样的小贷处在1959年就被撤销了。1966年文化大革命开始后，上海、常州等地仅剩的小贷处也都被命令关闭。从此，在长达20多年的时间里，中国大陆完全没有了典当行的影子。

典当行自上世纪50年代后期在中国大陆走向坟墓以后，几十年来，人们对它的评价无一不是戴着有色眼镜给予严厉指责，而且各种偏见，根深蒂固，甚至直到上世纪90年代初期仍骂声未绝。《辞海》（1979年版）在解释“典当”辞条时称其为：“旧中国以收衣物等动产作质押，向劳动人民进行放款的高利贷机构。……利率极高，剥削严重。”同年出版的《现代汉语辞典》也说：典当行是“旧社会专门收取抵押品、放高利贷的店铺。”1985年出版《经济管理大辞典》指出，典当行是“旧中国以实物抵押为条件的一种高利贷。”1990年版《中国金融百科全书》认为，典当行是“重利盘剥贫民的信用机构”。而1991年出版的《简明资本论辞典》则这样描述：“向当铺借款的多数是农民和城市贫民，当铺对他们进行惨重的剥削。”以上论断，并非来自中国全部权威出版社，但从中我们已经可以看到，人们对典当行的认识是何等的固执和偏颇，明显带有片面性却不求改正。

上世纪80年代末期，随着改革开放的深入，典当业也重新复苏了。1987年12月，四川省成都市开办了中国改革开放后的第一家典当行——成都市华茂典当服务商行，率先恢复了古老的典当业。

1987年9月，《经济参考报》摘登了一篇文章，题目是《“当铺”在东京香火旺盛》。这则短消息令成都市华茂金属丝网公司经理黄福玉女士和副经理赵克强先生深受触动，他们随即萌生了创办一家当铺的念头。同年11月3日，他们在《参考消息》上又读到了另一篇文章《莫斯科的当铺》，得知当时的苏联也有国有典当行，就更坚定了他们创办当铺的念头，并在11月10日以企业的名义草拟了一份《关于开设“典当商店”的构想》的报告，决心投身典当业。

成都市有关部门对此很重视，国家体改委有关负责人对此也表示了赞赏和支持。于是，仅仅40多天后，华茂典当服务商行便领取了正式营业执照。《经济参考报》抢先发了消息，同一天，中新社也向海外播发。此后，全国有60多家新闻媒体以此做了报道。

1988年2月9日，温州市金城典当行正式开业，这是改革开放后全国第二家典当行。由于温州经济更加活跃，很快就超过了成都华茂。这个头一带，好比提起一道泄洪的闸门，兴办典当行的潮流不久就遍及全国。

随着思想解放程度的提高，人们对典当开始有了比较客观公正的认识。1988年版《辞源》说，典当行是以“经常押物借钱的店铺。”1990年出版的《物源百科辞书》指出：“从历史的观点上看，典当只是一种经营方式。”1992年版《中央银行知识辞典》也说：“典当商行是经营小件动产抵押放款的信用机构。”这里我们看到，对典当的解释已没有了政治色彩，而是实事求是地予以评价。典当的复兴，正是人们思想政治观念彻底更新的产物。如今的典当行里，货物流通的需要取代走投无路成为了更为重要的典当原因。人们把闲置或是不再喜爱的物品通过典当换以现金，又或是作为短期资金迅速周转的平台，甚至是作为免费一辨真假估价而定的所在。如今的典当行里逐渐没有了高高的柜台和森严的栅栏，门脸儿上也不再挂着那个“当”字了，取而代之的是如同银行一样的标语：快速融资，当日即付，值得信赖。

镖局
——江湖中的物流

镖局，更早的时候叫镖行，说白了就是“受人钱财，保人免灾”的行当，也就是凭借过人的武功，专门为别人保护财物或人身安全的机构。

古时候交通很不方便，客旅艰辛不说，还不安全，在这种情况下，保镖行业应运而生。随着社会的发展和进步，镖局承担的工作越来越广泛，业务已经不再局限于承接、保送私家财物，就连地方官上缴的饷银也靠镖局运送。由于镖局同各地都有联系或设有分号，人们在生意中的一些汇款业务，也由镖局承当。后来，看家护院、保护商号、票号、银行等也来找镖局帮忙，当年北洋政府大臣李鸿章的家宅，就是由中国十大镖局之一的会友镖局派人保护的。

封建社会末期，资本主义萌芽逐渐形成了商品经济，使商业具有了民间性和自由性。但因当时的社会环境还不太安全，商人在长途贩运的过程中必须要有一种外在的力量保护，在这种情况下，镖局这种行业就应运而生了。这首先要感谢中华民族自古以来就有的习武风尚，再加上习武者大多是豪侠仗义之人，好打抱不平。路遇盗贼抢劫商人旅客，便挺身而出。当他们赶走了盗贼之后，认为自己对弱者有帮人帮到底、送佛送到西的义务，往往会送上一程，等商旅到达了安全的地界后才返回走自己的路办自己的事。被救护者自然是千恩万谢，施救者最初也只是觉得这是一个练武之人的义举，后来才逐渐发展成为一种社会职业。

最早的镖局，只是三两个会点武艺的人聚合在一起，在一些交通枢纽或者旅店中等候需要保护的商旅。他们一般都是推着一辆小车子，车上装着武器和生活用品，车上插一面小旗，像现代商店的幌子，招揽顾客。接到生意后，他们就推着小车送上一程。在早期的这种保镖活动中，送的路程不会太长，有点接力赛的性质。

根据近代学者卫聚贤所著《山西票号史》考证，镖师之鼻祖，应当为山西人神拳张黑五。《山西票号史》里面是这样记载的："考创设镖局之鼻祖，仍系乾隆时神力达摩王，山西人神拳张黑五者，请于达摩王，转奏乾隆，领圣旨，开设兴隆镖局于北京顺天府前门外大街，嗣由其子怀玉继以走镖，是镖局的嚆失。"后来的镖师们一旦看到远处山上有土匪，就大喊："合吾一声镖车走，半年江湖平安回。"据说，这个"合吾"即"黑五"的谐音。

由此可见，镖局的产生依赖着两方面因素：一方面是自由商旅；另一方面是强盗贼匪，缺少一方都不可能形成镖局产生的条件。也就是说没有经济发展，就没有自由商贾；没有盗贼，就没有镖局问世。

镖局与贼

镖局通常把自己的对手统称为"贼"，镖师所说的贼，就是指小股的匪、江洋大盗、偷盗这三种人的总称。江洋大盗一词最早出现在《大清律》中。在清朝初期，大规模的战争结束以后，基本上实现了国土的统一，时局相对稳定下来。作为匪、贼、盗中的匪，是指揭竿而起与封建王朝公开挑战的武装组织；而贼，则是指一般的小偷小摸的暗窃；盗却有“偷盗”和“强盗”之分，偷盗是暗窃，强盗则是明抢，强盗又分水、陆两种，江洋大盗就是属于水上的强盗。随着人们观念和习惯的改变以及口传的演绎，人们后来一说起江洋大盗也就是指水陆两种强盗了。这是因为江河湖海已经逐渐被人们延伸为另一种意义的“江湖”，一说到“江湖”，大家都心知肚明，它是一种相对于封建统治阶级的另一种民间称谓，游离于普通老百姓与官府统治者之间。在这种情况下，普通老百姓眼中的江洋大盗也就没有什么水陆区分了。江洋大盗和镖师都是习武之人，在古时候一般习武有着区域性和集中性，不是习武世家，就是寺院、道观、武院，或者村练。有时候镖师和江洋大盗说不定就是从一个地方习武后出来的人，并且多半是非常熟悉的，倘若按照习武的辈分细究起来，说不定还是同门师兄弟，彼此都知根知底，所以都不会做出很绝的事情来。镖师与盗贼的这种渊源，一是给人们造成了误解，把二者混为一谈；二是奠定了双方共事的准则，在做事中相互留有面子。

镖局是一种介乎于庙堂与江湖之间的特殊存在。镖师们显然都出自江湖，但很多时候却是常常与江湖呈现出对立面的。历史上人人皆知的“两宫西狩”就是一个例证。清朝末年，北京贯市著名的家族式镖局李家，就曾经走过一趟官民不分的特殊的“护驾”镖。当时八国联军攻入北京，慈禧太后和光绪皇帝仓皇出逃，身边连护卫的军队都没有，李家镖局的名声慈禧太后在入宫前就已有耳闻，并知道李家的骡轿乘坐起来十分舒适，两宫途经贯市时，便向李家求援。李家慌忙用黄布围制了两乘骡轿献给慈禧太后，并为老佛爷保驾护航，直赴太原。后来两宫由西安返京之后，慈禧太后念他们献轿护驾有功，不但使李家受了皇封，而且获得了殷实的赏赐。之后每当新春，李家便赶上大车，扯起黄旗，进宫进贡或领赏，一路上招摇过市，声威大振！并因此落得了个“御前镖户”的美称。虽然李家暂时行使了御林军的职责，但是“御前镖户”这种家族式的镖局毕竟是民间组织，而不是由统治阶级组建的官方御林军。

既然镖局的保镖和劫镖的强盗在立场上是完全对立的，那么为什么走镖护院的镖师跟强盗一说行话，强盗就不劫镖了呢？他们是不是同伙呢？在弄清这个问题之前，我们先来看一个有趣的小故事。

相传有师兄弟三人在练成了武功以后，却不知道要从事什么工作。其中一个想要当强盗，剩下的两个人反对，说：“你当了强盗，就会去抢劫行人与居民，如果我们两个一个护送行商，一个为人护院，那时你怎么办！”由于他们终究是同门师兄弟，又不忍心互相残害，于是就约定了一些行话，把走镖定为响挂，称“占一线之地”，护院定为内挂，称“占一塔之地”，绿林称为“朋友”，如果以后见面时能讲出这些话，就是一家人，千万不可以冲突。而他们三人的子孙，也都按这个惯例行事。

这个故事自然属于民间传说或者杜撰，但后来的情形确实如此。镖局不但依赖于江湖上的强盗生存，而且同江湖上的关系密切。传说一些被官府注意的江湖人，进城后若住进镖局，官府是不能缉拿的。一来因为镖局势力大，二来镖局往往都有靠山。因此说镖局既同绿林有来往，又同官府有关系，其利益决定了它的性质：在官和民之中，镖局往往表现出矛盾的两难状态。

镖局和盗贼虽是斗争的双方，但没有盗贼的盗窃和抢劫，也就没有人会花银子雇用镖师保卫生命和财产的安全，镖局也就没有存在的必要了。所以镖局的存在和发展，不但依靠商品经济的兴隆和发展，同时还依靠着盗贼的存在而发展。这样一来，镖师和盗贼就有了交朋友的可能。用贼匪们的行话说，“留得青山在，不怕没柴烧，放走了扎手的（镖师），就能捞到顺手的（没有请镖局的商旅）。”

镖局的编制

镖局如同企业一样，有着明确的编制。一般包括当家人、总镖头、大掌柜，镖师、趟子手和伙计。镖局当家人讲的是人面广，关系好，有钱有势，能打出旗号的，也就是黑道人物或是绿林好汉也不敢招惹的，万一出了事摆得平官府，镖被劫了赔得起银两。大掌柜讲的是眼明心细算盘精，看货不走眼，估价不离谱，上下里外该打点的绝少不了，不该开销的绝不浪费。总镖头则通常是赫赫有名的江湖人物，不是本身艺业惊人，就是退休的名捕之流。镖师则是负责护镖上路工作的行动者，不但要熟知陆上功夫和水上功夫，还得精通拳械、马术、善使暗器。除此之外，镖头和镖师还必须懂得江湖上的规矩与春点（行话），以便同可能劫镖的绿林人物打交道。趟子手是走镖时喝道开路的伙计。如梁羽生的《鸣镝风云录》中，洛阳虎威镖局的趟子手在路途中扬起镖旗吆喝：“虎啸中州——虎啸中州！请江湖朋友借道！”就是一例。

镖局的组建大体可以分为三种类型：第一种是自由爱好式形态组合。最初是几个习武之人结成一个小团体，就像习文的搞个文学社一样，以便切磋技艺，互相提高。小团体往往是师兄弟之间的自由组合，即便不是一师所传，也免不了互有师承关系。在此基础上组建的镖局，自然是友情为重，所领的股份也比较平均，人际关系也比较平等，大家基本上凡事都有发言权，编制处于有无之间。

第二种是武术世家组建的镖局。这些人大多有血缘关系，有生死与共、唇齿相依的英雄气概和血脉亲情。在后来的发展过程中，虽然也有招贤纳士之举，但在他们的地位划分和股份份额上，却出现了雇佣关系。

第三种是统治阶级裁军后，一些士兵没有得到适当的安置，一些行伍之兵重德守讲道义，恪守武德军规，退役时一无所有，除了一身的武功之外，又别无谋生之技，于是凑在一起开设镖局共度余生。这种镖局成员的凝聚力是个“义”字，在战场上共同出生入死，镖路之上当然也是风雨同舟，患难与共。

由这三种不同的原始形态组建而成的镖局，在发展的过程中都不可避免地留下了一些自己原始形态的特征，“情、义、礼”这三要素汇集在一起，也就构成了镖局在经营方式、分配原则、管理制度、人际关系等方面的特征。

镖行规矩

我们先说说走水路镖的规矩。水镖大多沿运河而行，途经地区多属富饶之地，虽然铤而走险的盗贼相对来说比陆路要少很多，但是水路镖同样存在着难以预料的变数。因此，要想一路平安不出岔子，必须遵守水路“三规”。

第一规是“昼寝夜醒”。白天除了值班的镖师以外，其余的镖师都进舱酣睡，直到红日西斜才走出船舱，准备夜晚上岗。因为白天几乎不会发生拦河抢劫的事情，只有夜晚贼人才常常会前来偷袭，或偷或抢，镖师不得不防备。

第二规是“人不离船”。运河之中“花船”、“江山船”（这些都是载妓女而行的船）经常是笙、管、笛、箫歌舞翩翩。但是镖师决不能登岸围观或者移船观看，因为走神将意味着失镖，镖师们不但不会离开船去看热闹，也不会离开船去追贼，怕中贼人调虎离山之计。岸上出事，镖师绝对是置之不理，甚至恶棍欺男戏女，也不过问，这并不是说镖师没有一点的正义感和公德心，而是这种欺男戏女的事情，说不定就是“套子”，因为贼人常常利用镖师们扶危济弱的武德，调虎离船后好下手。

第三规是“避讳妇人”。船家以船为家，妻女同舟，船家女在封建社会中是最开放的女性，而镖师多是阳刚豪爽的汉子，按照旧小说中英雄美女、才子佳人的套路，那将是一路行舟一路情，郎情如意妾情浓。其实不然，镖师向来重视武德，船家女亦守妇道，皆知自尊自重，恪守封建道德规范。镖师登船后均不入后舱，一帘之隔如内外宅之分，如雇主携有宝眷，镖师更是退避三舍，怕“色眩”误事，也怕贼人“放白鸽”。

走陆路镖，护送镖车，则是镖局的主要业务。按理讲，陆路镖都处于平原，一路上镖师多是骑马护卫着镖车。一旦贼人出现，就能迅速灵活地做出反应，没有多少可担忧的事情。其实事实没那么简单。特别当走镖投宿到一些较大的村镇过夜时，更须事事留意，处处小心。因为这种村镇的地方势力一般都比较强，一旦惹上麻烦，可就要吃不了兜着走。因此，“三不住”依然是镖师的出行原则。

一不住新开设的店。镖师一般都是走固定的镖路，对沿途客店均很熟悉，并和店家结成了好朋友，对新开设的店由于不知道底细，总是驱车直过，决不留宿，怕遇见《水浒传》里张青、朱贵式的店，闹个人财两空。

二不住易主之店。老店突然易主，必定有其原因，在没有弄清之前，镖车对这种店总是敬而远之，怕老店易主之后，成为贼店，贼人埋伏在先，单等镖车到来。所以镖车在未进村镇之前，镖师中总是策马先行一个，前去打听一番，以便掌握真实的情况。

三不住娼店。所谓娼店，就是旅馆、妓院功能二合一的客店，这种客店门前总是站着几个花枝招展的女人，卖弄风姿，招揽客人，娼店的客人正经人少，歹人比较多，难免会有明者为嫖娼，实际上是来偷盗的贼人。

找对了店入住也并不是就算安全了。镖师睡觉还要“三不离”的讲究：武器不离身，身不离衣，车马不离院。北方人睡觉的习惯都是头枕炕沿，图个暖和，免得窗外寒风吹着头部。可是镖师一年四季都是头靠近窗户的一边睡觉，脚蹬炕沿，因为这样一是便于视听窗外的动静，二是一旦有情况不用翻身下炕，只要一蹿，就能着地。一般人上炕时总是鞋的后跟向外，下炕时再倒过来穿上，但是镖师却养成了脱鞋上炕时就把鞋倒过来的习惯，让鞋跟向着炕，一旦出事，跳下炕来也就穿上了鞋。镖师的这些习惯都是在血的教训中养成的，因为一旦发生夜袭事件，刹那之间，生死已定。

镖局盈利一般是以货物价值做抽成。一般以千分之五为起收点，百分之五为封顶。镖师走镖一般都用自己的行话，他们管这叫做“春点词语”，春点词语虽然不雅，但行走江湖非常实用，说得好就能交上朋友，说得不好就会发生一场恶战，搞不好还会丢了镖。通常情况下，镖师把自己“保镖”叫做“唱戏的”，“镖旗”叫“眼”，“一个人”叫“流丁”，“门半掩半开”叫“夜扇马散”，“寺庙”叫“神堂”，“晴天”叫“天高”，“天黑”叫“明路”，“走远”叫“卜长”，“走近”叫“卜短”，“墙头”叫“马”，“庄稼把式”叫“上等土风子”，“护院人”叫“镇山虎”，“贼”叫“芒古”，“人胆大”叫“点粗”，“胆小”叫“点细”，“心眼多”叫“全海”，“火药”叫“夫子”，“洋枪”叫“黑驴”，“有钱”叫“海拉”，“无钱”叫“念拉”，等等。

其实，镖局可谓是现代物流的前身。不同的只是过去的镖局并不替一些普通货物做镖，而现代物流公司的成员则大多是司机和运送工人，不再是身怀武艺的江湖中人了。

佛牌：阴阳互佑

几乎在所有的宗教信仰里，都有“护身符”的存在。虽然其涵义、名称有所不同，但是有宗教信仰的人几乎都相信“护身符”有着保护人的身体性命的力量。它是一种能够驱邪免灾的象征符号，能够保护佩戴者，借以避免困难或惩罚。

护身符的构成方式多种多样，有用各种材料制成的立体形象如泥塑、木刻的佛像和神像，也有画在纸上的各种画符、字符等等。总之，护身符的种类繁多、形式多样，但它们有一个共同之处，就是作为一种信息标志，警告邪恶精灵不要来伤害护符的佩戴者。所以，凡是具有这一功能的事物，都具有护身符的性质，当人们使用它作为驱邪免灾的灵符时，它就成了护身符了，要说起近年来最受关注的护身符，那就莫过于佛牌了。佛牌是泰国独有的一种佛教饰品，和中国西藏的擦擦佛同属于一类，只是体积更小。

泰国人认为大地是人类的母亲，所以必须用泥土制作，不能用金、银、铜、铁、水晶、琉璃制作。在泰国，大多数人颈上必定挂有一尊泰国佛牌。他们深信泰国佛牌具有一种神奇力量能帮助他们的运程，遇上意外更能保命。关于佛牌的来源，还有一个传说。相传古时泰国有一位信佛教的高官，在家里供奉了一尊佛像，每天早晚均会诵经。有一天，泰国某地区出现旱灾，泰皇得悉此事便派遣高官前往灾区视察，于是，高官便回家准备前往灾区。由于这位高官是一位虔诚的佛教徒，所以他想带着那尊佛像前去灾区，好让他能早晚诵经祈福，同时保佑灾区，但可惜佛像太大，未能一同带往。临行前一晚，高官做了一个奇怪的梦，梦见佛像叫他可用寺庙的泥土，按他的模样制作一个牌佩戴在身上，一同前去灾区，这样便能得到他的保护，使他平安、顺利，他醒后便按梦中指示制作牌佩戴身上。到了灾区后，他依然每晚诵经祈福，不久，灾区的情况便好转起来。后来，高官因年时已高，便向泰皇告老还乡，并将身上佩戴的佛牌奉献给泰皇，希望此佛牌能使泰国国泰民安。此后，高官在乡间寺庙里当上僧侣修行，在修行期间还制作佛牌，给善信奉请，希望他们也能得到佛祖的庇佑，带来好运，至此，佛牌便在民间流传开去。

时至今日，制造佛牌的材料已不单是寺庙的泥土，有些更是用一些得道高僧的骨灰、衣物、舍利子、花粉、佛门圣物等制造。而佛牌的像相种类繁多，善信可按不同需要奉请适合的佛牌。而唯一不变的就是泥土和法体盐这两个材料。有意思的是，泰国佛牌还分为正牌与阴牌两种。正牌一般是用一些吉祥物做成，再用密咒加持，一般的功效出自密咒的加持还有佛牌本身的感应。阴牌则是出自本身邪灵的力量，再用密咒控制它，为佩戴它的人效力。

正牌

崇笛佛牌:

据说在佛历2382年左右，在泰国著名的屈拉近佛寺，汉语翻译为古钟佛寺，出现了一位禅定与修行高深的大和尚，名叫拍不他赞多。他当时是屈拉近佛寺第二代主持人，而其尊师据传说是一位已修成阿罗汉正果师傅果，也就是瓦拉康佛寺的开山祖师，能常显神通化众生相，普渡困苦中人们，其救苦救难的精神，极受当地人们的敬重。话说有一天拍不他赞多大师在禅定时，忽然听到其师傅声音：“徒儿明天早上日出很特别，早起到海边看日出去吧！”拍不他赞多不敢怠慢，天还未亮就跑到海边去了。说也奇怪，当时天还未亮，但东边却已缓缓地发出了一道白光，先是尖角，慢慢才看到圆顶，然后是头部白光佛身，最后是整尊最完美沉玛地禅定佛像呈现在东边海面上，佛身下有三层法座，代表佛、法、僧三宝之圆满法相。拍不他赞多大师高兴的流下眼泪，大声祈祷说：谢谢师傅的恩赐，这尊先太阳而起的佛像，一定会带给人类幸福平安，我会把他赐给每一个人，凡佩带或供奉者都会事事顺心，广结人缘，使财源不尽，幸福无边，奉师傅之命弟子三拜。

叩拜完毕，拍不他赞多大师把出现在海上的佛祖牢记在心里，太阳也渐渐升起来了。大师回来后，马上亲手制造这尊光明庄严佛像。他用经粉香灰、圣土、和尚所吃剩的饭粒、和尚剃度头发、香蕉五谷及其他圣物做为原料，制成了各种大小不同的佛牌，再请各大名寺高僧、贵人等为这尊佛像加持、做大法会祝福诵经，共制成84000尊，分发给来佛寺结缘的信徒。凡拿到阿赞多亲制佛牌之人，据传说后来无不飞黄腾达。所以也造就如今屈拉近佛佛像价值连城。由于这佛牌造型完美又灵验，因此当时皇帝特封这尊佛像为崇笛佛牌，拍不他赞多也被封为当时泰国第一位崇笛大和尚。崇笛是在佛教界地位最崇高的意思。由此可见崇笛佛牌是多么受当时人们的崇敬。

掩面佛牌:

“爬比搭”意思为掩面佛，是一尊非常著名的泰国佛像，在各地众所周知，但“爬比搭”的事迹却不是很多人都知道。相传，佛祖坐下有一位弟子，名为“爬马哈格咋也钠”，他非常聪明，长相英俊，而且样貌与佛祖非常相似，所以所到任何地方，都受到善信们的热情款待，更有善信误认为他是佛祖。因为这些原因，这也成为他修行的一个障碍。

“爬马哈格咋也钠”看到这些，便利用神通的法力，将自己的容貌改变，身材也变成矮小肥胖，但这些都不能令善信们改变对他的态度，最后“爬马哈格咋也钠”便将眼睛长期合上，不理会别人对他的态度和闲言碎语，只一心修行，因此有“爬比搭”的这个俗称。

至于“爬比搭”佛牌的创制，现在已经很难追溯确切时间，有传是一位称“拍马哈爹钠”的僧人所创制。而“爬比搭”佛牌大致分为两种，一为两手、二为多手（如八手）。一般两手的“爬比搭”我们称为“拍必打马哈胡”，多手的称为“拍必打环”。而这种“拍必打环”，多为八手造型，称为“拍必打环吞九”，意即掩九处主要渠道：双耳、双眼、两鼻孔、口、肚脐、肛门，使对我们不利的事物不能进入身体，去影响我们的心灵。

食小人开运佛—那胡佛牌：

拉胡，华人多称之为“天狗抱月”，是泰国民间流传已久的灵物。凡曾供奉者都知道“那胡”佛牌是“霉运”的克星，是一种难以用言语来解释的防身物，佩戴功效利于克制小人，破流年受阻之运气，增添供奉者后天运，凡事都得心应手。尤其是古巴杰剎达大师的“那胡”佛牌，早已名闻玄界。因大师以稀有难寻的单眼椰壳亲手精心雕刻而成，可谓是灵物中的珍品。

按照古印度婆罗门教经咒之法典记载，罗候神为一类夜叉妖怪，其父为威巴吉，其母为辛希卡。出世时上半身为人，下半身为蛇。据说罗候是婆罗门西咭能天王湿婆神使用12尊魔头之磷火点化成阿修罗，是九星之神中第八位星相神，法力无边。约于一万年前，拍那丽神轮回转世为龟年代，众神仙在乳海举行盛大搅海仪式，以制成甘露。据说能被邀是次仪式者皆为福德正神，只要能得甘露，都拥有不死之身。罗候神得知此事后，运用无上魔法，混进众神当中，并成功地分得甘露，可惜被太阳神和月亮神识破，于是太阳神和月亮神向拍那丽神告发，毗湿奴盛怒之下飞出法轮，把罗候串身切断。但因罗候饮下甘露，拥有不死之身，才不致当场毙命。

传说其下半身被毗湿奴以法轮断后，从宇宙中坠落，形成彗星和流星。罗候神从此怀恨在心，发誓要将天地间所有小人、告密者一一消灭。罗候神时时会飞上天空，一口咬住太阳或月亮企图吞噬下去，以报下半身被斩之仇。泰国人认为发生月食，就是罗候神所为，因此要举行盛大的祭拜典礼，使罗候神吐出月亮，而月食或日全食往往在人间可能相隔数十载，所以每每有月食或日食出现时，各位圣僧及白衣法师等，都认为此日子为开光督造那胡罗候天神佛牌及金身像最佳时刻，可以将罗候神咒密等加持到极点。

四面佛牌:

四面佛意为梵王，是印度婆罗门教主神，是创造天地之神和众生之父。梵王在天界中法力无边，掌握人间荣华富贵，具备崇高之法力。大梵天王有四面、八耳、八臂、八手，每手所执之物均有其深长意义：一手持令旗（代表万能法力）；一手持佛经（代表智慧）；一手持法螺（代表赐福）；一手持明轮（代表消灾、降魔、摧毁烦恼）；一手持权仗（代表至上成就）；一手持水壶（代表解渴、有求必应）；一手持念珠（代表轮回）；一手持接胸手印（代表庇佑）。泰国各地以至泰人住家院庭内多有设置。四面佛又称“有求必应”佛，该佛有四尊佛面，分别代表爱情、事业、健康与财运，掌管人间的一切事务，是泰国香火最旺的佛像之一。对信奉佛教的人来说，到曼谷来不拜四面佛，就如入庙不拜神一样，是一件不可想像的事。据说四面佛的灵验超乎寻常，因此，有些游客为了在四面佛前许誓还愿而多次往返泰国，更有许多港台影视明星，年年都来泰国膜拜四面佛，可见四面佛的魅力。

四面佛神像供奉在高约4米、工艺精细的花岗岩神龛内，正襟危坐，全身金碧辉煌，东南西北四面都同一面孔，同一姿态。据说，此神掌管人间的一切事务，其四面所求各不相同。一说是：四面分别代表事业、爱情、健康与财运。正面求生意兴隆，左面求姻缘美满，右面求平安健康，后面求招财进宝。另一说是：代表慈、悲、喜、舍，凡是祈求升天者必须勤修这四种功德。四面佛原名“大梵天王”为印度婆罗门教三大神之一，大梵天王之性情温柔，充满慈悲、仁爱、博爱、公正这四种正直性格，佛教称之为婆罗门的四梵行，也是佛教的四无量心，慈、悲、喜、舍，愿降福及济助一切天神及众生。四面佛有四面的原因是因为四面佛公正不阿，具有慈、悲、喜、舍之四梵心，无论“求事业”、祈爱情”、“盼发财”、“保平安”，皆能照顾到东西南北四方之世人及生灵。

阴牌

泰国的阴牌一般有几种：用死在胎里的婴儿提炼出的死人油或者骨灰制作的；在怀孕女人意外死去然后用火烧她胎儿位置的那个地方提炼出死人油制作的；在怀孕女人意外死去时用蜡烛烧她下颚

的位置提炼出的死人油制作的；用死在星期二火化在星期六的骨灰制作的。阴牌仅仅从制作方法看来，就充满着神秘诡异的气息，而许多泰国人也相信，阴牌具有着比正牌更加神秘的力量。

古曼:

古曼就是一般人说的鬼仔，指枉死或死于非命的小孩。古曼童是泰国语，在当地称为金佛童子，是古曼法界等候或无法超生的灵童。古曼也分男女，男的称古曼童，女的称古曼丽，都是年纪 0 岁至12岁夭折的小儿灵魂。因为家中没有钱安葬或超度，小儿的父母为了让小儿能够顺利投胎不再当孤魂野鬼，便请法师或龙婆制造佛牌佛像，好让这些不能投胎的古曼童，帮助人间有困难的人们与他们共修佛法、累积功德，等累积到一定福报便可早日往生投胎。依据泰国民间信仰的说法，只有横死或死后曾经修为正道或邪道者或执著怨气去世者都拥有一定的灵力……古曼拥有的就是这种力量。龙婆或师傅们会让他皈依佛法，净化他的灵魂，化解他的怨气，并赐与它能帮助供养人感情和睦、事业顺利及挡灾避、招财。

碌葛:

也有人叫路过，其实就是我们平常说的人胎鬼仔，也就是没有出生就在妈妈肚里夭折的小孩。师傅做一个碌葛其实要经过很多复杂的手续，必须是要意外死亡的妈妈，把肚子割开，取出小孩，制炼108天，而在妇产科开刀拿出来的小孩是不行的，所以碌葛是鬼仔中最高阶的东西，可以说是鬼王。因为人胎鬼仔没出生就夭折了，所以怨气最大，师傅要用一段长时间把人胎鬼仔的磁场转化，把怨气消除，才可以等有缘人来供养。

这类人胎鬼仔大多是师傅做的，因为怨气比较大，所以自主能力和感应都比较强。灵修类：灵修其实就是成年的大灵，也就是大鬼，年龄大概是20岁到35岁之间，也有男女之分，都是些枉死的人。因为死后家里没有钱安葬，得不到超渡，家人也不想他们做孤魂野鬼，这时就都会请慈悲为怀的龙波或是师傅们帮忙安顿灵魂。师傅就会用他们的骨灰等等的材料做一个属于他们自己的法相，再把灵魂收进去，等有缘的人来供养，为其累积功德，等累积到一定时日之后，就能再度轮回或飞向极乐世界。

碌葛中的女灵大多数有招异性缘、招财、招人缘、看家护院，保平安等作用，供养方式也比较简单，用一些女孩子喜欢的化装品，香水之类，还有白饭、黄蜡烛、香就可以了。而男灵就是招人缘、护主、招财（正财或偏财）、攻击、防小人等作用，有的还会耳报。供养方式也是用男孩子比较喜欢的东西，再加上白饭、肉、酒、烟、香、黄蜡烛就可以了。

魂魄勇：

魂魄勇也就是我们常说的阴兵，是护身符中的守护利器。召唤古时军魂纳于小人像里头，附带名字以及心咒，不需供奉，随时召唤随时出现，属于较有纪律性的守护灵体，可以为携带者抵御一切邪灵骚扰以及灾祸。一般情况下，军魂会藏在法相里头，必须念动心咒才会启动军魂的保护。如入睡前念动魂魄勇的心咒，军魂即守护在睡房门口。与神佛相比较，军魂会基于军纪的原因，更无情面可说，任何一个灵体对你的接近，包括是家神的报梦，已有守护灵的庇佑，任何有意图伤害你的邪灵统统都会被军魂驱赶。只要是想接近你的灵体，不管是善意还是恶意，都会遭受军魂的攻击。佩带魂魄勇，与雇佣一只灵体保镖无异。所有你的事情，只要是与你的人生安全无关，魂魄勇都不会插手。

秘书

——领导的七种武器

现代的秘书，几乎兼任了辅助决策、信息处理、公文写手、管家、消息传导乃至私人保姆等等的职责。这也使得秘书成了上升空间最大的人才，因为他们几乎个个都是多面手，能处理多方面的工作和任务。而从使当秘书成了通往高点的一个捷径。秘书，毫无疑问是一种极有意思的职务存在。通常情况下，秘书手上是没有什么实际权限的，但他们自有一种特殊的地位。有人把秘书称为“二号首长”，这是因为没有人比秘书更能清晰地知道领导的爱恨憎恶、所思所想。也有人把秘书称为“小秘”，这是因为一段时期以来，成功人士身边需要配备一位貌美风情的女秘书已然成了一种定律。而关于“小秘”有别于秘书的职能，自然更是引起了人们的无数遐想。在如今的国家机关中，已有明确规定：男领导只能用男秘书，女领导只能用女秘书，这无疑是杜绝“小秘”现象的措施之一。其实，秘书这一职务从来都不是现代社会的产物，早在上古时期就已经有秘书这种职业的存在了。

在我国，“秘书”一词最早出现于汉代。最初的含义是指物而非人，即带有神秘色彩的图书。根据古籍记载，这些图书主要有两类：一是宫禁里的秘籍，因为是宫禁内收藏的各种经典文献，因而一般不予公开，故称为“秘书”。如《晋勖传》：“及得汲郡冢中古文竹书，诏勖撰之，以为中经，列在‘秘书’。”二指谶纬图箓。这是一种在汉代流行的宗教迷信，是巫师或方士制作的一种预算吉凶的隐语。直至东汉后期，“秘书”才不仅指物，也指机构和人员。但这并不是说到了东汉，才有“秘书”这一职业的存在。事实上，秘书的存在要比这更早远的多，只是那时对于承担类似职务的人员有别的名称，还不叫做秘书罢了。

在对秘书产生历史的追溯中，我们显然应该先弄明白秘书的定义是什么。作为一个辅助性的职务存在，究竟是有了文字就有了秘书，还是有了领导才有了秘书，这无疑是个一直处于争论之中的问题。

远在上古时期，政府中的重要官员——史官即为履行秘书职能的文职人员。他们职掌天文、历法、记注，负责文书撰写与档案及国家典籍的整理、保管。后代各级政府中的文秘人员及现代意义上的秘书职业，即由此发端而来。

从现有资料看，中国最早的秘书当是活动在天子、诸侯身边的史官。许慎《说文》云：“史，记事者也。从又持中，中，正也。”江永《周礼疑义举要》认为“中”是“簿书”，即今之案卷。由此可见，“史”的本意即手持简策记事的官员。《礼记·玉藻》说：“动则左史书之，言则右史书之。”《汉书·艺文志》也说：“左史记言，右史记事。”左、右史的分工虽有不同说法，但两处文献却都说明在我国远古时代，史官的职能有所区别，他们的工作是分为记言、记事两部分这个事实。

《史记·廉颇蔺相如列传》载，秦赵“渑池之会”中，秦王要赵王为自己击缶，赵王照办。这时“秦御史前书曰：‘某年月日，秦王与赵王会饮，令赵王鼓瑟’”；但当蔺相如要求秦王为赵鼓瑟时，秦王不干，后在蔺相如“五步之内，相如请得以颈血溅大王”的要挟下才勉为鼓瑟。这时蔺相如也“顾召赵御史书曰：‘某年月日，秦王为赵王击缶’”。这个史实也再次验证了史官确实就是活动在最高行政首脑身边的文秘人员。

其实，中国历史上的史官，包括其他各类活动在执政者身边的文职人员，实际上都承担着秘书工作的重任，他们记录着历史，传播着文化。同时，在政治层阶内，他们的地位一般也比较高。李斯在秦始皇统一全国以后，虽然当了宰相，但也做了许多秘书工作。秦始皇的许多诏令，包括记载秦始皇巡行天下、展示其功德的碑志、石刻、铭文等，都出自其手笔。司马迁接受宫刑以后升任汉武帝身边的中书令，这也是个高级文秘的岗位，但他却是在这个位子上最终完成了巨著《史记》。现代社会中，秘书群体往往也是未来领导的后备队伍，这既是历史传统的延续，也当然和他们工作的重要性质分不开。

研究中国文化发展史，我们会发现一个有趣的现象，这就是中国历史上，举凡那些在政治领域有影响、而在文化上又卓有建树的学人、知识分子，大部分都当过秘书。比如老子，作过“周守藏室之史”；屈原曾“为楚怀王左徒，入则与王图议国事，以出号令；出则接遇宾客，应对诸侯”，无疑在这个岗位上，他实际也干了不少秘书的工作。其他如王安石、苏轼等都曾干过秘书工作。苏轼在北宋元祐年间知制诰，为垂帘听政的高太后撰写过一道又一道诏令。王安石在宋仁宗时代也曾知制诰三年，为他后来的厉行政治体制改革积累了经验。而上述这些人又都是文化领域卓有建树的大家。所以，用历史的眼光看，秘书不仅自己本身是文化人，同时他们也是文化的创作者。这是他们职业的内在要求。从现代秘书职业来看，秘书在领导者身边工作，是领导的参谋和助手，其职责是为领导服务，实际也是在间接推动着本领域各项工作的向前进行的，特别是一些高级秘书，他们的思考、经验、智慧往往就是领导人科学决策的重要依据之一。

秘书是领导者的参谋和助手，其职责是为领导者服务，其中最重要的是智力上的服务，特别是一些高级秘书更是领导者的智囊人物。秘书要能够与领导者在思想上进行交流和沟通，本身就应该具备相当的学识水平。历史上有很多才华横溢的文化人因富于文采和思想而被皇帝或地方官员选拔或聘任为秘书人员。他们之所以受到器重，其原因就在于他们不但能够在思想层面上与领导者进行交流和沟通，而且在幕后以卓越的才干辅助领导者取得了非凡的政绩，因此他们之中的许多人成为名臣和著名的政治家。我们知道，毛泽东主席的秘书胡乔木、田家英本来就是专家学者，来到毛泽东身边后“受毛泽东的感染，读书成为他们和毛泽东的共同爱好”，他们“与毛泽东如切如磋、亲密无间”，这是胡乔木成为“中共中央一支笔”，田家英成为“毛泽东的得力助手”、“高参”的重要原因。

秘书是领导大脑的外延，也是领导的耳目、雷达。为领导提供前瞻性的信息、潜在的信息，信息要快、新、实、短，确有价值，也需客观冷静，不带个人感情色彩地提供给领导决策参考。秘书是参谋，在领导决策之前提供建议。“入则与王图议国事，以出号令；出则接遇宾客，应对诸侯。”这是屈原当“秘书”时候所做的事儿，这也被作为秘书工作的核心沿传至今。然而现代的秘书显然还要比屈原难当多了，所谓“上得厅堂，下得厨房。保守得了秘密，站得了岗。探听得了消息，只给领导讲。拎包开门接送妻小，写完讲话稿还得带头鼓掌”，都是民间对于秘书工作的戏说总结。所以有人说，做秘书的人，是身兼智囊、间谍、写手、管家于一身之人，好比一把多功能的瑞士军刀一般。做得了秘书，还有什么做不得？这一点从无数显要的履历表上就可以看出来了。

摩托

——钢铁骑士

我发誓善待弱者，我发誓勇敢地对抗强暴，我发誓抗击一切错误，我发誓为手无寸铁的人战斗，我发誓帮助任何向我求助的人，我发誓不伤害任何妇人，我发誓帮助我的兄弟骑士，我发誓真诚地对待我的朋友，我发誓将对所爱至死不渝。

——骑士宣言

若我们定要追究一个男人最可贵的品格，那无疑就是保护。保护弱者，保护爱人，保护正义。这就是骑士精神。当我们还是孩童的时候，大概都曾经在光滑的白纸上画过这样简单的房子：一个正方形，开一扇窗，有一扇门，再画上那个最重要的三角屋顶，这或者就是大部分人对于“家”最初、最简单的表达。在这些我们画过的房子里，有些没有窗户，有些没有房门，有些多了烟囱，有些还有花园。但无一例外的是，这些房子一定都有一个屋顶，这或许是因为房子若不能挡风遮雨，就不能称之为家。

其实无数人的生命轨迹都是相同的：离开家，再找到家。拿掉头上的屋顶，享受风雨的洗礼，感受自由的存在。而后，再用风雨中锤炼过的身体与灵魂，重为所爱之人搭上一个新的屋顶。于是，男人们跨上无顶的钢铁兄弟——摩托，出发了。带着疯狂，带着愤怒，带着激情，也带着迷惘，在发动机的轰鸣中，留下一个强壮孤独的背影告别了安定温暖的家，告别了严厉的父亲和慈爱的母亲。或许有日他们也会告别这个年轻时的钢铁兄弟，带着爱人，带着孩子，带着已年迈的父母，乘坐着舒适的汽车、游艇或者飞机归来。但是每当他们再看到公路上那些呼啸而过的摩托，听到那熟悉的轰鸣声，总是能轻易的回想起那些过往的青春，那曾经疯狂沸腾的灵魂。

在诸多的座驾中，能作为“兄弟”存在于一个男人生命中的，大抵也只有摩托了。1885年，德国人戈特利伯·戴姆勒将一台发动机安装到了一台框架的机器中，世界上第一台摩托车诞生了。不同于飞机、游艇或者是汽车，摩托对于男人而言是一种特殊的存在，是一种精神昭告。当男人跨上这部并不算舒适的钢铁机器，他就能感觉到自己真正是个男人了。驾驭摩托的男人，他们毫不介意这个无顶的钢铁兄弟不能遮挡住风雨，因为他们强壮的身体和沸腾冲动的灵魂正需要在这种驾驶中宣告：自己已不畏惧任何风雨。他们也不在乎摔倒带来的伤痛，裸露在机器外的人类显得是如此的强大，强大到自以为可以驾驭速度，对抗生死。或许这个无顶的钢铁兄弟正是男人骨子里疯狂与叛逆的代表，代表着他们渴望脱离家庭庇佑，渴望离开安定温暖舒适的生活，找寻自己的、属于真男人的本能。当我们看到那些骑在摩托上的男人，不论他们年岁几何，我们都知道，他依然有颗可以随时疯狂的心脏，和随时都能沸腾起来的不羁的灵魂。

摩托是披着钢铁战衣、有着澎湃心脏的马。但是它显然更能听从骑士们的号令。当男人告别男孩，当男人不再想要成为被保护的男孩，而期待成为能保护别人的男人，他们就成为了骑士。别林斯基指出，骑士精神是指“对个人的人格的爱护和尊重，为被压迫者和压迫者牺牲全部力量乃至生命的慷慨。勇敢精神，把女子作为爱和美在尘世上的代表及作为和谐、和平与安慰的光辉之神而加以理想化的崇拜。”这份融于灵魂的骑士精神，无疑是每一个真男人的最可贵之处，以至于每当我们看到驾驶摩托的男人，我们都衷心的期待，这不只是个放荡不羁的浪子，我们期望，这是活在这个俗世上的真实的骑士。

流浪的嬉皮士：哈雷·戴维森

大概没有比哈雷·戴维森更能体现骑士精神的摩托了。它漂亮，复古，张扬却又内敛。选择哈雷的男人，不论从事何种职业，不论年岁几何，似乎都有颗骑士的心。而慈善正是哈雷·戴维森最重要的精神。至今我们仍然能清晰地记得：在5·12汶川大地震中，当哈雷车队出现的时候，无数人的心都为之沸腾了。这队骑士带着真正的骑士精神，出现在了需要他们保护的人的面前。在尘土的飞扬中，有着不造作的最直接的对弱者的关注。这也让很多对摩托文化尚属陌生的国人第一次记住了一个摩托品牌：哈雷·戴维森。

1903年，威廉·哈雷（WILLiam Harley）和戴维森（Davidson）三兄弟在密尔沃基创建了著名的Harley·Davidson Motor Company——哈雷戴维森摩托车公司，一百多年来，它经历了战争、经济衰退、萧条、罢工、买断和回购、国外竞争以及市场变幻的重重洗礼，但它经受住了所有考验。如今，哈雷戴维森公司比以往任何时候都更加强大，而且，它并没有因此而放慢发展的步伐。一个多世纪以来，哈雷戴维森一直是自由大道、原始动力和美好时光的代名词。密尔沃基摩托车的形象在全世界车迷心中生根发芽，他们狂热地忠诚于V型双缸驱动的摩托车以及制造它们的公司。“哈雷戴维森”连续跻身于美国十大最著名品牌，与可口可乐和迪斯尼公司齐名。

也许哈雷戴维森摩托车比任何其他20世纪的产品更具深意，因为它象征着美国，它的成功是美国传统制造业的传奇。哈雷传奇式的发展总是和特定的历史环境联系在一起。1905年的独立日，一位车手骑着哈雷摩托赢得了芝加哥市举办的车赛。从此，哈雷的销量渐渐上升，生产规模渐渐扩大，有了稳定的销售渠道，也有了自己的分销处，同时开始生产警用摩托。不久，第一次世界大战开始了。哈雷抓住时机，以战场为市场，生产了约2万辆军用摩托，获得了可观的利润。1918年，一战停战协议签订的第二天，盟军下士罗依·霍尔茨就是骑着一辆哈雷，第一个进入德国的领土。第二次世界大战中，哈雷又一次搭上了军火工业的快车，开始跃进式的发展。到二战结束时，哈雷共生产了9万辆WLA型军用摩托。哈雷摩托与美军朝夕相处，已经成为这些军人生命中挥之不去的一部分。当他们回到祖国，再次见到熟悉的哈雷摩托，内心的激动是不难想象的。哈雷寄托了他们内心深处的爱国激情，他们也成为哈雷最忠实的支持者。

哈雷的成就，固然有它的经营者善于抓住商机，不断进取的一面，更深层次的，是经过百年的岁月沧桑，哈雷浓缩了激情、自由、狂热等诸多品格，已经成为一种精神象征。20世纪60年代的“嬉皮士”如同一群在社会生活中左冲右突的困兽，但他们最终在哈雷那里找到了自己的精神家园。那种纯金属的坚硬质地、炫目的色彩、大排量、大油门所带来的轰响，甚至烫人的排气管，都让他们疯狂。为了与狂热、叛逆、不羁的风格相配，他们从此穿上印有哈雷标志的外套、破了边的牛仔裤和粗犷的皮靴，身体上刺着哈雷的标志，也给社会带来冲击和震撼。对他们来说，这甚至比遵纪守法更能表达爱国精神。上世纪80年代后的美国，“嬉皮士”们早已不见踪影。但哈雷迷不但没有减少，反而增加。1983年，哈雷车主俱乐部成立，使哈雷迷们更加亲密。到了2002年，成员已超过65万。哈雷也在不知不觉中，由叛逆群落向主流社会渗透。特别是上世纪90年代后，商务人士面临日益增大的心理压力，他们越来越渴望有一种可以释放和解脱的方式。这时，哈雷当然是首选。扔掉西装革履，穿一身“哈雷服”呼啸而过，如同纵马驰骋，真切地触摸大自然的灵魂，远比坐在密闭的轿车中过瘾。

“9 · 11”后，哈雷迷们的呼啸又有了新的含义。不少人身上的刺青多了一面美国国旗，车后座上也往往插一两面星条旗迎风飘扬。“9 · 11”后的每一个节日，美国政府为安全起见，都会劝告国民不要聚集。哈雷迷们却反其道而行之，他们不但要为哈雷100周年举行大规模的活动，而且活动要持续14个月，以一副满不在乎的昂扬姿态面对恐怖主义。全球的哈雷迷们纷纷集中到悉尼、东京等10个城市，齐齐把自己心爱的摩托车开到路上，就像是流动的哈雷博物馆。哈雷迷们还要从美国的西北、西南、中南和东北四个方向分四路驾车驶向哈雷的家乡密尔沃基，于2003年8月27日集合，开始为期3天的盛大的庆祝活动。在这样的骑士聚集中，他们讨论着各自的爱车，分享着各自的梦想，也重温着古老的骑士精神。

街头霸王：趴赛

说起摩托，不得不提的是一种被称为“趴赛”的车型。运动摩托车具有强化的发动机，一般是多汽缸、多气门，功率很大。为了减轻车身自重，运动摩托车多采用铝合金车架，某些部位甚至采用了碳纤维。运动摩托车有流线型的外型，以便降低风阻系数，比同等排量的其他摩托车跑得更快。这些摩托车有四个汽缸，马力大，车身通体浑圆。骑上这些车，人跟车形成一体的流线型，非常适合竞速比赛。由于这些车的车把很低，座位很高，所以又被称为“趴赛”。

运动摩托车分为公路运动摩托车和竞赛摩托车。公路运动摩托车吸收了很多赛车技术，但是同时具有比较适合在路上驾驶的舒适性，这些车符合交通和环保法规，可以合法上路。运动摩托车追求的是比功率，并不是排气量越大越好。当年本田的CBR900RR就是因为其600cc级的车身重量和1000cc级的功率而一举夺得“最佳超级摩托车”的称号。日本摩托车厂家之间的“排量大战”从来没有消停，现在发展为各自的旗舰雄霸一方。本田的黑鸟采用1100CC的超大排量和前卫的造型率先打破1000CC的限制，配合前后联动制动系统，让黑鸟既飞得快、操纵灵活，又站得住。铃木公司本来就擅长造大排量运动车，它的GSX · R1000超级运动车（大R）在欧美车手中间享有极高的口碑。铃木的“隼”具有仿生学外型，车手趴在车上，形成一个完美的流线型。“黑鸟”和“隼”都有较长的轴距，直线稳定性较好。“黑鸟”的车把要高一些，多数驾驶环境下比较舒适。而“隼”则适合极速飞车。正当人们为了两只飞禽争论不休时，川崎推出了ZXR · 12，俗称“杠一二”。川崎的超级运动摩托车向来注重极速表现，并以“忍者”自居。“杠一二”的排气量定在1200cc，除了保留忍者的一贯高速性能外，还有着较短的轴距以获得灵敏的操控性。

如果说在美国电影里，哈雷是硬汉的标志。那在很多港片及赛车电影里，趴赛就是绝对的主角。选择哈雷更多的是选择一种精神的象征，而选择趴赛毫无疑问就是出于本能的对速度的无限崇拜。我们常常把骑哈雷的男人称作骑士，把骑趴赛的男人称为车手。但无论是哪种车型，都无疑代表着属于男人的激情与狂放。摩托车早已超越了交通工具的基本含义，它被视为一种生活品质，甚至是信仰的象征。

于男人精神层面的骑士精神，是贯穿在人类发展整个过程的。骑士精神是上层社会的贵族文化精神，它是以个人身份的优越感为基础的道德与人格精神，它也积淀着西欧民族远古尚武精神的积极因素。驾驭摩托的男人们，在寻找自我的路上，在自我认可的优越之上，尚能抱有除己之外的对社会的关注，对弱小的关爱，这才能称之为真正的骑士，才能无愧于这个钢铁兄弟。我相信，每一个骑士的精神家园，都有一个可以为之付出一切的帝国，那就是他们的信念。当年轻的骑士们逐渐老去，当昔日的兄弟被尘封进车库，我们发现，这些曾经的骑士成为了今天的绅士。不变的是，他们心中富有浪漫色彩的侠义精神。

奥斯卡的奇幻旅程

这个世界有了光，然后有了影。电影是一种能够将光影关系玩弄得最出神入化的现代发明。有人认为我国汉代出现的灯影戏及之后出现的皮影戏对现代电影的原理有很大的启发。但是，真正意义的电影，不是发明自中国，而是源自科技发达的近代美国。1893年，爱迪生发明了电影视镜并创建了“囚车”的摄影场，这被视为电影史的开端。1896年，维太放映机的推出开始了美国电影的群众性放映。

19世纪末20世纪初，美国的城市工业发展和中下层居民迅速增多，电影成为适应城市平民需要的一种大众娱乐。它起先在歌舞游乐场内，随后进入小剧场，在剧目演出之后放映。在电影被发明的数十年后，有了奥斯卡金像奖。当然，那时候这个奖还不叫这个名字。由于它的宗旨是促进电影艺术和技术的进步，学院决定对优秀电影工作者的显著成就给予表彰就设立了“电影艺术与科学学院奖”（Academy Award），1931年后“学院奖”逐渐被其通俗叫法“奥斯卡金像奖”所代替，现在其正式名称已鲜为人知。

奥斯卡简史

据说“奥斯卡”这个名称的来历是在1931年的一天，电影艺术与科学学院图书馆的女管理员玛格丽特·赫里奇在仔细端详了金像奖之后，惊呼道：“啊！他看上去真像我的叔叔奥斯卡！”隔壁的新闻记者听后写道：“艺术与科学院的工作人员深情地称呼他们的金塑像为“奥斯卡”。从此，这一别名不胫而走。

举办奥斯卡奖的美国电影艺术与科学学院（AMPAS）是由若干位好莱坞大佬在上世纪20年代末一起倡立的。学院成立时正值好莱坞多事之秋，无声电影正在迅速向有声电影转变，权力日益集中到几个垂直垄断的大片厂手中，同时劳资纠纷开始成为各片厂头疼的一个问题。所以几个大老板出面组织一个学院，原因之一便是用来缓冲员工的不满情绪，防止各个工种组建自己的工会。

在最开始的几年，学院和Actors Equity（一个劳工组织）竞争代表电影演员的资格，并暂时取得了上风。但在很快到来的大萧条时期，学院迎合老板们的倡议，同意全面削减员工报酬，令大家意识到它只不过是代表大公司利益的一个傀儡罢了。于是演员工会、编剧工会、导演工会等在几年内先后成立起来。

1937年，学院明智地从敏感的劳资纠纷领域抽身，成为一个相对独立的机构。在被公众忽视的教育和研究领域，学院其实做出了不少意义重大的贡献，比如举行各种研讨会和讲座，推广先进技术，向电影学院学生和研究者提供帮助，主持电影拷贝的保护和修复工作等。

当然，学院最吸引人关注的还是颁发一年一度的奥斯卡奖。奥斯卡颁发的奖项有很多，其设置总是在反映产业的变化，一开始只有不多的几个，如今越来越复杂。例如彩色电影出现后，摄影和美术被分为黑白和彩色两类分别评选，上世纪60年代黑白电影消亡，又再合并成一个。剧作奖也分为改编和原创两种；各种声音、特效的技术奖项更是越分越细。

第一届奥斯卡颁奖典礼于1929年5月16日星期四在好莱坞的罗斯福酒店举行，意在纪念在1927到1928年间电影取得的巨大成就。由演员道格拉斯·费尔班克斯与导演威廉·德米尔主持。其后的30年代至40年代初的颁奖典礼都是在大使酒店或比尔特莫酒店这两家酒店内举办。从1961年起至接下来的几年，颁奖地点由洛杉矶搬到了加州的圣塔莫妮卡的圣塔莫妮卡公民大礼堂。直到1969年，电影艺术与科学学院又重新决定将颁奖典礼地点移回洛杉矶，并在这里举办了接下来的连续19届颁奖典礼直到1988电影艺术与科学学院开始决定将颁奖地点在音乐中心和圣殿礼堂间更替。

学院奖颁奖会每年都将按照事先的安排如期举行，在其历史上仅有三次因为特殊的原因被推迟：第一次是在1938年，当时的洛杉矶大水灾使颁奖典礼推迟了一周举行；第二次是在1968年，当时学院奖的日程安排与著名的人权运动者马丁·路德·金的葬礼发生了冲突，故颁奖典礼延期举行；最后一次是在1981年，因有人试图暗杀当时的美国总统里根，而导致颁奖典礼推迟24小时举行。

第一届颁奖典礼其实在一个好莱坞的私人聚会上举办的，其观众还不足250人次。颁奖典礼自第一届起就进行了公开广播，从最初的电台广播到1953的电视直播。在起初的10年，电影艺术与科学学院于颁奖典礼当天的晚上11点预先将结果透露给报社以供其出版。不过这样的作法被毁了，洛杉矶时代日报在颁奖典礼还没开始之前就将颁奖结果提前公布出来。自此之后电影艺术与科学学院采用了密封信封来公布获奖者的名单。至2002年起，奥斯卡颁奖典礼一直在著名的柯达剧院举办。遗憾的是有着131年历史的柯达目前已申请破产保护，其对于奥斯卡颁奖礼举办地——柯达剧院的冠名权也因此而终止。这标志着柯达在好莱坞的星光魅力已经褪去。尽管9部奥斯卡最佳提名影片中有7部使用了柯达胶卷，但随着数码影音和制作在电影行业的普及，柯达的影印业务已遭遇巨大冲击。柯达已在2012年1月份申请破产保护，其负债规模高达67亿美元。至此，柯达已无力承担奥斯卡颁奖礼的冠名费用。讽刺的事情至此发生了，与奥斯卡息息相关的两家公司：米高梅和柯达相继破产，但是奥斯卡依然前景乐观地存在着。

奥斯卡的投票制度也经历过很多变化，最早是经过多轮选拔后再由戛纳式的中央评审团决定获奖名单。1937年～1945年间，奖项由业内一万多名从业人员集体选择，但1947年～1956年间，开始把提名资格限制为加入了各大公会的成员。这样，工作不稳定、资历不够的临时工被排除了。1957年后，固定下来只有4000～6000名学院内部成员才有资格提名和投票，这和今天一样，目的是既保证广泛性，又要求专业性。

上世纪40年代是好莱坞古典时期的高峰，一批精致圆熟的优质影片成为奥斯卡的最爱，相反真正透着锐气的作品难以得到投票人的表彰，《公民凯恩》的落败便是明证。继前两年的《亨利五世》和《远大前程》后，1948年的《哈姆雷特》终于赢得最佳影片的大奖。此后英国电影开始了每隔一二十年就会出现一次冲击奥斯卡的高潮。60年代有《阿拉伯的劳伦斯》、《汤姆·琼斯》，80年代有《火的战车》、《甘地》，近几年有《贫民窟的百万富翁》、《国王的演讲》。上世纪40年代后期，美国电影的一个显著倾向是社会问题剧成为主流类型并且摘取多项奥斯卡桂冠，例如《君子协定》、《当代奸雄》。大约从这一时期开始，较为严肃的剧情片在奥斯卡上一统天下的局面渐渐形成，西部片、恐怖片、科幻片、歌舞片、喜剧片都将成为奥斯卡上的配角类型。50年代，大片厂体系衰落，对抗电视的新视听技术出现，麦卡锡主义猖狂，许多知名编剧、导演遭到迫害，使得直面现实的影片日渐远去，纯粹追求娱乐效果的宽银幕豪华大片一次次登上奥斯卡领奖台，如《戏王之王》赢了《正午》，《桂河大桥》击败《十二怒汉》。60年代奥斯卡伴随着好莱坞一起转型，因为审查制度的放开，犯罪题材一时垄断了60年代末至70年代初的奥斯卡奖。但70年代中期之后，奥斯卡回归到提倡中产阶级价值观的主流剧情片，探讨人性和家庭，如《克莱默夫妇》、《普通人》、《母女情深》、《雨人》、《为戴茜小姐开车》。大约也是从这个时候起，票房大片和奥斯卡分道扬镳，从此夏天成为爆米花大片的天下，冬季则成为奥斯卡奖的赛马场。

和奥斯卡奖同样著名的是它的标志性奖杯小金人。奥斯卡奖杯的主体为一座13.5英寸重3.9千克的镀金男像，由美国著名的雕塑家乔治·斯坦利设计。按照奥斯卡奖有关的评选规则，一项奖的获得者只能领取一个金像奖座，如果一项奖有两个人共获，则应分别授予他们每人一个金像奖座。

金像奖呈裸体男子状，双手交叉于胸前，握着一把长剑，站在一个五环片盘上，每一个环代表影艺学院的一项重要工作部门：制片、导演、编剧、演员、技术人员。最初的奖座由梅耶拨出500美金交给乔治·史丹利制作，奖座高13寸半，重6¾磅，内里是合金，外表镀上一层金色薄片，看起来闪闪发光，所以称为金像奖。金像奖图样的设计是出自赛赘克·吉朋斯，当时在米高梅公司担任美术师，上司梅耶指定由他担任这项工作，而吉朋斯是影史上最杰出的美术设计之一，他不仅设计了金像奖，日后更得到了金像奖，从第2届开始到第29届为止，28年间统共获得了39次提名，其个人独得了

11次金像奖，由米高梅公司出品的优秀影片，吉朋斯几乎都参加美术设计工作。早期每个奖座价值30美元，现在价值350美元。

奥斯卡这门大生意

我们知道，当年好莱坞大佬梅耶创办了学院，结果误打误撞，催生了奥斯卡奖这个衍生品。那时的奥斯卡奖还被称为学院奖，局面也尚未打开，跟今时今日的江湖地位迥然不同。别看现在片场围着学院转，学院创建之初，那可是学院跟在片场后头要钱拉赞助呢。

由于梅耶的野心跟拿学院赚钱无关，因而学院创办之初得以留存一种“出淤泥而不染”的清高气质。这种与生俱来的气质定位倒不是出于阻止电影公司送红包干涉奥斯卡奖的公平性考虑。说实话，那会儿奥斯卡奖也带不来什么经济价值，充其量只是一种学术肯定。

学院创建之初的情况很不乐观，矛盾不断，麻烦重重。那会儿能找着人把颁奖晚宴的饭钱赞助了就算不错了。当时大家都知道学院是米高梅老总梅耶创办的，米高梅又给予了学院财务上的支持，继而会有人怀疑学院奖的公正。好在，梅耶也懂得换位思考，不至于无聊到自己弄个颁奖晚会给自己颁奖。

当年学院核心班子将评定的最佳影片是米高梅旗下的《群众》。梅耶为了避嫌，刻意建议评委换成《日出》。其实那会儿米高梅盛产各路大片，是真真正正的好莱坞巨无霸，其他电影公司跟米高梅一比，都是虾兵蟹将，散兵游勇。米高梅旗下影片获第一届学院奖最佳影片实际是很正常的。可偏偏梅耶出于大局考虑，没让自己公司旗下影片拿奖。

后来梅耶对学院的财政扶植也少了。学院办一次晚会就赤一整年的字，年年都为晚宴的时候要不要请艾灵顿公爵乐队演奏和一大箱子小金人儿身上可不可以不镀真金，改用金色油漆对付一下的问题伤透脑筋。

“二战”结束后，美国经济仍处于复苏阶段。不巧的是，电视这种可以足不出户的家用娱乐电器兴盛了起来。电影行当日子一下子不好过了。一时间，片场纷纷紧缩银根，想办法开源节流。当然，这些片场自然也就没闲钱给学院了。可长期以来，学院的主要预算来自片场赞助。片场一旦停止赞助的话，学院的日子也好过不了。1948年12月，学院尚未公布奥斯卡提名名单的时候，本来承诺常年赞助的好莱坞主流片场纷纷告知学院：今年取消赞助。

釜底抽薪的后果很严重。许多学院成员把票投给了《哈姆雷特》和《红菱艳》这些英国电影，大奖都让“老外”拿了。由此可见，当时片场的积极赞助可能对选票没什么影响，但一旦不给钱了，后果就立马显现了。好莱坞大亨们发现这事儿好像不对，于是立马亡羊补牢。米高梅、派拉蒙、福克斯和华纳等公司决定每年每家给学院赞助1.25万美元。而那些不给学院赞助费的片场发表了声明，强调奥斯卡奖是为多才多艺的艺术家设立的，而且声称，“电影公司是独立的，并非学院的一部分。”他们建议大家投票时要秉承实事求是原则，不要掺杂商业利益在里面，要给予艺术家们真正的肯定。他们不给奥斯卡晚会出资，主要是为了消除颁奖晚会中各大片场的不良竞争。当然，谁都知道这是片场不想给赞助，或是没钱给赞助的漂亮话。正基于此，这些片场才开始用奥斯卡奖的公正性来转移公众视线。

鲍世利《纽约时报》上发表看法时说，“各大片场骄横跋扈，奥斯卡用《哈姆雷特》给了他们一次教训。而那些拿商业利益说事儿的好莱坞片场看起来更像是吃不着葡萄说葡萄酸。”

好莱坞几大片场矢口否认他们的撤资同英国电影的异军突起有任何关联。获了奖的英国导演艾默力·皮斯伯格对此指责说，“我不敢相信美国电影公司会做出这种事来。”制片人亚历山大·柯尔达辩护说，“我觉得美国电影公司作不出这种小器的事儿来，因为美国人民都很包容。”

天无绝人之路，奥斯卡奖有了成为真正意义上权威大奖的机会。1952年，事情有了转机。这个转机恰恰来自好莱坞的大敌——电视。那会儿电视业刚刚起步，还没造出电视行业的明星。另外，片场也对电视业进行封锁，禁止旗下签约艺人在电视里露脸。这样一来，电视行业对明星的渴望就不言而喻了。一时间，学院每年请去的人都一下子成了摇钱树。此后学院也就再不用看片场脸色了。

我们要看到，任何先进的机制都是会有破绽和漏洞的。这正是我们在机制前面用的褒义形容词通常是“先进”，而不是“完美”的原因。这有点儿像奥运会对兴奋剂的检测。检查出来的叫兴奋剂，检查不出来的那叫增补剂。相应的检测制度永远落后于新型兴奋剂半拍。别小看这半拍，事关输赢。

于是，不少电影公司想方设法找奥斯卡奖评选规则的微小漏洞，哪怕作用只有一丝一毫，也不放弃。因为现在的奥斯卡奖跟票房、音像制品、企业文化，乃至各种周边产品的利润息息相关。更何况，逆水行舟，不进则退。

奥斯卡权威的树立并非一蹴而就，这一方面依赖于其本身对规则的严格执行和对电影艺术的尊重；另一方面，则完全是沾了政治的光。奥斯卡举办初期，力主把自己定位于民间组织形式，对官方一直保持敬而远之的态度。1920年代，美国民主党和共和党分别被置于金融寡头摩根集团和企业财阀洛克菲勒控制之下，而此时电影工业在美国也开始崭露头角，两大财团竭力企图在各方面控制好莱坞八大影片公司，华纳和福克斯两家电影公司曾为此不惜花费时间和金钱提出诉讼，皆以失败而告终。与此同时，两大财团也通过白宫作为总代理名正言顺地表达了自己对学院奖的关注，在第四届学院奖，不仅送来了会务费，而且副总统还亲临会场。此举虽说是财团控制下的白宫为满足一己之私的自作多情，学院不一定领情，但在壮大学院声势和树立学院威信方面起了很大作用。

此后，又曾有过两位总统亲临奥斯卡颁奖现场，第13届（1941年）罗斯福总统和第39届（1966年）里根总统。但此时总统光临现场和当年副总统的出席性质已经完全不同了：罗斯福的出席是为了表彰好莱坞在反法西斯战争中起到的特殊作用，而里根则是来看望老朋友的。

奥斯卡虽说是站在电影流行艺术的风口浪尖，但却极少标新立异，大部分时候都选择顺势而行，特别在特殊年代，这一倾向就尤为明显。二战期间的第15届奥斯卡（1942年）把6项大奖授予了应时之作《忠勇之家》，而到了20世纪70年代，随着美越战争的开火，国内反战情绪日渐增高，第51届（1978年）奥斯卡把5项大奖授予了反越战题材片《猎鹿人》，这还引发了国际舆论界的轩然大波，同年三月，在柏林电影节上，苏联代表团为了抵制《猎鹿人》的放映，率领古巴、东欧等国代表团退出电影节。下面再举一例作证明：只要稍微关心电影的人，没有谁不知道《阿甘正传》，它曾横扫第67届（1994年）奥斯卡，获13项提名（最后获6项大奖），由于《阿甘》的出现，年度奥斯卡评选成为了很多经典力作——《狮子王》、《肖申克的救赎》、《真实的谎言》挥之不去的一场噩梦。但鲜为人知的是，《阿甘正传》其实是奥斯卡顺应美国社会长期弥漫的强烈的反战情绪和抚平越战伤痛呼声的产物。最后要提出的是，奥斯卡的“顺势而行”仅针对影片的题材而言，对于影片的艺术要求，并未降低评判标准。以上所提几部影片，在题材上可圈可点，但在艺术水准上，亦属佼佼者。

谈到奥斯卡，有一个话题永远也无法绕开，那就是奥斯卡评委在评定优秀影片时，在“艺术”与“商业”之间何去何从？这也是奥斯卡历年引起的最大争议之一。通常情况下，奥斯卡评委对此采取折衷手段，选取的影片一般既“艺术”又“商业”，两者达到最佳结合点，既非阳春白雪、曲高和寡，又避免了庸俗卖乖之嫌。但也有绕不开的年份，偏偏出现极端“艺术”却也是极端“票房毒药”的影片，在这种情况下，好莱坞评委往往选择的是放弃。上世纪全美经典影片排名第一的《公民凯恩》就是一例。在第14届奥斯卡时，学院对评奖规则还未进行改革，采取的是资深影评人评选制，专家们折服于《公民凯恩》高超的电影技巧，给予了9项提名，但影片上映以来一直平庸的票房成绩和在公众中冷清的反应，让评委们在最终评定时感到颇为棘手，斟酌再三，把大奖给予了它的对手《青山翠谷》，《公民凯恩》仅获1项最佳编剧奖。

1940年，希区柯克那部著名的惊悚悬疑片《蝴蝶梦》夺魁第13届奥斯卡，与此相若的是，奥斯卡也走进了它的悬疑旅程——从本届开始，获奖名单将采用密封方法，在颁奖典礼上主持人不拆开它之前，任何人都无权知道结果。这一做法无疑是奥斯卡的点睛之笔，之后成为国际诸多电影节的借鉴典范。

奥斯卡犹如一潭深水，浪花飞溅之下是涌动的暗流。奥斯卡被推到举世瞩目的地位，除了它本身的“软硬件”和谐匹配外，还有更深的一层原因，那就是——利益。据内行人估计，一部影片如果获得奥斯卡提名，其票房增加值在3000万美元左右，而一旦获奖，票房收入还将增加2000万美元。例如，1981年，《极地站车》获得最佳故事片奖，获奖后的三周就赚了近1500万美元。而离我们较近的《莎翁情史》，在1998年12月底上映，到次年2月获得提名时，票房收入为3630万美元，在获得奥斯卡奖提名后，票房翻了一倍多，又赚了3670万美元；三月底得大奖后，另增加了2700万美元。按照估计，该片60%的票房都跟它受到奥斯卡奖青睐有直接关联。而且，影片获奖后，对演员的回报也相当丰厚，不仅身价攀升，能得到实质性的物质回报，本人甚至还可以凭借奥斯卡的权威在世界电影史上留下浓墨重彩的一笔。‘

出于以上这些原因，好莱坞各大制片公司几乎每年都要押宝于某部电影，为其耗费巨大的广告投资。从上世纪50年代早期开始至今，好莱坞的两份定期刊物《联合演出日报》和《好莱坞报道》成为了各大制片公司争夺的主要阵地，它们买断其中的多页版面刊登电影广告。例如，在1984年的奥斯卡评选前夕，米高梅和联美公司买了《联合演出日报》的31页版面，而派拉蒙则为年度参评影片《母女情深》买下了28页版面，20世纪福克斯影片公司和AB影片公司也不甘示弱，为《希尔克伍德》一口气买下了50页广告。可以计算一下，以当时该杂志广告价格每页3500美元计算，各大公司在页面广告上的费用就高达几何。除此而外，各大制片公司在电视台黄金时间插播的电视广告上也得花大笔费用。时至今日，互联网也成为了他们进行影片宣传竞争的主要手段。

制片公司通过各种媒介方式宣传影片主要是要在公众中扩大影响，争取票房，但是，要想真正获奖，仅靠舆论影响力是不够的，因为，奥斯卡奖项的选票是牢牢攥在学院评委的手里的。制片公司要想稳操最后胜券，必须采用“非常手段”。

在奥斯卡评委团里抢占评委席成了各大制片公司屡试不爽、颇有成效的一个招数。我们可来看以下这个例子：如前文所提到的，早期的奥斯卡是几大制片公司一手扶持下成长起来的。其中Metro · Goldwyn · Mayer（米高梅公司）无疑在学院中占据绝对优势（这除了Metro · Goldwyn · Mayer本身经济实力强大外，它当时的总经理梅耶为学院的成立所立下的汗马功劳而产生的影响力也不可忽视），学院首届主席就是由米高梅旗下的著名默片影星道格拉斯 · 范朋克担任的。在学院成立的前10年，最佳影片的奖项几乎被米高梅公司所囊括，当时好莱坞流传一句话："只要你跟Metro · Goldwyn · Mayer签约，就有得奖资格"。

李安与奥斯卡的奇幻旅程

当简 · 方达和迈克尔 · 道格拉斯念出2013年奥斯卡金像奖的最佳导演得奖者是"AngLee（李安）"时，场内一片沸腾，而在中国内地，微博及各大论坛上出现了无数个惊叹号，无数个鼓掌的符号。

华人导演李安凭借电影《少年派的奇幻漂流》击败大热门史蒂文 · 斯皮尔伯格，拿下了他继《断背山》之后的第二座奥斯卡最佳导演奖座。这是整个颁奖礼最让人国内外媒体及影迷们惊喜的赛果。而带着11个提名奖项风光入围的《少年派》所获得的远不止这一项荣誉。在李安上台领走小金人之前，它已顺利斩获了包括最佳摄影、最佳视觉效果及最佳配乐三项技术奖。尽管压轴的最佳影片奖被头号大热《逃离德黑兰》摘走，《少年派》还是以包括最佳导演在内的四个奖项，在得奖数目上成为当晚之冠。

事实上，这已经是李安在奥斯卡上的第三次得奖了，还不包括他早年执导的影片《理智与感性》获得的最佳改编剧本奖。《少年派》的获奖无疑让国人对奥斯卡的关注程度达到了空前的高涨。在莫言获得诺贝尔文学奖之后，李安又获得了这个电影界的“诺贝尔奖”——奥斯卡金像奖。有人说这是中国人的荣耀，但或许我们应该思考得更多。如同相比莫言，中国还有着无数的优秀作家无缘诺贝尔一样。相对于李安，在中国也还有着许多“江湖地位”更高的导演，比如张艺谋，陈凯歌等等，却都在冲击奥斯卡的路上铩羽而归。事实上在每个中国人为李安喝彩的时候，都难免会想：为什么是他？如今在世的几代中国人中，上世纪70年代之前出生的人大多经历过苦难，见证过人性在极端境遇下千姿百态的爆发，了解蕴藏在普通百姓中百转千回的生存智慧。即使到了衣食无忧的今天，大多数人仍然在善恶交替世态炎凉中咀嚼着人生的五味杂陈。这些，差不多已经是拍摄一部史诗影片的所有要素了。

但为什么中国的导演们，有了如此得天独厚的积淀，又赶上了这个“不差钱”的时代，还是拍不出史诗来？为什么饥荒、战火、宗教和超国界的救赎这几样黄金元素加在一起得出的不是一个水乳交融的金质故事，而是一幅眉目不清味道寡淡的杂乱拼盘？为什么小人物力拔千斤本是银幕上长盛不衰的套路，但连惯好猎奇的老外对风尘女子擎起国家大义的故事也没了兴趣？为什么每次显然是瞄准了奥斯卡的努力，每次都以失败告终？

文化差异无疑是不论在奥斯卡还是诺贝尔文学奖上都存在的对中国人的一尊拦路大虎。当然，这或许不仅仅是文化差异而已，还有对于政治立场及人性的认知分歧。在这样的前提下，我们除了思考一位华人导演拍了一部纯外语片获得奥斯卡金像奖这件事对于国人导演来说究竟有多么积极的意义的同时，或许更应该警醒的是：获得这样的世界级权威奖项无疑是件值得为之骄傲与自豪的事情，但是我们在获得这些奖项的作品中，在获得这些奖项的历程里，是否交换出去了一些宝贵却不为西方所理解的东西？智慧的人一早就明了：这世间的任何事都是有所代价的。那我们在这些西方奖项的争夺中，究竟又付出了什么作为代价呢？用西方的思维，商业的逻辑，迎合的立场，好莱坞的模式去争取一座西方的奖杯，这或许是一条捷径，但是如若所有的文化工作者都以此为路，以彼为岸，这或许并不是一件真正值得欣喜的事。我们应该坚信的是，中国的文化，中国的故事，中国的文化工作者所存在的意义，对国家荣誉的贡献，绝不仅仅是用中文对世界人民说声谢谢而已。

珍珠

——蜕变的伤痛与残忍的慈悲

南海水有鲛人，水居如鱼，不废织绩，其眼能泣珠。

——晋张华《博物志》

相传南海外有一种鲛人，她们善织一种薄如蝉翼、滑若凝脂的绫绸，名叫鲛绡。鲛女们的集市叫做海市，就是人们通常所说的海市蜃楼，鲛女们往往在海市里彼此交换产品。人类如果穿上鲛绡所制的衣服，便能走进海市蜃楼，与鲛女同乐。

传说鲛女是月亮女神嫦娥的侍仆，因为做错事才被嫦娥罚到海里织绡。每逢月圆之夜，她们常常站在峭石上，遥望月亮，伤心落泪，落下的泪水便是珍珠。此外，珍珠的圆润与否又与月亮的盈亏有关，月圆之夜珠亦圆，月缺之夜珠亦缺。“沧海月明珠有泪”说的就是这个故事。而在古印度，则相传珍珠是诸神将晨曦的露水幻化而成的。古波斯人则认为，诸神的眼泪会变成珍珠，象征光明和希望。丹麦人的故事显然更加浪漫，他们认为美人鱼思念王子而不得，泪洒相思地，被守护在身边的贝母蚌珍藏起来，时间长了，眼泪就变成颗颗珍珠。而罗马则传说美神维纳斯出生于贝壳中，当贝壳打开之时，从她身上滴下来的露水就变成了一粒粒晶莹剔透的珍珠。文艺复兴时期，在著名画家波提切利《维纳斯的诞生》一画中，将女神置于一扇巨大的贝叶之上，从水底缓缓而出，女神抖落的水珠形成了粒粒珍珠，洁白无瑕，晶莹夺目……

几乎在所有传说中，珍珠的诞生都是悲伤所致，这显然与现实是重合的。珍珠的形成是伤痛的一种美丽结果，当蚌的外套膜受到异物如砂粒等侵入的刺激时，受刺激处的表皮细胞以异物为核，陷入外套膜的结缔组织中，陷入的部分外套膜表皮细胞自行分裂形成珍珠囊，珍珠囊细胞分泌珍珠质，层复一层把核包裹起来就形成了珍珠。

珠宝皇后

珍珠是最早被用作宝石的天然物质之一，被称为珠宝皇后。《圣经》的“创世纪”记载：从伊甸园里流出的比逊河里，到处都是“珍珠和玛瑙”。人类对珍珠的认识和开发利用具有悠久的历史。早在新石器时代（距今约10000~4000年），当原始人沿着海岸和河流寻找食物时，就发现了珍珠。从此，它一直是受到人类的青睐。

位于印度和斯里兰卡之间的马纳尔湾，可能是历史上采集珍珠最早的区域，据说已有2500年的历史，采到的珍珠常作为礼物由使者带往印度。在巴黎卢浮宫的波斯馆内，存有一条珍珠项链，这条项链可能是现存最早的珍珠饰品，它来自波斯国王的宫殿苏萨，在20世纪初发现于阿克马埃梅尼德公主的石棺内。大约在公元前200年，古埃及贵族才会使用珍珠首饰品。犹太教法典中曾经提到：古代的埃及人、波斯人以及印度人等均十分喜爱珍珠，把它视作护身符和财富的象征，并一直延续了几千年的历史。

在古罗马帝国的富人中，珍珠是一种最受欢迎的珍宝，男性和女性竞相比赛自己用作装饰的上等珍珠，妇女总是穿戴着珍珠入睡，甚至其寝室及马饰等都闪耀着珍珠的光彩。古罗马的博物学家普林尼曾评述道，在所有珍贵物品中，珍珠的价值是排在第一位的。“十字军”东征时期（1096~1291年），东方的珍珠被“十字军”大量带到欧洲，从此，这种宝石开始在欧洲传开。在以后几个世纪中，君主、爵士、妇女、开始慷慨地将珍珠用作个人饰物。皇爵、贵妇等上流社会人士无不用珍珠作为装饰品以荣耀自己。统治者相互之间竞争着对珍珠的奢侈使用，且立法限制他们的国民使用珍珠。1530年至1612年，欧洲许多国家纷纷立法规定人们按地位、等级来使用珍珠。欧洲的所谓珍珠时代，正是从这个时期开始。

英国女王伊丽莎白一世和凯瑟琳·德·麦迪斯就是著名的珍珠爱好者，这一点，从她们的肖像上就可以看出来。其它时代的君王也对珍珠怀有同样的情感，因此珍珠便作为王室的珍宝而总是为人所知和受人保护。

隋侯之珠

在我国的古代历史上，有两件齐名天下、为历代帝王所必争的宝物，那就是和氏之璧与隋侯之珠。《韩非子》中关于这两件宝物有详尽的记载：“和氏之璧，不饰以五采；隋侯之珠，不饰以银黄，其质其美，物不足以饰。”《吕氏春秋·贯生篇》则用“隋珠弹雀”来比喻大材小用的道理：“今有人以隋侯之珠弹千仞之雀，是何也？”每一种美好的事物，都伴随着一个动人的故事，和氏之璧与隋侯之珠也不例外。关于和氏之璧的典故，人们或许已耳熟能详，而有关隋侯之珠的美丽传说，则知之甚少。

那是战国时候的一个秋天，西周的隋侯（今湖北一带的封侯）

例行出巡封地。一路游山玩水，这天行至渣水地方，隋侯突然发现山坡上有一条巨蛇，被人拦腰斩了一刀。由于伤势严重，巨蛇已经奄奄一息了，但它两只明亮的眼睛依然神采奕奕。隋侯见此蛇巨大非凡且充满灵性，遂动了恻隐之心，立即命令随从为其敷药治伤。不一会儿，巨蛇恢复了体力，它晃动着巨大而灵活的身体，绕隋侯的马车转了三圈，径直向苍茫的山林逶迤游去。

一晃几个月过去了，隋侯出巡归来，路遇一黄毛少儿。他拦住隋侯的马车，从囊中取出一枚硕大晶亮的珍珠，要敬献给隋侯。隋侯探问缘由，少儿却不肯说。隋侯以为无功不可受禄，坚持不肯收下这份厚礼。

第二年秋天，隋侯再次巡行至渣水地界，中午在一山间驿站小憩。睡梦中，隐约走来一个黄毛少儿，跪倒在他面前，称自己便是去年获救的那条巨蛇的化身，为感谢隋侯的救命之恩，特意前来献珠。隋侯猛然惊醒，果然发现床头多了一枚珍珠，这枚硕大的珍珠似乎刚刚出水，显得特别洁白圆润，光彩夺目，近观如晶莹之烛，远望如海上明月，一看便知是枚宝珠。隋侯叹曰：一条蛇尚且知道遇恩图报，有些人受惠却不懂报答的道理。

据说隋侯得到宝珠的消息传出后，立即引起了各国诸侯的垂涎，经过一番不为人知的较量，隋珠不久落入楚武王之手。后来，秦国灭掉楚国，隋珠又被秦始皇占有，并被视为秦国的国宝。秦灭亡后，天下大乱，隋珠从此不知所终。日升月落，大江东去。一度光彩照人的隋侯之珠已湮没在滚滚的历史烟尘中，不可复寻。

割股藏珠

珍珠具有灵性的最动人故事当属“割股藏珠”。传说晋代某皇帝酷爱珍珠，听说南海海面宝光四射，知是宝珠，便派太监坐镇广西合浦珍珠城，派兵强迫珠民下海采捕。原来这发光之物乃龙王千金公主的心爱宝珠，为南海至宝，有两条恶鲨把守，珠民被咬死者甚多。捕不到珠，太监便严刑拷打，许多珠民被逼得家破人亡。当地珠民海生也在应征之列，只得冒死下海。为救珠民于水火之中，海生只身前往宝珠放光之地，与恶鲨相斗多时，身负重伤。碰巧的是，公主此时到峭石边玩耍，正好看到奄奄一息的海生。眼见海生命丧鲨鱼之口，公主急忙过来赶走鲨鱼，将海生放到峭石上。海生醒来，公主问他为何到此冒险。海生遂将珠民的境况细说一遍。公主感动异常，为救珠民，就将宝珠取出，送给海生。

太监得珠大喜，一边向皇上报捷，一边用红布将其严密包裹，锁入檀木盒内，派重兵押回京城。然而，太监一行走不过数十里，忽见一道银光划过檀木盒，太监猛吃一惊，打开珠盒，发现宝珠已然不翼而飞。太监大惊失色，连夜赶回珠城，再逼海生等下海取珠。海生不肯，太监便将其他珠民捆绑起来，扬言道，如果海生取不来宝珠，便将他们一一掷进大海。海生无奈，只得再赴深海，向海公主求救。公主再次献珠。太监得珠，放掉珠民，但苦无将宝珠安全送走的办法。一个老人献计让他“割股藏珠”，太监眼睛一亮，当即将股部割开，塞入宝珠，待伤口痊愈后迅即起程。

然而，太监仍然无法将宝珠带走。在第一次失珠之地，又是一道白光划过，宝珠再返大海。太监惊恐万状，深知回去是死，只好再到珠城，却见珠民们已经逃之夭夭。太监长叹一声，面对大海吞金自杀。在合浦珍珠城外有一堆黄土，据说就是太监的葬身之所。

不过，传奇归传奇，“割股藏珠”之说确有记载。据《集异记》记载，唐朝开元年间，司徒李勉在睢阳救助一个病危的波斯老人，老人临终时割开大腿，从里面取出一颗巨大的珍珠送给李勉，说此物乃波斯王室至宝，价值连城，一日突然遭窃，波斯国王下诏，谁能找到宝珠，便赐谁一等公爵爵位，终生荣华富贵。多少人为找此珠不遗余力，老人为得到它，更是费尽千辛万苦。今天虽然得珠，不料却落此大难境地，想是命中不该得此富贵。现已不久于人世，承蒙司徒厚恩相助，无以为报，只以此珠相赠。

《广异记》另外记载，又一个波斯人住进一间客栈，出价二千贯向店主买下门前的一块巨石，碎石后得一大珠。波斯人拿刀割开腋窝，将珠塞进后扬长而去。

看来，割股藏珠是波斯人特有的藏宝密技。想想也是，波斯人远行千里，他乡遇宝，若按寻常法携带，极有可能人财两空。割股藏珠虽然免不了一时疼痛，但绝无丧命失宝之忧。

给王者增辉

在王权时代，珍珠只有一项功能，就是给王者增辉。

在古罗马，珍珠是上流社会的身份标志，贵族身份的高低取决于珍珠的数量、大小和质地。在中世纪的法国，珍珠打上了阶级的烙印，只有贵族身份的人才能佩带，普通的黎民百姓是无福消受的，即使你有足够的钱买到它们。在英国的伊丽莎白时代，珍珠更是成为王室的专用品。为达到独霸珍珠的目的，王室甚至不惜立法以限制庶民佩带。1612年，英王室立法说：除王室外，一般贵族、专家、学者、博士及其夫人不得穿着镶有金银、珍珠的服饰，亦不得将其使用在其他装饰之中。这样的条文在世界珠宝史上可谓是绝无仅有。

汉大夫晁错写道：“夫珠玉金银，饥不可食，寒不可衣，然而众贵之者，以上用之故也。”上就是皇帝。那么，“上”为什么要“用”这种“饥不可食”的东西呢？因为它们贵重，尤其是珍珠，作为天赐之物，得之不易，因而给晁错排在金、玉的前面，视作财富的象征。

作为比金子还要贵重的珍珠，历来就是王者的专宠，更是他们刻意追求的至宝。《墨子》认为：“和氏之璧，夜光之珠，三棘六异，此诸侯之良宝也。”

对于昔日的皇族及士大夫来说，珍珠的主要作用是装饰，是炫耀。他们大多用珍珠装饰冠冕衮服、首饰、车乘，或用以殉葬等，将其视为尊贵与地位的象征。

“上有好者，下必甚焉。”皇室爱珍珠，臣下自然趋之若鹜，“富者以多珠为荣，贫者以无珠为耻”，一时间，朝野共珍，使珍珠身价剧增。

据《列仙传》记载，汉高祖夫人吕后曾用五百金向会稽珠贩购买“三寸大珠”，视为至宝；鲁元公主听说后，马上出七百金购得一颗“四寸大珠”，与吕后比拼。《汉书》则记载，在所有宝物中，汉武帝刘彻偏爱珍珠，“使人入海市明月大珠至围二寸以上”，“从河渚得大珠径数寸，明耀绝世”。

《后汉书》上说，孝明皇帝乘车上的垂帘是用珍珠串起来的，皇帝冕旒的前后各十二旒，全由珍珠串成。皇太后、皇后及公主、嫔妃等谒太庙时所穿礼服，全都缀有珍珠，公卿列侯及其夫人皆以珍珠装饰，但用珠多少及珠的尺寸大小都有明确规定。

在中国历代王朝中，占用珍珠最多者是帝王及嫔妃，其次是贵族及富室大贾。据史书记载，明太师严嵩被抄家时，从他家中宝库中抄出的财富令人瞠目结舌，单是金银珠宝首饰，就多达159副，计1803件，并有珍珠冠、珍珠头箍等多达数十件，每一件都是无价之宝。

在所有的珠宝当中，珍珠可以说是故事和传说最多的一种，这或许是因为，珍珠是不同于钻石、翡翠这些冰冷的石头，它是由生命孕育出来的。在生命的伤痛历练中，一粒沙石亦可能变身为绝美的珍珠，这无疑使得珍珠具有了其他宝石所不具有的特殊涵义。而取得珍珠的同时，也就结束了那个孕育着伤痛的生命，这显得既残忍，又慈悲。而这残忍的慈悲，或许正是包裹于珍珠之外的那层最夺目的光芒。

第三部分 时事杂谈

我们为何向往远方

家，大概是最能引发人类情感的一个字了。家对于我们来说是国家，是故乡，也是生命的归属。离家的人不仅仅是去向一个新的地方而已，他要告别的是一生之中最为亲近的人与回忆，是母亲做的菜，是一起成长的朋友，是熟悉的街道和人群，是浓浓的乡音。在人类的移民史上，迁徙有过很多的原因。在人类社会的早期，移民是一种人类交往的普遍形式，需要交往的人在哪里，家就在哪里。这逐渐形成了人类早期的社会形态。迁徙结合的人们慢慢固定下来，繁衍后代，生生不息，开始有了故乡与家的概念。在有了故乡和家的认知之后的很长时期里，有一大部分的移民都是被迫进行的。自然灾害，气候条件，地理位置，资源的有限性与战争等等因素使得很大一部分人在无奈中背井离乡，去往新的地方重建家园。这种被迫性的选择曾经是无数人一生之中的伤痛，而“回家”与“思乡”的愁绪也充斥着他们的一生。然而到了今天，我们发现，移民已经逐渐成为了一种主动的选择，甚至是一种需要付出不菲代价的选择。尤其是在今天的中国，移民的热情可以说是空前高涨。无数人在不惑之年的岁数，在不谙外语的情况下，仍然倾尽一切力量只为逃离故国，拥有一张发达国家的绿卡。他们要抛下的是无数的亲朋与好友，是努力经营与维持了大半辈子的交际圈与关系网，是曾经辉煌的事业与荣耀，是说了一辈子的中国话和吃了一辈子的家乡菜。在这样的取舍之下，还是有无数的人愿意花费巨资移民。这无疑是值得我们深思的问题：我们究竟是为了什么背井离乡，我们又是为了什么向往远方?

贯穿20世纪的被迫移民

——我们为何背井离乡

20世纪是中国移民历史上一个极不寻常的阶段，20世纪的历史，毫无疑问是一部不断发生着剧烈变化的历史，而20世纪剧烈而复杂的社会变化，直接影响及决定了这一时期发生在中国境内的移民运动的阶段性特征，政治事变、自然灾荒、战争冲突、经济建设等等都引发了人口的大规模迁徙。纵观20世纪的中国历史，移民运动与政治、经济、军事等诸多因素之间都有着高度的相关性与互动性，这无疑与我们今天的移民行为是截然不同的。

20世纪的第一个10年，是清朝行将就木的时段，但是这个10年却是中国移民史上不可忽视的时期。随着边疆全面放垦政策的实施，清代移民史的发展奏出了一段颇具震撼力的尾声。自1902年清朝正式批准山西巡抚岑春煊关于开垦蒙地的奏请起，蒙地放垦工作"由暗转明"，由此开始了一场浩浩大大的著名的"走西口"移民活动。而在光绪三十年之后，东三省移民活动也进入了全面开放时期，中国的移民热潮继"走西口"之后迎来了一个新的高潮："闯关东"。以光绪三十四年刊布的《沿边招垦章程》为标志，不仅官府从被动承认进入了主动招徕，而且移民招垦政策的制定与实施自此也有了法律保障。这无疑大大激发起各地民众北迁黑土地的热忱，也使得东三省户口数量在短短数年内激增。据估计，清代后期仅东北三省招徕的移民及其后裔的总数就高达1344万人。而与此同时，向塞北蒙古地区的招垦政策也取得了十分显著的成效，据估计，至1912年，进入内蒙古地区的汉族人口已超过了400万人。

当然，清末及民国时期中国北方地区频繁而严重的自然灾害，对于东北移民运动的影响与推动也是至关重要的。与中国传统社会灾荒性移民运动相类似，残酷的自然灾害的侵袭与无法忍受的生存环境，最终迫使北方大批农民无奈逃离故土，将移民东北作为逃离灾难及开创新生活的希望，在这种状况下，“闯关东”也逐渐成为了一种“逃荒之举”。种种主客观条件造就了20世纪20年代向东北地区的移民狂潮，以至于《海关十年报告》称之为“人类有史以来最大的人口移动之一”。

“闯关东”尚未落下帷幕，日本军国主义发动的侵华战争又接连引发了一场历史上罕见的、涉及面极广的人口迁徙运动。至1931年“九一八”事变之后，东北地区的移民形势已发生了根本性的逆转。1937年，国民政府从南京迁都重庆，在实际上引导了一场全国性的战略大转移。众多的沿海城乡居民、大批民族工业企业与高校随之西行，因而，在很短时间内，以重庆市为核心的西南地区成为中国政治中心地带与人口高密集区。据统计，除政府官员、学者及工商业者之外，抗战期间西迁的难民人数高达6000万，约占全国总人口的14%。作为难民输出大省，仅浙江一省外迁的难民总数就超过了518万人门。这不啻是一场浩劫，绝大多数难民外迁以躲避战乱为主，既没有政府的整体规划与组织，也没有明确的迁移目的地与政府合理的安置救助，迁移过程等同于逃难，极其艰苦而凄惨，由此带来的人口损失极为惨痛。甚至在万般无奈之余，不少难民被迫在战乱之时选择返迁原籍。

另外，就东北地区而言，日本官方在强制阻止中国汉族移民迁往东北地区的同时，按步骤地实施了蓄谋已久的移民侵略计划，即所谓“国策移民”。日本军国主义政府提出了20年间向中国东北移住日本农民100万户、500万人的总体计划，而为了掩盖其侵略性质，日本政府将日本移民更名为“开拓民”，将移民侵略政策称为“开拓政策”，并成立了专门的管理机构：满洲拓殖株式会社。由此大批日本开拓民作为日本侵略中国计划的重要组成部分之一，开始迁入东北地区。

八年抗战胜利之后，中国全境进入了一个人口的全面恢复与调整时期。随着国民政府回迁南京，大批西迁的工厂、院校及避难的民众也逐步返回故土，同样，迁居于东北地区的日本移民也绝大多数被分批遣返回日本。但是持续了半个世纪的移民潮却并没有就此画上句号，随着国民党政府在大陆地区统治的覆灭以及退守台湾，又再次引起了一场复杂而影响深远的移民运动。国民党政权机构官员及其军队、眷属、随从人员向台湾地区迁徙，是这一时期移民运动中规模最大的一支，其人数估计至少应在100万人以上。

与此同时，建国以来新疆地区的移民问题也颇具代表性。如新疆地区解放初期，部队转业屯垦戍边，形成了进入这一地区数量最大的迁移人口。1952年，进驻新疆的解放军与整编后的新疆民族军集体转业成为工程建设部队，总人口近30万人。这也直接导致了时至今日，似乎每家都有一个在新疆的亲戚的现况。20世纪50年代开始，诸如此类的建设型移民运动此起彼伏，成为那个时代移民运动的主旋律。另外水库移民也是新中国成立之后大量出现的另一种新型移民。在水库的建设过程中，往往有必要将淹没地区人口迁出，重新安置。据世界银行公布的相关报告估计，中国自1950至1999年水库移民的数量高达1220万人。

在上个世纪，还进行了一场非常具有“特色”的大型人口迁徙，那就是由“上山下乡运动”引发的人口迁徙。为了缓解城市就业问题以及改变农村落后状况的需要，大批生活在城镇的青年进入本省或其他省份的农村，从事农业生产劳动。知识青年迁出地集中于各地大、中、小城市及城镇，而迁入地则涉及成千上万的各地乡村。据统计，仅上海市就迁出了60余万名知识青年，北京也迁出了超过40万人。但是大批外来青年的迁人，往往是在迁入地政府与百姓毫无准备的情况下发生的，这不仅大大增加了迁入地政府与民众的负担，同时，对于大批知识青年来讲，离开熟悉的生活环境，无法继续求学求知，长期从事简单而原始的农业生产劳动，也均成为无法接受的现实状况。正是这些显而易见的弊端与现实问题，在很大程度上导致了这种迁徙活动最终的全面失败，其后果是：在改革开放初期，这些“被下乡”的知识青年们又开始大批的返迁，这大批的知识青年返迁又造成了城镇地区居民生活、人员就业及物资供给等多方面的严重问题。

随着经济的发展，从上个世纪末到本世纪初，国内城市与城市间的贫富差距与社会资源的差别性开始拉大。北京，上海，深圳，广州开始成为了国内移民的抢手城市。在这些经济比较发达的城市中，每年都会迎来数以百万计的异乡人。然而这种主动移民的动机显然是出于寻求更多就业机会，谋求更高福利与待遇保障的思考。这一部分主动迁移的人口中，大部分都是刚开始参加工作或者劳动的青年，希望通过迁移来获得更多的机会与收入。而那些已经完成了原始累积的人们呢？他们也在思考着迁移：往海外去，往发达国家去。他们为了移民海外，愿意付出甚至高达数百万元的“移民经费”，显然他们不是去寻求工作与机会的，那他们，又是为了什么如此向往远方呢？

新世纪的移民潮

——我们为何向往远方

中国曾经出现过两次大的“海外移民热潮”，第一次是百年前，以华工为主要群体；第二次出现在改革开放之后，以留学生等高学历人才为主体。而如今，富裕阶层和知识精英成为新一轮移民的主力军。根据贝恩公司和招商银行的研究报告显示，中国有27%的富人已经移民，另有47%的人正在考虑移民。身家1亿以上的超级富人则有着高达74%的移民比例，这无疑是一个惊人的世界纪录，不可否认，中国已经迎来了第三次大规模的“海外移民潮”。

与世界其他地方相比，中国显然是目前致富机会最多的地方。全球的冒险家们争先恐后的来到中国淘金，全球热钱的首选目标亦是中国。但是当其他国家人士以进入中国为热时，中国富人却齐齐举家外迁，这无疑值得我们对中国的现状进行深刻的反思。究竟是什么逼走了这些在中国富起来，也在中国过了大半辈子的超级富豪？使得他们不惜一掷千金也要逃离故乡？我们发现，富豪们移民的原因几乎有着高度的一致性：在中国，有钱但是不幸福。

富人圈子里流行这么一句话：花钱能解决的问题都不是问题。那什么是花钱也解决不了的问题，只能靠移民解决呢？富豪们纷纷移民海外的首要原因无疑是安全感的问题。在富豪移民的理由中，保护财产与经济上的安全永远都是首要原因。对体制的不信任，对国家的不信任，对政策的不信任都是其不安全感的来源。中国并不是一个很保护私有制的国家，这使得富豪们每日都处在“朝不保夕”的担忧中。同时，在改革开放初期富起来的一批人里，很大部分人的财富都是带着原罪的，虽然经过了多年洗白，但是也保不齐哪天就会被“秋后算账”，身败名裂。这种对政治和经济上的双重不信任，使得一部分超级富豪已经不能“选择移民”，而是选择“必须移民”。

富豪们的不安全感不仅仅体现在对国家的不信任，还有很大部分来自于社会上愈演愈烈的“仇富”心态。按照零和博弈的原理，如果社会财富总数量一定的话，富人分得多的话，穷人就必然分得少，当今社会贫富差距越来越大，穷人逾穷而富人逾富，虽然财富不平均加大，但总算还有赢家。而在社会幸福感方面，现在却是个双输的局面，富人和穷人都不幸福，穷人在抱怨，富人要出走。很多富豪深感在中国做富人的不易。无论做再多慈善，捐款再多，再热心公益，但是在老百姓眼中的形象还是永远的“无商不奸”和“为富不仁”。这无疑是一种非常畸形的心态，穷人不问理由，不分缘故的就仇恨所有富人，社会舆论也一边倒的骂富责富。比如交通事故每天在上演，平民化的车撞死了人就大事化小商量解决，若是你敢开辆豪车再撞死了人，那就只能在一片口水批斗声中以命偿命了。在这样的现状下，富人虽然拥有了物质上的富有，精神上却始终处于惶恐不安中，甚至不敢也不能以自己拥有创造财富的能力而骄傲。在这种穷人愤怒富人害怕的局面下，甚至不少富人担心“再来一次均贫富”，这听起来有些杞人忧天，但仇富民意一旦沸腾，谁又能预测其能量有多大呢？出走海外，无疑就成为了上佳选择。

除却不安全感之外，子女教育也是富豪移民的一个重要原因。在各类移民代办公司的客户中，有相当一部分的投资移民都是为了子女教育问题。国外丰富的教育资源对富人们颇具吸引力，而移民所投入的成本却低于留学而且一劳永逸。美国、加拿大留学成本每年约30万元，如从高中开始算，一共需要7年左右，成本200多万元，而办理移民成本也就100万元左右。另外，孩子一个人出去留学，父母远隔重洋监管可能不到位，也很难放心。而如果父母也同时移民过去，对孩子的照顾就会更加无微不至。

中国高额的赋税也是富豪们移民的主要原因之一。在《鹿鼎记》里，一直心念“复国大责”的前朝公主，在得知康熙“永不加赋”的政治理想后也放弃了复辟前朝的执念。但如今的中国，赋税之重可以说是高居世界前列。根据世界银行的标准，人均GDP在10000美元以上的高收入国家，最佳宏观税负为30%。而我国2009年人均GDP才3700美元，但实际的宏观税负已经达到31%。收入不如发达国家，税负却并肩发达国家，难免国人大呼税负沉重。然而，对绝大多数税负较重、收入较少的企业和劳动者来说，在高税负下，享受到的社会保障、社会福利等却又相当的低。这就形成了十分严重的“两头挤压”，一头是在高税负下职工收入难以同步增长，一头是在低保障、低福利下需要的各种开支却越来越大。这就直接形成了另一个移民的主要原因：养老与福利保障。以欧洲为例，从20世纪70年代起，就基本建立了以高福利为特色的社会保障制度，包括儿童津贴、病假补助、医疗、教育、住房、失业救济、养老保险、殡葬补助等各类“子制度”，涵盖社会生活各个方面。可谓是一个“从摇篮到坟墓”的完整福利体系。当然，欧洲对于富人的征税也并不低，但是与之相随的是对等的高福利，两厢对比之下谁优谁劣就显然而易见了。

当然，富豪移民的原因还有很多。比如环境问题，食品安全，空气质量，人均素质，人口密度等等。但是想要寻求更安全的投资环境、更优秀的教育资源、更有保障的福利待遇、更高的生活品质和获得应有的平等对待和尊敬才是富豪们纷纷举家出走的本质原因。富豪们的大规模海外移民，无疑对发展中的中国来说是一个巨大的打击。随着富豪们的移民，财富与人才的流失，税收与消费的流失都将是巨大的。富人移民潮一方面反映中国人确实更加富裕了，另一方面也说明中国的发展环境令精英阶层感到压力。富人们移民走了，却给社会留一个死结：他们因为不满社会而走，却给社会留下了更多的不满，比如，民间的仇富情绪驱动他们离开，但他们的离去却激发了更多的仇富情绪……这同时给坚守在本土没走的富人们制造了一个更恶劣的环境，逼迫着下一批富豪的离去。一味谴责富豪们缺乏社会责任感而移民并不是办法，毕竟每个人都希望能过得更好，这正是人类的本性所在，穷人富人皆是如此。这如同打造一个家庭一样，任何硬性的规定都无法维持家庭的和睦与幸福，只有让家的本身具有吸引力和幸福感，人们才愿意留在家中。致力于营造一个更安全、更公平、更美好的生存环境，才是吸引更多资金和人才留在中国的根本解决之道。若是真能有那一天，相信远方的游子们都会纷纷开始盼望回家，而中国也将迎来一波富豪返迁潮。

名门遗孀

——失去太阳的月亮

在古往今来的许多传说与故事中，太阳与月亮都是以爱侣身份出现的。在中国古代对男女的指代“阳”与“阴”中，也是蕴涵着相近的涵义。男人当如艳阳，建功立业，光耀门楣。女子当如皎月，相夫教子，柔情脉脉。古人在尚不知晓那些天空中的秘密时，就已用男女之间的依存关系解释了日月之间的关联。在今日我们已然知晓，太阳是太阳系中唯一会发光的恒星，而月亮的光辉仅仅只是反射了太阳的光芒而已。在这样的天文解释之中，似乎更清晰的映射着时至今日也没有发生太大变化的男女关系及夫妻之道。我们往往是通过对一位名人本身的关注，才会连带关注到他的爱情与妻子。那些身入名门的女子，她们因为所嫁之人的名望而变得也受到万众瞩目，正如同月亮反射太阳的光辉一般。然而，当太阳逝去之日，也正是月亮的光芒消失之时，不再具有光芒的月亮，其实也不过是一个布满坑洼的算不得美好的球体而已。这些失去太阳的名门遗孀们，她们有的会在无数的谴责与谩骂声中继续寻找第二个属于自己的太阳，有的则在寂寂中过完了再无光芒的余生。遗孀这个词，虽然和寡妇同义，但是遗孀们的路显然比寡妇还要难走许多。丧偶再嫁，于俗世中的百姓而言，是无可厚非的事。但显然大众对于名门遗孀的命运，却远远没有如此宽容。

杰奎琳·肯尼迪·奥纳西斯

在历史上的遗孀中，最出名的大概就是这位曾经是美国第一夫人，而后又改嫁希腊船王的杰奎琳·肯尼迪·翁纳西斯了。实际上，她的名字已经缩写下了她举世瞩目又传奇的一生。从杰奎琳·布维尔到杰奎琳·肯尼迪再到杰奎琳·翁纳西斯，这三个名字标志着她传奇生活中里程碑似的阶段：杰奎琳·布维尔是年轻迷人又雄心勃勃的记者；杰奎琳·肯尼迪是光彩夺目的第一夫人和受人尊敬的遗孀；杰奎琳·翁纳西斯则是垮掉的偶像和亿万富翁的夫人。时隔数十年，她依然是世界上最有名和最神秘的女人之一。她因为她的总统丈夫而名扬天下，被万人敬仰。也因为她再嫁富豪船王而被天下人所唾弃。她一生的命运都在太阳的光芒下被主宰着，但是她却开启了世人对月亮背面的好奇与兴趣。

年轻时候的杰奎琳是华盛顿《时代先驱报》的一名野心勃勃的记者。在她的一本笔记上，写着一句划了三个着重号的句子："雄心——决不做一个家庭主妇。"那时候的她还不知道，正是这一职业，决定了她的整个未来。

在一个阳光灿烂的日子里，报纸的社长召见了杰奎琳："你到州府大厦去看一下约翰·肯尼迪，这是一个很有前途的议员，他刚刚击败了亨利·洛奇。但你别胡思乱想，他对你来说太老了，而且不管怎么说，他还不想结婚呢……"漂亮的女记者和杰出的议员一见钟情，在短短的一个月之间就建立起了伟大的爱情。1953年6月23日，《时代先驱报》在头版刊登了如下标题："我们的摄影女郎和约翰·肯尼迪的罗曼史"。

杰奎琳被肯尼迪家族承认和接受了，但她不愿意只是充当摆设，她成为了肯尼迪的合作者，夫妻双双开始征服美国。他们引人注目，雄心勃勃。1960年，美国第一位信天主教的总统肯尼迪当选了，杰奎琳正式成为了这个世界第一强国的第一夫人。她是肯尼迪的外交武器，她疯魔了赫鲁晓夫、尼赫鲁和戴高乐。他们称她为“非常可爱的肯尼迪夫人。”

31岁的杰奎琳给白宫带去了一股新鲜的气息，成为第一个将时尚带进白宫的女主人。她超人的魅力是美国历史上其他第一夫人所不能比拟的，这不仅体现在她的年轻和美貌上，还体现于她独特的气质、高雅的举止和丰富的内在涵养。作为第一夫人时的她倍受人们喜爱，尤其是美国的妇女们，处处以这位第一夫人为榜样，学习她的言行、举止、风貌，甚至她的穿衣打扮。她给人的印象总是那么美好，她的每一句话，每一个动作，甚至每一个着装细节都让人回味无穷并争相模仿。她的穿戴极富个性，她独到的审美情趣，成功地倡导了美国的流行时尚。半个世纪之后，好莱坞的著名服装设计师伊迪丝赫德也说她是“历史上最佳着装”的女人。《时尚》总编哈米士·博利斯说，杰奎琳“给白宫，乃至美国带来了品位和优雅”。

杰奎琳在拿到白宫150个房间的钥匙之后的第一天就决定让白宫成为美国最漂亮的房子，等于一个美国的历史博物馆。她成立了一个委员会，筹集到上百万美元，用于在全国购买古老的家具和画。一股清新之风吹进了白宫，结束了这座房子一成不变的陈规陋习。杰奎琳的名气越来越响，以致电台的广播员在预报完天气之后，总要补上一句：“晚安，肯尼迪夫人，不论你现在在哪里。”

历史还在继续。达拉斯城的星期五，车队，枪声……杰奎琳把她丈夫那被打坏了的脑袋抱在膝上，衣服上溅满鲜血。这是美国自珍珠港事件以来最令人震惊的时刻。葬礼上，杰奎琳获得了所有美国人的敬佩，她一手操办的国葬使美国和世界感动得流泪，甚至连苏联政府都在电视中转播了葬礼。送葬行列经过的地方，上百万美国人在哭泣。谁能忘记这个女人在服丧时的形象：黑面纱在冷风中颤动，脸色阴沉，目光呆滞，完全象一个悲痛中的王后，身后紧跟着一群来自上百个国家的国王，王后，总统和部长。那一刻，世人对杰奎琳的钦慕甚至压倒了同情：这个女人的毅力和沉着已经成为了新的美国偶像标准。

葬礼之后，杰奎琳进入了她一生中的传奇阶段。在那个悲惨的星期五之后的一周内，她收到了10万封信。人们赞扬她的勇气，而她，惊讶地自问：“他们到底想要我怎样活下去？”对美国来说，她是楷模，是偶像。杰奎琳开始到处旅行，柬埔寨，西班牙……所到之处，人们象欢迎国家元首似地欢迎她。肯尼迪的光芒笼罩着她，如果她愿意，她会终身受到世人的尊敬。但是寂寞的她显然不愿意成为一个靠敬仰与崇拜渡过余生的国民遗孀。她寻找着自己的下一段爱情，也开始了她一生之中最不被理解的臭名昭著的一段生活。

就在罗伯特·肯尼迪在他的哥哥死后5年再次被刺之时，杰奎琳出人意料地向世界宣布，她将嫁给希腊最有势力的亿万富翁，从此走出肯尼迪的家门。她的传说被击得粉碎。对美国来说，这简直是背叛。她毁了自己的形象，而且仅仅是为了一点钱。据说她签署了一份令人难以置信的合同，即在她婚后每年可保证获得几百万美元，而若离婚这个数目还要大得多。她曾被崇拜，而现在却被痛恨和辱骂。她是垮掉的偶像，她的再嫁被视同“叛国”。一个陌生的杰奎琳成为了公众议论和谩骂的谈资，人们说她贪财吝啬，挥霍无度，自私自利。为了寻觅“杰奎琳轶事”，人们向她过去的秘书，佣人，送货员，裱糊工，家具工打听……人们指责她无理抛弃朋友，说她任性，易怒，目空一切和神秘莫测。丑闻杂志还发表了用望远镜头拍的她在斯科比沃斯岛上的裸体照片。人们都说：“她给她的孩子们找了个爷爷。”

1968年10月20日，希腊船王翁纳西斯和前美国总统的遗孀结婚了。“她嫁给了一张空白支票！”一家英国报纸尖刻地挖苦了杰奎琳·肯尼迪和船王翁纳西斯的婚姻。他们之间可能也是有爱情的，但船王翁纳西斯太有钱了，有钱得想不起来去质疑和他结婚还需要爱吗?

娶杰奎琳·肯尼迪，船王必须花费300万美元，再加上为她每个孩子各加100万美元的终身年金、12%的遗产。这是他们的婚姻协议，看上去更像一纸卖身契。

“乡下佬”、“海盗气十足”……美国人对这个个子不高，喜欢叼根大雪茄的翁纳西斯没什么好感。他们的总统肯尼迪生前甚至说过：“翁纳西斯？我知道，世界上最有名的无赖加流氓。”在美国人看来，奥纳西斯用钱娶走了他们高贵的国民遗孀杰奎琳。然而美国人对翁纳西斯的鄙视却远远比不上对杰奎琳的仇恨。这曾经是他们的第一夫人，曾经是他们的国民偶像，如今却为了钱背叛了整个国家对她的爱戴与崇敬，还有什么比这个更值得被唾弃的呢?

船王的婚后生活并不幸福，杰奎琳的大手大脚是有名的，仅仅在与船王结婚的第一年里，她就在曼哈顿购买了价值120万美元的服装。当一张价值9000美元的情人节账单来到翁纳西斯手里时，他大叫起来，她要这么多的衣服干什么！买了又不穿，我看她常常穿的是男式牛仔裤，两个人经常吵架，婚姻的背后是越来越大的裂痕。结婚7年后，翁纳西斯便在郁郁中病死了，杰奎琳再次成为了举世瞩目的豪门遗孀。

杰奎琳晚年患了淋巴癌，久治不愈，1994年5月去世。当人们打开她的遗嘱时，不禁再次大吃一惊：她竟拥有那么多的财富！其中许多都是翁纳西斯赠予的。作为一个非比寻常的女人，杰奎琳一生拥有女人所渴望的一切：美貌、特权、财富、荣誉、风流韵事。她更是凭借两个男人：一个是美利坚合众国最年轻有为、风流潇洒的总统约翰·肯尼迪；一个是不可一世的世界首富，狂放不羁的希腊船王奥纳西斯，登上了女人们难以达到的权利与财富之巅。在她特立独行的一生中，得到过最多的赞美，也得到过最多的谩骂。从美国总统到全球首富，她是拥有过最明亮太阳的月亮，而关于她自己的爱与恨，笑与泪，得到和失去，又有谁人在乎呢。

约万卡·布罗兹

同样是总统遗孀，约万卡·布罗兹的生活就没那么风光了，甚至可以说是名门遗孀中晚景最为凄凉的一个。在前南斯拉夫联邦总统铁托去世后的30年里，他的遗孀约万卡·布罗兹都生活在一座破旧的国有别墅里，房子的屋顶漏水，而且没有暖气系统。在寒冷的冬季，别墅内的温度可降至零摄氏度以下，起居室天花板上的一个大洞使雨水经常落入室内。这位曾经的第一夫人需要穿上所有的衣服，带上手套才能抵御严寒度过冬季。

约万卡·布罗兹曾是铁托领导下的南斯拉夫解放游击队中的一员。至今，在南斯拉夫许多地方还流传着这样一个极富浪漫色彩的故事：有一次，一个德国秘密警察军官的枪口已经对准了铁托，眼看铁托就要惨遭毒手，这时，一名十几岁的小女孩扣动板机，在千钧一发之际射倒了德国士兵，救了未来总统的性命。从此，铁托记住了这个女孩的名字——约万卡·布罗兹。

当时游击队的作战条件相当艰苦，即使在寒冷的冬天里，约万卡也不得不成天赤着双脚行军；晚上，她就睡在雪地的草堆上面，一包手榴弹作为了她的枕头。后来，约万卡因表现得出众被挑选加入了铁托的私人卫队，得以和她心中的偶像并肩作战。战争结束后，约万卡因为战功卓著而成为全国闻名的女英雄，1947年，她被铁托亲自招进总统府工作，她的职务是前国王庄园“白宫”的管理员。

实际上，约万卡不仅仅照料大庄园的事务，而且还在工作上给铁托以帮助，她成了铁托的私人秘书。1952年5月，60岁的铁托与28岁的约万卡秘密结婚了，这也是铁托的第三次婚姻。从此以后，每当铁托出访或接见贵宾时，身旁形影不离的总是这位有着一头飘逸黑灰色长发的年轻夫人。她是他的爱妻，也是他的私人护士、女保镖。她风度翩翩、妩媚动人。后来，一些西方媒体甚至称她是“东方的杰奎琳·肯尼迪”

1980年5月4日铁托去世后，约万卡·布罗兹很快就被从原来的住宅里驱逐出去。约万卡回忆说：“秘密警察粗暴地闯入我家中，把我的东西翻得乱七八糟，甚至连衣服的贴边都撕开……我当时的处境非常艰难。严冬来时，我没有大衣皮鞋，甚至没有一件棉衣，随身只有一套连衣裙，那还是妹妹偷偷送来的。我的东西都被贴上了封条。”

秘密警察搜寻的是铁托的遗嘱。作为曾经叱咤风云的领导人，铁托的遗嘱自然也就成了他的政治对手们害怕的东西。而在新当权者眼中，曾经是铁托夫人的约万卡也是铁托遗产的一部分。因此，他们剥夺了她的行动自由，将他们的财产全部充公。从此以后，约万卡就一直被软禁在贝尔格莱德一座破旧的别墅中。数十年过去了，约万卡在平静、寂寞和凄凉中度着晚年。

直到2003年2月2日，南联盟新政府才宣布：解除对铁托遗孀约万卡·布罗兹的软禁，而且她还可以从政府那里得到国家颁发的养老金以及电话、交通、保安等费用，而此时的约万卡已是一位年近80高龄的老人。

铁托去世后，每逢铁托生日或逝世的日子，怀念铁托和前南斯拉夫国家的人，特别是参加过反法西斯战争的老战士、老共产党员们，都会有组织地从前南斯拉夫各共和国来到位于贝尔格莱德的铁托墓地——“花房”进行吊唁。

约万卡本来也是每年都去给丈夫吊唁的，但后来停止了。她解释说，除了想远离公众，不想让媒体再拿自己的照片进行炒作外，更实际的问题是，她没有交通工具。原先给她使用的是一辆1980年生产的“奔驰·230”汽车，配有专职司机，实际上她也就是偶尔用一下车，因为她是不能随便走动的。1990年，该司机被调走给联合国维和部队开车去了，后来说是车坏了送去修理，这一修就再也没有回来。后来，约万卡得知这辆车在2000年6月被卖掉了。

约万卡说，她平时极少出门，因为即使请亲戚用车送自己出门或者给丈夫吊唁，都要向有关部门提前申请，得到批准后才能去。年迈的约万卡确实很需要车，她说：“我要生活，我要出去买面包、牛奶等食物，我也想去走走亲戚和拜访朋友。”

在约万卡成为遗孀的这几十年里，她没有身份证、护照，没有退休金，更没有属于自己的住房，在破败的临时住所里，还会随时面临有人命令她搬走。她几乎被剥夺了一个公民应有的全部权利。直到她85岁的时候，她才重新获得了护照，恢复了行动自由。85岁的约万卡拿着护照笑得如同孩子，她说：“我终于可以去旅游了。”无数人在看到这一幕时都为她这数十年里承受过的苦难和依然保持的开朗乐观心酸得流下眼泪。这位没有再嫁过的第一夫人，在失去了她的太阳之后，大概已经许久没有这样笑过了，而她灿烂的笑容背后那终于被实现的卑微的愿望，其实只是得到一本护照。

杰奎琳·洛克

1961年，名不见经传的杰奎琳正式成为第二任毕加索夫人。惊喜交加的她好似被封为皇后那般尖叫道：“一个人能幸运地守在毕加索面前，她连太阳也不屑一顾。”时年35岁的杰奎琳就这样开始守着她80岁的太阳翻开了人生的新篇章。他毫不扭捏地叫她“杰奎琳妈妈”，在生命的最后阶段，他选择的是一个情人、母亲、保姆和看护士多位一体的女人。

与一生穷困潦倒的文森特·凡高不同，毕加索的一生辉煌之至，他是有史以来第一个活着亲眼看到自己的作品被收藏进卢浮宫的画家。在1999年12月法国一家报纸进行的一次民意调查中，他以40%的高票当选为20世纪最伟大的十个画家之首，当然，他还非常富有。

事实上在杰奎琳之前，毕加索的情史已然赫赫有名。玛丽·泰蕾丝、奥尔加·柯克洛娃、多拉·玛尔，还有那位女皇般的弗朗索瓦丝……大师多如繁星的情人中最著名的几位，都在毕加索疾如飞奔的情感世界里被拖得遍体鳞伤。所以在1953年，也就是与弗朗索瓦丝分手的前一年，当毕加索邂逅杰奎琳这位沉默寡言的棕发美女时，谁也没想到她真的会成为大师最后的妻子。

与其他著名的情人相比，杰奎琳实在乏善可陈，这个1926年出生于巴黎的女人在遇到毕加索之前，过着再普通不过的生活：两岁时她和母亲与哥哥就被父亲抛弃，不得不挤在爱丽舍广场附近的小屋里，靠身为缝纫女工的母亲超负荷工作来勉强糊口。20岁那年，年轻的她嫁给了工程师安德鲁·哈廷并生下女儿卡茜。随后她跟着建造铁路的丈夫迁居到西非，不想仅仅4年哈廷就有了外遇，离婚后的杰奎琳带着女儿搬到了法国蔚蓝海岸，在玛都拉陶艺室做助理。而从这一刻起她一生的命运即将改变，因为当时在那里制作陶器的碰巧是毕加索。

杏仁眼、棕色长发，健康的体形让毕加索回想起卡塔卢尼亚的农妇，他对她一见钟情。那是毕加索和弗朗索瓦丝关系的末期，那位自我意识强烈的女画家正在准备去找回自己，而这些违背和反抗的意识是如此让毕加索愤怒，面前这个低眉顺眼的女人却让他感受到传统女性的朴素魅力。于是毕加索花了6个月时间来追求她，直到她终于瘫倒在这个足以当她爷爷的男人怀里。那时的大师72岁，依然精力旺盛；而杰奎琳27岁，是一个单身母亲，一切是那么难以置信。

毕加索与杰奎琳相伴，度过了生命的最后20年。然而，有关杰奎琳的消息人们却知之甚少。作为毕加索最不为人知的情人，杰奎琳是这么说的："你不可能用影子遮住太阳。"当杰奎琳终于走出毕加索的影子后，却身陷与毕加索其他亲属争夺财产的7年战争中，他们把杰奎琳当作贪婪的守财奴，说她挟持了毕加索。

1973年4月8日，毕加索与世长辞，而杰奎琳作为一位大师遗孀的生涯也正式宣告开始。首先要面对的当然是财产分割。毕加索身后给全世界留下了1885幅油画、7089幅素描、3万多张版画、1228件雕塑以及难以计数的插图，同时还有1位妻子、1个儿子和3位非婚生子女，没有遗嘱。所以这场财产争夺战可谓是空前混乱和惨烈，律师、拍卖估价人和公证人几乎组成了一支军队，大家耗时8年，共召开60多次会议才最终达成一致：遗孀杰奎琳继承了2.4亿美元遗产中的30%；毕加索已逝儿子保罗的子女玛琳娜与贝尔纳各自继承20%；其余子女玛雅、克劳德和帕洛玛则每人得到了10%。而早已分好的毕加索的作品则是由抽签来决定的。

除了财产之外，毕加索的儿女与许多传记作者对杰奎琳在大师晚年对他生活的封闭也进行了猛烈攻击。在传记中，作者写道：儿女们前来探望时总被杰奎琳挡在外面，但是水管工却能随便进出。面对父亲忽然拒亲友于千里之外的情况，克劳德一直对杰奎琳颇有微词，而玛雅则更为直接：“你得记住，那时的他已经很年迈，也许杰奎琳要将他和所有家庭成员隔开，这样她才能牢牢控制一切。”就连毕加索的朋友，摄影家安德烈·维拉斯也抱怨道：“杰奎琳拒绝了毕加索的大部分朋友。我所有的朋友都有过这种经历。”但事情更严重的还在于她还拒绝了毕加索的孙子、保罗的儿子帕布利托前来参加爷爷的葬礼，当天晚上，帕布利托喝漂白剂自杀，虽然后来获救，但是他的消化系统因此被摧毁，3个月后就痛苦离世。两年之后，帕布利托的父亲保罗，由于长期饮酒引发肝硬化去世。1977年，毕加索曾经的情人玛丽·泰蕾丝在她与毕加索相识50周年的纪念日吊死在一个地下车库。人们把这些账都算到了杰奎琳头上，在这些人的口中和文字里，杰奎琳被描述成了一个贪婪和控制欲极强的女人，而长期以来人们对这种女人从没什么好言辞。

这时已经失去了太阳的杰奎琳才真的意识到自己作为一个大师遗孀的命运。在毕加索生命的最后两年里，她日以继夜地照顾他，不惜因此与亲生女儿关系破裂，然而现在她只能在酒精与安眠药的作用下挨过一天又一天。尽管如此，杰奎琳还是为整理毕加索的作品做了大量工作，并成功建立起一个毕加索博物馆。与大师子女不同，她从不出卖大师的任何作品。直到她自杀前夕，她都还在忙着为博物馆筹备的画展捐赠作品。但是她的太阳已经永远地落下去，枯萎变成了必然。

1986年10月15日凌晨3点，杰奎琳把毕加索临终所盖的毯子盖在自己身上，用手枪对准太阳穴，扣下了扳机。杰奎琳生前的愿望大多没有实现。她本希望将毕加索生前和自己居住的复活圣母堂作为敬老院或者济贫院，至今里面仍然有许多毕加索的遗物。但是，杰奎琳的女儿却一直试图要卖掉它，直到最近才找到买主。杰奎琳希望将“沃韦纳格堡”变成博物馆，而她的女儿宣布直到2009年这一意愿才会成为现实，那时距离杰奎琳去世已经23年。她为数不多的被满足的意愿是：她的遗体被黑色的西班牙斗篷包着，和毕加索一样；被葬在“沃韦纳格堡”前，紧挨着毕加索的墓地。

毕加索生前曾预言道：“我的死亡，将会成为一次沉船事故，当一艘大船沉没时，船上的人是无法全身而退的，他们将随着大船一起沉没。”事实印证了他的先见之明。他或许早在娶杰奎琳之时就早已知道了一个遗孀的命运。可怜杰奎琳至死都还在对着他的肖像哀求：主人，请吩咐我。

劳伦斯·鲍威尔·乔布斯

20年前我们虽相知不多，但却心有灵犀，你让我为之倾倒。当步入婚姻殿堂，阿瓦尼雪花飞舞，似为我们庆祝。转眼间，生儿添女，有苦有乐，但无怨无悔。平日相敬如宾，我们的爱日久弥新。一切之后，重温20年前故地，虽满脸皱纹，心历沧桑，但你我都更为成熟睿智。如今已然明白了生活中的苦乐、真谛与奇妙，我们依然相濡以沫，携手同行。我也一直漫步在爱的云端，不想坠落尘寰。

——乔布斯写给妻子劳伦斯·鲍威尔的情书

在去年的“福布斯亿万富豪榜”上，共有128名新晋富豪。其中有一名女性独占鳌头，她就是劳伦·鲍威尔·乔布斯，已故苹果联合创始人、科技梦想家史蒂夫·乔布斯的遗孀。她凭借90亿美元的净资产首次上榜。

在去年的“福布斯亿万富豪榜”中，鲍威尔·乔布斯位列第100名，成为硅谷第一女富豪。她掌管的多数财富都来自于她丈夫生前成立的一只信托基金。乔布斯曾凭借83亿美元的净资产位列全球富豪榜第110位，他于2011年10月5日因胰腺癌去世后，其遗产都由鲍威尔·乔布斯继承。

鲍威尔·乔布斯的财富多数都来自苹果和迪士尼的股票，这使得她成为硅谷第一、全球第十三位的女富豪。作为乔布斯信托基金的托管人，鲍威尔·乔布斯还成为了迪士尼的最大股东。根据迪士尼提交给美国证券交易委员会的代理文件，乔布斯信托基金拥有1.37亿股迪士尼股票，约占迪士尼普通流通股本的7.7%。在迪士尼2006年收购皮克斯时，乔布斯成为了迪士尼的最大股东。

鲍威尔·乔布斯现年49岁，她拥有斯坦福大学MBA学位，曾经担任高盛交易战略师，她还是公益组织EmersonCollective的创始人兼主席。该组织并未建立网站，但资料显示，其主要目的是通过企业家精神促进社会改革，并为美国公立学校的贫困学生提供帮助。她还担任新美国基金会和美国教援的理事。

在乔布斯逝世两年之后，失去了乔布斯的苹果公司发布了新型号手机5S，而失去了乔布斯的劳伦斯在全球最富有的女性之中排名第九，并且开始了新的恋爱。她的新恋人自然也不是泛泛之辈，和她约会的是42岁的华盛顿特区市前市长亚德里安·芬迪。

劳伦斯·鲍威尔·乔布斯和亚德里安·芬迪是2011年在美国休斯敦的一次教育会议上相识的，因为对教育改革的共同爱好而成为朋友。2012年2月，芬迪成为非盈利组织“大学轨迹”的董事会成员，该组织的创始人之一就是劳伦斯。

在“大学轨迹”任职期间，芬迪结识了美国硅谷最炙手可热的风险投资公司安德森·霍洛维茨公司的联合创始人马克·安德森，随后即成为该公司的特别顾问，负责为该公司与美国地方政府、州政府以及联邦政府的合作提供咨询。值得一提的是，安德森的妻子就是劳伦斯的闺中密友。

现年42岁的芬迪在2006年当选华盛顿特区市市长后跃上了美国政治舞台，一直都是公众人物，致力于教育改革。他和妻子米歇尔·芬迪是华盛顿圈子里年轻时尚的一对，也是华盛顿顶级派对的常客。

2010年在民主党预选中落败后，芬迪退出政坛，开始在一些教育公司做顾问，去美国各地发表演讲，并在母校奥博林大学任教，去年找到了在安德森·霍洛维茨公司的这份肥差，为此不得不在位于美国东海岸地区的华盛顿和西海岸地区的硅谷之间来回奔波。

芬迪在硅谷的新工作还引发了外界对于其15年婚姻的许多猜测。2012年1月，芬迪的妻子米歇尔离开华盛顿特区，前往中美洲国家特立尼达和多巴哥的一家银行任职。同月，育有三个孩子的芬迪夫妇宣布正式分手，目前离婚手续尚未完全办完。公众认为，芬迪与劳伦斯的恋情正是引发其离婚的原因。而劳伦斯作为乔布斯的遗孀，在继承了巨额的遗产之后又迎来了新一轮的恋情，可以说是财情兼收。与芬迪恋情的曝光使得这位一向声名不错热衷教育改革与公益的乔布斯遗孀一夜之间受尽万众乔布斯迷的唾弃与谩骂。可以想象的是，如果真到了劳伦斯改嫁的那一天，舆论是不会轻易放过这位富有的苹果夫人的。

撒切尔夫人

——唯有死亡才能打败的铁娘子

人类所有的成就都建造在沙滩上，我们的胜利和我们的不幸转瞬即逝。我们不能预见未来，更不用说决定未来……作为首相，当时我渴望取得的最大成就也就是给予我的继任者一个更为美好的国家。

假如你想要的是空谈，问男人；假如你想实干，问女人。

我不会关心我的下属们说了多少话，只要他们能按我说的去做就行。

我要战斗下去，直到胜利为止。

——玛格丽特·撒切尔

2013年4月8日，有“铁娘子”之称的英国前首相玛格丽特·希尔达·撒切尔像众多平凡的老人一样，在当天的一次中风中死去，享年87岁。撒切尔夫人于1979年至1990年间担任英国首相，是英国第一位女首相，也是19世纪初以来连续任职时间最长的英国首相。撒切尔辞世的消息迅速占领了全球各大报刊杂志的头条，对于这个时代标记人物的逝去，有人哀痛，有人欢呼。但无论是怎样的反应与评价，都在证明着这个女人一生的成功——全世界又有谁不知道撒切尔夫人呢？这无疑是在今天更替分迭的世界政坛中再难获得的影响力与声望。虽然在撒切尔的认知里，人类所有的成就都恍如建造于沙滩之上，成就与失败都终将在历史的浪潮下消逝渐去，但她无疑是这沙滩上留下的钢铁痕迹之一，虽终会被覆盖与淡忘，但每当拨开那些覆盖其上的沙砾，还是能找到她的名字——玛格丽特·希尔达·撒切尔。

通往权利之路

她是英国历史上第一位女首相，也是欧洲历史上第一位女首相。她雄踞政坛11年，首相任职期间政绩卓著。在英国的历史上，恐怕没有人比玛格丽特·撒切尔夫人创造了更多的第一了。

她以其意志刚强，作风果断，不屈不挠，对苏联的强硬态度而获得“铁娘子”之称。

她出自平民，没有显赫的门第的庇荫，没有夫贵妻荣的依傍，靠着不断的努力追求和顽强的奋斗，终于在英国这个重门第讲传统的国度里，在被视作“男人的领地”的政治斗争漩涡和激流中，一步一步地沿着成功的阶梯攀登，到达权力之巅。她领导她的政府在英国上演了一场被称作“撒切尔的旋风”的话剧，使战后以来一直处于衰落不振的英国，出现了“中兴”的局面。她是一位足以傲视群伦的政治家，令无数男子刮目相看，相形见绌。

撒切尔夫人小时候受艾尔弗雷德·罗伯茨（她的父亲——一位从食品杂货商人发家致富成为格兰瑟姆市市长，保守派人士）的影响，对保守派的观点和立场有一定的认识并对政治产生了浓厚的兴趣。为了能够去牛津大学继续学习，她用一年的时间学习了通常需要4年才能掌握的拉丁文。在牛津大学她学习化学专业，但是显然对于化学的热情远远比不上她对政治的热情，她到这里不久就参加了这里的保守党协会并成为主席，18岁的她就曾说过“政治已溶进了我的血液”。她大学毕业后在一家塑料制造公司工作，但她并没有因此放弃对政治的热情，她经常在周末乘车到伦敦或别的地方去参加保守党的会议，辩论，群众大会等活动。她把工作挣来的钱作为参加政治活动的经费，对此毫不吝啬。

后来，在1948年保守党年会上她代表牛津毕业保守党协会发言，影响巨大，她被米勒提名为大特福选区的议员代表。

撒切尔在1950年、1951年遭遇了连续的竞选失败，但这显然不能让有着钢铁般意志的她就此放弃对于政治权利的追求。终于在1959年，34岁的她成为英国历史上第一名女议员。1961年，她首次出任保守党政府年金和国民保险部政务次官，至1964年保守党下台。1964—1970年，她在下院任保守党前座发言人。1967年，进入保守党影子内阁，先后担任社会保险、住房和土地、财经、燃料和动力、运输和教育等方面的发言人。1970年6月，保守党上台执政，她在内阁任教育和科学大臣，并担任枢密顾问官。1974年2月，保守党又告下台，她在影子内阁先后任环境、财经事务的前座发言人。

1975年2月，她竞选保守党领袖获胜，成为英国政党史上的第一位女领导人。1979年5月，保守党在大选中获胜，她遂成为英国第一位女首相。1983年6月，保守党再次在大选中获胜，她连任首相。

在回顾撒切尔这一生的权利之路的时候，我读到了一段很有趣的她的生活记录，于这些琐碎之事之中，或许比冷冰冰的年代简历更能让我们了解这个站在权利巅峰长达11年之久的钢铁女人。

撒切尔夫人的一天：

6点：早餐。在唐宁街寓所的小厨房里，首先她冲好一杯浓浓的速溶咖啡，喝的时候，再放进两片维生素C。她一边听着BBC电台的广播，一边打开标有“ER”王室印记的红提箱，那里面装的是刚刚送来的文件。她一边浏览着部长们的汇报和外交电函，一边等着理发师的到来。

9点：简况讨论会。下几步楼梯，就到了她那“神圣”的办公室，一伙忠实的合作者在那里等她来开每天的常务会议。会议桌上摆满了纸张，桌子上显眼一点的东西只有装插着野花的花瓶和红皮面的拍纸簿。这位政府领导人身边的几个工作人员是：她主要的随身秘书尼克尔·维克斯，是来自蒂卓尔的超级内阁官员，由他来权衡诸事然后起草日志；还有外交部引人注目的外交官卡尔·布艾尔，任外交顾问；其他三位大员是从事公共事务的杰出人物。还有发言人助理伯纳尔·因哈姆，他为首相等人概述早晨的新闻，大家说他是最能领会“撒切尔夫人一班人”的思想的人。

10点：内阁会议。22名内阁成员来到大厅，在每周举行内阁例会的镀金天花板下各就各位。没有硬纸片标记，每个人都能认出自己在棕色椭圆桌旁的位置。他们进来的时候，撒切尔夫人并不站起，而是坐着迎接他们。

11点：接见。白厅的会客室十分优雅，长条沙发和靠椅都是深棕色的。撒切尔夫人在这里接见苏联副外长，一位翻译坐在旁边。谈话主题：米哈伊尔·戈尔巴乔夫最近提出的裁军新建议。撒切尔夫人的“笔杆子”卡尔·艾布尔做记录。所有到唐宁街来访问的人都会为这里房间的朴素而惊奇，这套砖房朝着圣·亚莫斯公园，周围是一种乡间式的宁静气氛。

14点：首相用了15年的达莫莱轿车仍是光彩照人，它载着首相、她的贴身警卫维克斯先生以及艾布尔先生来到下议院的门口停下。来到首相办公室里，撒切尔夫人叠起了笔记本，娓娓不倦地开导着议员们，为将来的竞选给他们打气。首相办公室里，永远燃烧着一堆红旺的炭火。

15点：下议院。撒切尔夫人坐在政府的席位上，离反对派的坐席只有3米之遥。这是习惯性的强词夺理争辩会，有时甚至达到谩骂的程度。撒切尔夫人总是不动声色地听着。然后，她一跃而起，目光逼人："可敬的先生至少应该知道他说的是什么吧……"

17点：温暖的官邸。首相回到唐宁街10号接受《快报》的两位记者采访。在伦敦，撒切尔夫人几乎从不举行记者招待会，她更喜欢在炉火旁发表电视讲话。不，她根本没有考虑过引退，她想再执政十年。糖茶凉了，她坦诚的谈话也到此为止。

18点：提名。为贝尔明哈摩的圣公会主教易人问题绞尽脑汁（在英国圣公会里，政府对重要人物的任命问题在教士会议上有发言权）。候选人分为激进派和第三世界派。首相要提出自己的方案。

18点30分：款待200名农业界代表的招待会在餐厅举行，大厅墙上挂着奈尔森和威灵顿的画像。撒切尔夫人注意到所有的细节，从来客名单到桌面的摆设，从饮料（从不上香槟）到花束。没有浪费：被招聘录用的经管人对这一点已心领神会。首相要了一杯加苏打水的英格兰威士忌酒，一边慢慢地啜饮着，一边走入群客之中。

20点30分：回私人住宅。由于她那令人敬仰的家里既没有厨师，又没有侍者，所以撒切尔夫人要自己动手做晚饭。她用的是冷冻的肉和豌豆胡萝卜罐头，从不用餐后甜点。首相的饭量很小，因为她时时都注意着自己的线条。在丈夫丹尼斯·撒切尔看电视连续剧的时候，她在烟雾中放上一张玛莱的唱片，在长条沙发上一靠便又工作起来。她在闹钟敲响12下时才睡觉。这天晚上，她睡前看的书是《一些原材料对人类未来的影响》。

我们是怎样瓦解苏联的

在撒切尔的执政生涯里，最有名的演讲大概就是这篇《我们是怎样瓦解苏联的》。会议组织者可能没有事先提醒她，在场的还有苏联人。所以，撒切尔夫人的演讲可谓是开诚布公、毫不掩饰。从中看出，她在苏联瓦解过程中起到了关键性的作用，她自己对此并不隐瞒，且乐于公之于众。以下是这篇精彩演讲词的节选：

苏联是一个对西方世界构成严重威胁的国家。我讲的不是军事威胁。从本质上讲，军事上的威胁并不存在。我们这些国家装备精良，包括核武器。

我指的是经济上的威胁。借助计划政策，加上独特的精神上和物质上的刺激手段相结合，苏联的经济发展指标很高。其国民生产总值增长率过去比我们高出一倍。如果再考虑到苏联丰厚的自然资源，如果加以合理地运营，那么苏联完全有可能将我们挤出世界市场。

因此，我们一直采取行动。旨在削弱苏联经济，制造其内部问题。

主要的手段是将其拖进军备竞赛。我们知道，苏联政府遵守苏联和其北约对手军备均等的原则。结果，苏联装备花费占去了预算的15%，而我们这些国家是5%左右。这自然就造成了苏联要紧缩在生产居民大众消费品上的投入。我们希望借此引发苏联居民大规模的不满。我们使用的方法之一就是“泄露”我们拥有武器的数量。有意夸大，以诱使苏联加大军备投入。

……我们很快便得到情报，说苏联领袖逝世后，经我们帮助的人可能继任，借助他能够实现我们的想法。这是我的专家智囊的评估意见（我周围始终有一支很专业的苏联问题智囊队伍，我也根据需要促进和吸引苏联境内对我们有用的人才出国移民）。

这个人就是米·戈尔巴乔夫。我的智囊们对此人评价是：不够谨慎，容易被诱导，极其爱好虚荣。他与苏联政界大多数精英关系良好，因此，通过我们的帮助，他能够掌握大权。

专家智囊中间围绕以下一个问题争论激烈、分歧很大：是否推举叶利钦作为“人民阵线”的领袖，进而推选其进入俄罗斯联邦最高苏维埃，接下来成为俄罗斯领导人（以和苏联领导人戈尔巴乔夫对抗）。智囊团多数人的意见是反对叶利钦的提名，考虑到他的过去经历和个性特点。

不过，后来经过多次接触和约定，还是决定“推出”叶利钦。叶利钦费了很大的力气，勉强当选俄罗斯最高苏维埃主席。随即便通过了俄罗斯主权独立宣言。有人发问，俄罗斯独立于谁？整个苏联当时不都是围绕俄罗斯为中心构成的吗？苏联的解体真正开始了。

在1991年“8·19”事件期间，我们也给叶利钦以极大的支持。当时苏联上层少数人隔离了戈尔巴乔夫，企图恢复维系苏联统一的制度。叶利钦的支持者坚持住了，并且掌握了控制强力部门的绝大部分（虽然不是全部）实权。

其余所有的苏联加盟共和国，借机宣布自己的主权（当然，多数共和国在形式上并未排除联盟地位）。

这样一来，事实上现在苏联已经解体了，不过在法律上苏联还存在。我负责任地告诉诸位，不出一个月的时间你们就会听到法律上苏联解体的消息。

撒切尔夫人在掌声中走下讲坛，与每一位人握手后，穿过会议厅离开。后来发生的事，大家有目共睹。这篇演讲词至今读来仍然让我为之热血沸腾。逻辑之清晰，其中蕴涵的政治智慧时过数十年仍难掩其光华。更难能可贵的是，这样的政治阴谋与秘辛，被一个女人自豪坦荡磊落的宣诸于世，仅就这一点而言，就已是古往今来多少英雄豪杰也无法匹及的。

不看《铁娘子》的铁娘子

第84届奥斯卡奖的最佳女主角奖由《铁娘子》一片中饰演英国前首相撒切尔夫人的美国演员梅丽尔·斯特里普夺得。面对《铁娘子》一片在世界舞台展现光彩，英国各界感受却十分分歧。英国舆论多肯定梅丽尔·斯特里普的演技，但由一位美国人来演出英国前首相，以及未能全面描绘撒切尔1979年到1990年在位期间的政经政策和对英国造成的影响，反而透过映像强调她罹患老年痴呆症的光景，英国社会多有微词。

撒切尔夫人本人和家人始终拒绝观看本片。女儿卡洛尔透露，影片开拍前，梅丽尔曾要求与撒切尔夫人见面，但遭回拒。卡洛说，她和兄长马克都收到《铁娘子》在伦敦首映的邀请，但他们没有兴趣参加，“我们的母亲也不会观看这部电影。”

影片中某些场景把这位前首相塑造成一个罹患老年痴呆症的老妇，在英国朝野争议不断，甚至闹进下议院内。多位英国议员认为，这部影片对撒切尔夫人形象塑造“冒昧且不公正”。

撒切尔夫人任内的前阁员也指责该片对高龄86岁的撒切尔夫人

过于“残忍”；撒切尔夫人从未像电影中那样“歇斯底里”，更不是一个情绪化的女性。

首相卡梅伦肯定梅丽尔在《铁娘子》一片中“神乎其技”的演出。但质疑说，这部影片要表现的似乎是一个痴呆老妇，而非一名了不起的英国首相。

事实上，撒切尔直至垂垂老矣也未曾像普通老妇人一样生活过。她的女儿卡洛尔在曾在替母亲整理衣橱时，发现一大堆落上灰尘、没有熨烫的正式套装。“妈妈，您平常穿的衣服呢？”“我平常就穿这些，我永远不会买一件休闲款式的衣服。”她苍老、消瘦，却回答得斩钉截铁。这样的撒切尔，纵然依旧抵不过时间与疾病的消磨，但是仍旧是坚强美丽的钢铁之花。

与撒切尔的强硬政治手腕同样出名的，还有她高贵的仪态和讲究的着装，当然，还有那个标准的“撒切尔发型”。撒切尔夫人曾在经济事务研究所总部会见过哈耶克。两人聊了半小时，当前者离开之后，哈耶克陷入了长久的沉思，直到工作人员围上来询问他对会面的看法——这位经济学家充满感情地说：“她可真美。”

撒切尔打造自己装扮的过程也是古往今来众多抛头露面女士已经经历的必修课。撒切尔夫人的装扮，对于让她从杂货主的女儿经过一路奋斗，最终变成令人望而生畏的政客至关重要，其着装风格以及一整套小配饰（如她那刻板的手提包）的改头换面，让强加于其身上的这套行头到头来很好地服务了她的政治生涯。

同意摈弃大妈式帽子的撒切尔转而留了一头标志式的蓬松发式，重度焗油、一成不变的头盔式发型昭示着她不折不挠的坚毅性格。

历史学家、《金融时报》特约编辑西蒙·沙玛（Simon Schama）对此评论道：“撒切尔夫人头盔式的发型能抵御任何大风大浪，她本人曾说，‘本夫人绝不会退缩半步，’而对自己的发型，她也可以很容易地表示出这层意思。”

撒切尔夫人的装扮可以看作是她像钉子般坚强个性的反映。与其发型一样，她那大宽肩的雅格狮丹（Aquascutum）套裙折射出的是一副令人生畏的形象；这种震撼装束，在男性主宰的政治环境中显得必不可少。

撒切尔时代雅格狮丹创意总监玛丽安尼·亚伯拉罕证实说：她这位著名的客户对自己着装的每个细节费尽心思，并说当时，“撒切尔夫人清楚地知道自己该穿什么，尤其对自己衣服的肩垫上心。”

最终的造型让撒切尔夫人在男性主宰的政府精英阶层如鱼得水。设计师艾萨克·麦兹拉西回想起撒切尔夫人与美国前总统里根的友谊时说：“上世纪80年代，我常与人打赌：撒切尔夫人与里根总统属于同一类人。如果给里根总统套上假发，不就成了撒切尔夫人吗？”

围绕着英国前首相没有装饰的黑色爱丝普蕾（Asprey）大手提包，引发了种种神乎其神的说法，以至于在一次慈善拍卖会上，它被拍出了2.5万英镑的高价，此事让她的女儿卡罗尔评论道：“我希望最高竞价者知道……他获得了一个拥有辉煌记录的‘神奇武器’。毕竟，我母亲发明了‘打包走人’这个词。”

1990年，撒切尔夫人自己曾开玩笑说：政府的绝密信息都搁放在她的手提包里，因为在她看来，这是最好的防泄密地方。虽然以俏皮话的口吻说出来，但是，这也许强调了撒切尔夫人选择行头的最显著之处：完全服从于自己从事的工作。

当被问到她是如何看待时尚的，撒切尔夫人曾说：她理想的装扮是自己坐飞机去与国外政要会面时，不要“满是皱皱巴巴”的。

她在家里的穿衣风格也讲究整洁、体面的定制服饰，“因为诸位知道，我每时每刻都在上班……我一周7天都得穿上最好的衣服，因为你们知道我经常要会客。”

如同她头盔式的发型以及垫肩，撒切尔夫人强调“自己去会客”而不是对方来与她会面，这完全颠倒了女性在政治生活中的传统预期。

正如麦兹拉西指出：撒切尔令人称道的是缘于她“甚至不会挖空心思让自己扮相性感”，她关注的是处理更为棘手的问题，而不是在意里根或密特朗总统觉得她迷人与否。

手提包设计师安雅·希德玛芝曾公开声称自己是撒切尔夫人的粉丝，并说，“撒切尔夫人对自己形象最明智的是能让所穿的衣服从不压抑自己的个性。既能做到穿得落落大方，而且仍能做到不让他人说三道四，我觉得这是件很了不起的事。”

撒切尔的政治遗产

多年前，当玛格丽特·希尔达·撒切尔走进保守党党魁爱德华·希思的办公室，宣布她决定与他竞争党主席的职位时，这位前首相甚至没费心抬头看一下眼前这位女士。

“你会输的。”他说，“祝你今天过得好。”

谁也没想到，这个杂货店主的女儿后来成为20世纪执政时间最长的英国首相，她也是影响这个国家最深的政治家之一。2013年4月8日，当撒切尔夫人因中风去世之后，像过去几十年一样，英国不同阵营的媒体在讣文中对他们唯一的女首相作出了截然不同的评价。

对支持者而言，这位首相力挽狂澜，将一个负荷过重的政权驶上正轨，扭转了社会的经济衰退，并使大不列颠重新赢得了举足轻重的国际地位。但左派知识分子见到的是，撒切尔夫人拆毁了英国从前“从摇篮到坟墓”的福利体系，鼓励了自私贪婪，导致社会动荡，公众分裂。

只是，不论是否同意她的所作所为，有一点是所有人的共识：撒切尔夫人改变了英国，她值得人们以敬意对待；纵观其一生，她都在试图让每个人尽可能自由自在地过好自己的小日子，减少国家对社会的干预。一家英国媒体在讣文中评论说，撒切尔夫人促成了冷战的结束，温斯顿·邱吉尔也结束了一场战争，但后者的主张从未成为一种“主义”。

在那个普遍认为女性太软弱不适合管理社会的时代，撒切尔夫人以不可思议的强硬和独断专行给外界留下了深刻的印象。据说她在保守党年会上出现时，现场那些出身高贵、自命不凡的绅士们瞬间鸦雀无声，就像一群被女老师震慑住的学生。

“每当她有了新的想法，就会把我叫到办公室，说：杰弗里，这件事得这么发展……现在，从我办公室出去，让整个国家接受这项主张！”保守党的资深议员杰弗里·阿切尔曾这样回忆撒切尔夫人的决断。当时，身为保守党副主席的他唯一能做的，就是回答一声：“是，首相大人。”

但阿切尔对此心服口服：“她的信念吸引了我——如果她相信什么，就会贯彻这一目标，并为它而战。”

在1987年一次著名的杂志采访中，撒切尔夫人甚至告知她的选民说，有什么问题都指望政府和社会去解决的时代过去了：“他们把所有的问题都扔给了社会，可是‘社会’是谁？根本就没有这样的东西！只有一个个男人女人，以及家庭；人们得先指望着自己，如果离开了人，政府没法做任何事。”

“我们的责任，是照顾好自己，然后帮助我们的邻居。生活是一桩互惠互利的小生意，现在人们已经得到了太多的权益，但并没有尽到相应的义务。”

在出任教育与科学大臣后的第一个月，她就取消了给全英所有学校以及幼儿园的学童提供免费牛奶的政策，亦因此被《太阳报》冠以“牛奶掠夺者”的称号。历史上，每一任从牛津大学毕业的首相都会获颁该校的荣誉学位，但撒切尔夫人是例外，因为她坚持削减教育经费。

推动自由市场的信念，使撒切尔夫人几乎摧毁了英国的福利体系。她的内阁推出了激进的税收政策与削减开支的预算，遏止工会影响力的草案相继出台，她将原本需要申请的福利房廉价投入市场，还将国有企业的股权卖给了私人。这些政策使得伦敦成为了当时世界上最具活力的金融中心，很多人拥有了原本买不上的房屋与股份，也有很多人失去了原本生来就享有的福利；结果，英国失业率不断上升，城市里不断发生骚乱。

就任首相一年之后，面对舆论希望改变经济政策的呼声，她发出了政治生涯中最有名的豪言：“我要对那些屏息凝神、等待着传媒所宣扬的‘180度掉头’成真的人们说：你爱怎么转就怎么转，但本夫人，绝不掉头。”

作为英国首相的撒切尔夫人经常遭遇抗议，英国民众包围她的座驾，边喊着“撒切尔滚蛋”，边朝她扔生鸡蛋。人们对她执政时代最深刻的印象之一，是抗议的工人留下的满大街臭气熏天的垃圾。但这位女性从来不为所动。她的手提包里长年装着梳子、口红、手帕，以及脸上被泼硫酸后可用的解毒剂。

1982年起，英国的经济已经开始复苏。不久，她不顾内阁反对，出兵南美，夺回了被阿根廷占据的福克兰群岛，声望立即从谷底反弹。第二年，在首相如钢铁一般强硬的信念面前，全国性的罢工行动最终崩溃。

少有政治家会在任期内以这种方式行使权力，也少有人能得到如她那般两极化的评价。这种争议在她卸任多年后仍未见平息。2002年，一尊已完工的白云石撒切尔夫人塑像，还没等移交去下议院，就被一个愤怒的反对者砍掉了脑袋。

而撒切尔夫人的知音也不少。日本首相安倍晋三在国会演讲中提及，当他看到电影《铁娘子》中撒切尔夫人顶住社会强烈反对，坚持削减政府支出的一幕时，感怀在心，不禁流下泪水："她真的很了不起。"

她被苏联《红星报》嘲讽为"铁娘子"，这个绰号很快随着塔斯社的宣扬传遍世界，但撒切尔夫人似乎对来自对手的这个雅号颇为喜欢：它确切地描述出了自己的特质。

"铁娘子"从政生涯中少有的落魄时刻，似乎是在北京的人民大会堂台阶上的失足一跌。那一次，她领教了一个更加强硬对手的决心。

但从另一种角度上来说，她与谈判对手邓小平也许是知音。1982年的这趟北京之旅，撒切尔夫人已经敏锐地嗅到了中国的变化。她特意去了一趟东安市场，在一个个体户的水果店中买了一串葡萄。"这就是市场"，她当时说。回英国之后，她还用在中国的见闻去教训那些拒绝改革的英国政客：死抱着国企不放是没有意义的。

在北京的跌跤没有改变"铁娘子"的强硬性格。她还是那个认准了就不愿妥协的强人，似乎没有什么事能要挟到她。撒切尔夫人一生中离死亡最近的一刻，是在59岁生日的前一天遭遇"布赖顿旅馆爆炸案"。爱尔兰共和军原想暗杀参加保守党大会的撒切尔夫妇，但他们的炸弹放错了楼层。酒店被炸得面目全非，首相幸免于难。

从废墟中走出来后几小时，她就在照常进行的保守党大会上作出了典型的撒切尔式的强硬反应："这种袭击已经失败，所有想要通过恐怖主义破坏民主的企图都会失败。"

"在她身上最独特的事情是，她是一个有信念的政治家，并且随时准备着维护她那些或好或坏的信念。她有着根深蒂固的信念，而且决不妥协，这是她最强悍的地方，也是她最薄弱的一环。"在给撒切尔夫人的悼文中，英国广播公司（BBC）作出了这样的总结。

英国人认为撒切尔夫人属于保守党的新活力右翼。在她任职期间，该派被称为"干派"，以与称为"湿派"的老式和自由主义的托利党人相对。她主张个人应有更多的独立，少依赖政府，政府对经济不作过分的干预，减少公共开支（能减少个人负税）和货币印制（反映货币主义政策）。在70年代后期，失业人数增加不快，但在她前两届任期内几乎增加3倍，即已由110万人增加为300万人，同时人数众多的下等阶级在扩大。而且，她为了减少通货膨胀所实行的紧缩政策，使得商业损失和破产均有增加。虽然保守党在议会中占大多数，但在1987年选举中只以稍稍超过40%得胜，这一数字是1922年以来保守党在选举中的最低份额。

海外方面，在津巴布韦（前罗得西亚）由少数白人领导非法脱离英国殖民统治15年之后，撒切尔夫人于1980年督导其有秩序地建立为独立的国家。1982年福克兰群岛在被阿根廷占领10周之后，英国成功地将它夺回。选民对撒切尔夫人在福克兰群岛冲突时表现的果断领导的记忆，使她在1983年6月的大选中获得压倒性胜利。

在她整个任期内，她切实执行的政策使她获得"铁娘子"的称号。这些政策为严密支配内阁阁员，严格执行金融政策，促使工会服从法律的约束，以及国有企业的民营化。在她执政后期，她经教育、卫生保健和住宅的民营化，把“撒切尔革命”由财经和工业扩展到新的社会政策领域，她保证英国对北大西洋公约组织（NATO）的强有力的承诺，并主张英国要有独立的核武器威慑力量。此一立场深受选民欢迎，使得工党弃绝英国传统的核武器及防御政策，直至1990年末保守党内部关于她的欧洲货币和政治一体化政策的分裂，导致她辞去党内领导职务。

“布莱尔的新工党和撒切尔的遗产——好的方面和坏的方面，塑造了今日的英国。”一家英国媒体这样写到，“尽管撒切尔执政只有11年，但她的影响会一直持续数十年的时间。”把“撒切尔的遗产”归为英国发展中的负面因素源于她保守主义的经济思想，这也是撒切尔最受争议的政策。撒切尔上台前，英国在工党卡拉汉政府领导下，很多地区不断出现罢工而瘫痪。

25年前，当“铁娘子”面对这样的一个英国时，她开出的药方是：限制工会力量、推行私有化。之后英国经济果然有了起色，但是用英国《独立报》撰稿人约翰·雷图的话说：“在那些年里，英国的贫富差距急剧加大。有些人生活的确得到很大改善，但英国社会为此付出了很大的代价，犯罪率上升，社区破裂和分化。”

撒切尔带来的不仅是英国人社会的分裂，还有英国人思想的分裂。她离开唐宁街10号时的眼泪在英国民众中掀起一场轩然大波：支持者认为她带领英国走出了经济困境、提高了英国的国际地位；反对者认为她就是一个不折不扣的独裁者、自大狂、几乎毁掉了英国的福利制度。

十几年过去了，撒切尔在普通民众中的分裂形象依然存在。2002年，在BBC举办“100名最伟大的英国人”评选中，她名列第16位——排在她前面的包括邱吉尔、黛安娜和莎士比亚。

仅仅一年后，英国电视台Channel4举办了一场“你最痛恨的100个最坏的英国人”的民意调查。参选条件是“目前还活着而且没有关在监狱中或者正被起诉的人”。撒切尔夫人荣登探花——排在她前面的是现任首相布莱尔和以胸大出名的艳星乔丹。直到现在还有很多人记得这个“判决”——“她辜负了英国人”。

英国人对撒切尔爱恨交加，但世界上其他国家的人大部分对撒切尔都非常尊重，尤其是在不少国家的女性心中，撒切尔是20世纪最杰出的女性，她证明了女人不但可以做到男人做的事，而且可以完成男人无法做到的事。所有人印象中的撒切尔都是一身职业套装，她女儿曾经回忆说，母亲根本没有休闲衣服，因为她从来没有“闲”过。

当年撒切尔夫人当政时，英国曾经流行这样一个笑话：一个女孩问男孩：“你长大以后想做什么？”男孩说：“当首相。”女孩很吃惊：“男人也能当首相吗？”

撒切尔自己的看法是“如果你想让什么东西被说出来，去找个男人；如果你想让它实现，去找个女人。”她首先是位女首相，其次才是首相。很多媒体都喜欢用撒切尔给丈夫做早饭的一张照片来证明：女强人也必须兼顾家庭。但实际上，撒切尔从来都是个不折不扣的女权主义者。大学时代，年轻的她就曾经写到：“假如伊丽莎白女王即位，真能消除反对有抱负的妇女登上最高权位的最后一丝偏见的话，那么一个妇女解放的新时代，就真的即将来临了。”当她当选首相后觐见英国女王时，感到非常紧张，“我知道，我作为一名女性首相，要是干得不好的话，英国就将不可能再有另外一名女首相了。”

但是，保守的英国人并不喜欢一个女人在政治舞台上指手画脚，女人的强硬总是比男人刺目。当年，就有人批评她漠视失业劳工的状况，“作为一个女人，你应该具有同情心”，而对此撒切尔的丈夫丹尼斯的反应是“同情这个词从来就没有出现在她的字典里”。直到现在，当英国论坛上讨论撒切尔的功过得失时，仍有人明褒暗贬“有得就有失，有功就会有过。作为一个女领导人，还是非常值得钦佩的。”更有人分析撒切尔当初在香港问题上最终向邓小平让步的原因时说“与邓相比，她只是一个女人。”

真正的信徒把她视为自由市场的“圣女贞德”，致力于全方位缩减政府职能。但在现实中，她是一个务实的政界人士，无意做出“政治自杀”的企图，比如拆毁福利制度的支柱。

她在担任首相期间推动了重大转变。她的政治遗产包括：放开外汇管制和劳动力市场；削减最高所得税率；转变工会的法律地位，挫败以好斗分子为中坚力量的劳工组织；对国有化产业的大部分实行私有化；以及为金融业松绑。

在宏观经济政策方面，她执掌的政府最初奉行货币主义，最终却围绕汇率在货币政策中的角色发生纠纷。但是，摒弃凯恩斯主义财政政策，转向依靠货币政策，是在她的任期内得到确立的。

她在欧洲也扮演了一个大角色，为发起单一市场计划做出了贡献。她将此视为输出经济自由主义的尝试。但她对干预式的后果感到焦虑，并坚定反对单一货币。她在1988年的一次演讲中表示，“我们在英国成功地收缩政府的触角，绝不是为了看到它们在欧洲层面恢复原形，”此言对她和她所在的英国保守党而言是一个转折点。

在世界舞台上，她的影响力源自她立场鲜明地捍卫自由市场，以及她与美国之间的紧密纽带。在私有化问题上，她让许多人相信，即便是带有遗留的社会主义成份的国家，也可以缩减公有制。全球很多国家走上了私有化道路。那么，如何评估她的政治遗产呢？

就英国而言，上世纪80、90年代和本世纪最初10年，是自19世纪以来人均国内生产总值（GDP）增速首次持续超过欧洲其它大型经济体的时期。不幸的是，全球金融危机后的经济困境、严重的不平等、顽固的地区失衡，以及过度依赖不稳定的金融业，给这一成功蒙上了阴影。

然而，即使撒切尔是一个导致观点两极分化的人物，英国政治仍深受她的影响。事实证明，她对如此迥异的国家采用欧洲单一货币的担心是有先见之明的。

对全球而言，撒切尔卸任时，适逢苏联解体，后者对她宣告的逼退社会主义是一个胜利。在中国，天安门广场抗议后，改革似乎被放弃了。然而，如果有人问，哪一个领导人在通过引入市场机制转变世界方面做得最多，那么答案将是邓小平，不是里根，也不是撒切尔。

她是一个政治巨人，可她置身于一个走下坡路的国家。她代表自由市场的复兴和政府角色的缩减。然而，当今推崇相对自由的市场的是新兴经济体，而不是西方。这不是她的作为，但她完全有理由视其为一项重大成功。

她在欣赏新兴经济体表现的同时，必定也会对英国本身的状况感到失望。从历史上看，英国经济复兴大多不能持久。今天，英国在后撒切尔时代的复兴与其说像是现实，不如说更像幻觉。

撒切尔无疑是一个能干且非常有影响的政治家，但她却算不上是一个聪明的政治高手。作为一个极右的理想主义者，她是不太顾及平衡的。撒切尔的人头税政策，作为压垮她政治骆驼的最后一根稻草，很好地诠释了这一点。

撒切尔一向奉行“乱世用重典”。这个策略没错，但不能长期用之。1980年代初期，为了削弱工会力量，刺激生产效率，一些新资本主义的政策可以作为刺激经济的猛药使用；但是药三分毒，猛药的毒素会更重，长期使用必然破坏肌体的免疫系统，造成长期的虚弱。今天英国社会的劳资对立也许该算在撒切尔政策的头上。而她过份排斥欧盟的政策，必然使英国这个西欧国家在欧盟中显得处处离心离德，作梗掣肘，这必然在其区域经济合作中招来负面影响。她的成功是她个人能力和魅力的作用，但是她的下台也是“铁娘子”的性格所注定的结局。

撒切尔走了，走完了她辉煌的政治人生。她给今天的英国和世界留下了几笔浓墨重彩，以致于后来的继任者，无论是来自保守党还是来自工党，都无法摆脱撒切尔主义的影子，英国已经进入了没有撒切尔的撒切尔主义时代。

撒切尔主义，右派和资产阶级视之为经济圣经，而劳动阶级和大多学者视之为毒药。撒切尔主义，作为英国社会和西方经济学理论界的遗产，无论是其中的经验还是教训，都值得后人去不断的研究与梳理。我们有理由相信，不管怎样，对于所有的英国人来说，撒切尔夫人都是他们心目中一个永远不可回避的伟大领袖。她大刀阔斧的改革，使英国低迷的经济曾一度飙升；她把毕生的精力，都用在了构建自己心中那座美好的理想大厦上，虽然这也不过是一座建立在沙滩之上的大厦，但是也有着和撒切尔一样的钢铁外壳。

秘密社团

——密室中的世界统治者

从《星球大战》中的“西斯”——一个由投靠黑暗势力的绝地武士组成的古老组织，到《窃听风云》里的地主会——由几个华资巨头组成的操控股市的秘密联盟，再到《货币战争》里的罗斯柴尔德家族，这些当然并不只是阴谋论者的无聊推测而已。事实上，真正的秘密社团已经存在了好几个世纪。这些秘密社团的成员名单里有着历史上最闪耀的名字，他们维护彼此作为一个共同社团的利益，影响着整个世界的发展，从艺术到科技，从政治到经济，从战争到教育。是的，我们不得不承认，虽然有着巨大的人口基数，但是历史的发展总是由少数人在推动着的，而那些多数的人，不过是在这些巨大神秘力量的掩覆下，如同水母一样，不自知的随着浪潮移动，无法决定自我方向的见证者罢了。最初的秘密会社，并不如今天一样大多由具有权势与资本的人物组成，更多的是当时的一些社会先驱与智者。他们有着超乎于当时当世的智慧与知识，他们相信自己是受到神之启示的人，在过去整体科学文化落后的世界里，寻找着自己的同类，并渴求通过智慧的汇集影响世界与历史。因此，知识与智慧可以说是秘密社团最初形成的基石，而由于知识与智慧的发展必将带来的权力与财富，使得这些秘密社团的影响力日趋强大，强大到了甚至可以影响国家乃至世界命运的地步。当我们承认历史是由人来创造的，我们就不得不思考：那些创造历史，改变现在，影响未来的人们之间是否存在着某种秘密的关联？这个世界的管理者究竟是谁，谁创造了今天的规则与秩序？也许在我们翻看那些秘密社团的成员名单时，会得到一些答案。

共济会

共济会，字面之意为“自由石匠”（Free · Mason），全称为“Freeand Accepted Masons”，其起源目前并没有确定的说法。根据其公示文献《共济会宪章》的解释，共济会起源于公元前4000年——这一年，称为A.L.（AnnoLucis，“光明之年”），他们自称为该会的后人，通晓天地自然以及宇宙的奥秘。

在共济会传说中如此记载：“……这伟大的学问究竟从何而来？早在大洪水之前有一个名叫拉麦的人，他有两个妻子，一个叫亚大，一个叫奇拉。亚大生了两个男孩，他们是雅八和犹八，奇拉生了一个男孩和一个女孩，他们是土巴该隐和拿玛。这四个人象征着人类对自然科学的探索：雅八是第一个研究“地理”的人类，他将家养山羊和野羊群分开且第一次使用石材和木材建造房屋；犹八是世界上第一个音乐家；土巴该隐发现了冶炼钢铁的技术；最小的妹妹拿玛发明了纺织技术……”

这一段记述和《创世记》中并无两样，然而共济会的故事还有后话：

“……四兄妹知道自己对自然的探索会引起神的震怒，宇宙的伟大建筑者必将以水火惩罚窥视神之秘密的人类。在洪水来临之际，他们为了让伟大的学问流传人间，特地将知识镌刻在两根石柱之上，其中一根称为‘亚伯’——它不会因火而毁坏，另一根称为‘拉特拉斯’——它不会毁于水中。其中一根石柱终于被一个人发现，他是伟大的赫尔墨斯，他将伟大的学问的一小部分传授给人类。

洪水消退之后，神因挪亚的虔诚而喜悦，并且决定不再毁灭人类。然而人类并没有忘记对神之领域（自然科学）的探索，在复兴之后，大多数人类仍旧十分愚昧，只有石工仍旧掌握着自然科学和几何学的秘密，根据这些知识他们知晓了人只不过是神的“不完善的复制品”。石工们发现如果通过自身努力，就可以克服人类自身的精神和肉体上的缺陷，从而回归神的领域。

挪亚有个孙子宁录是巴比伦的国王。当时石工们从四面八方聚集到巴比伦，开始建造一座通天塔，也就是传说中的巴比塔（Turris Babel）。宇宙的伟大建筑者这一次采用了一种幽默的手法进行惩罚：搅乱了他们的语言，于是他们荒废了造塔的工程而散布到世界各地……这些石工们从此不再将伟大的学问透露出去，他们组成秘密社团，采用口令暗号和秘密的握手方式表示身份，同时区分在团体中的级别和工作中的职务。这些“自由石工”在耶路撒冷建造了所罗门王的神殿，他们在古希腊被称为丢尼修建筑团，他们在中世纪为基督教徒建造教堂和各种大型石造建筑。石工们严守组织秘密，在建筑工地旁开设的集会所进行聚会，交流知识，他们信奉宇宙的伟大建筑者，通晓宇宙天文、人体解剖学、几何学的浩瀚知识，他们互相称为“兄弟”，奉行兄弟友爱、同舟共济。

而共济会褪去传说的迷雾，正式出现的最早记载始于1717年的英国。1716年之前，伦敦的4个小酒馆中聚集着贵族和高级神职人员，举办类似高级俱乐部的聚会，内容多半是社交活动、娱乐和饮食为主，这些人是近代共济会的真正创立者。1717年6月24日“圣约翰日”，4个会所的共济会会员联合成立了第一个总会所，会员投票选举安松·塞亚为第一代总导师，这一天也就是近代共济会运动的开端。而这一时期也正值传奇的蔷薇十字运动的影响消退之际，近代共济会摆脱了石工团体的“实践性的石工”性质，成为“思想性的石工”、亦即投身社会改革的政治团体。

共济会并非宗教，在成立的初期属于一种秘密会社，允许持有各种宗教信仰的没有残疾的成年男子加入，但志愿者必须是有神论者。近代共济会对于神的解释来自柏拉图的《理想国》中对造物主的阐述，他们认为神是一位理性的工匠，而宇宙是神所创作的手工品，宇宙的秩序来自神赋予的理性，这个外在的宇宙称为大宇宙；而每一个人类都是宇宙的影子也就是神的复制品“小宇宙”，然而由于材料的先天性的缺陷，这个复制品总是不完美的。如果人能够以理性为准绳，以道德为工具，不断地修正自身精神上的缺陷，那么最终人能够凭借自己的努力完善自身，也就是完成了“内在神殿”的建造，成为完美的“石工导师”并且进入神的领域。共济会会员（“石工”）建设“所罗门神殿”的过程象征着人追求理性和自身完善的过程，在当时的社会背景下是一种先进的思想观念。通过奉行理神论的理想，共济会发起了启蒙运动并且在不到50年时间里迅速扩散到西欧、中欧和北美，建立起可以和天主教会匹敌的巨大体系。伏尔泰、孟德斯鸠、歌德、海顿、贝多芬、萨德侯爵、莫扎特、腓特烈大帝、华盛顿、富兰克林、马克·吐温、柯南道尔、加里波第、牛顿、爱因斯坦……无数共济会会员的名字如同星光一般闪耀在西方近代史的夜幕之中。

英国共济会于1753年分裂为古典派和近代派，双方长期对立，直到1813年才告和解，在19世纪中叶之后英国的共济会迅速丧失其社会改革的锐意和先驱性。而共济会给英国带来的另一大负面影响则是丧失了肥沃的北美殖民地。北美独立运动的先驱者几乎全部都是共济会会员，签署《独立宣言》的56人中就有53名共济会会员。历任美国总统中从华盛顿开始，只有被暗杀了的林肯和肯尼迪不是共济会会员。

支撑现代共济会运营是一个名为路西弗的基金会，坐落在纽约市联合国广场第666号，成立于1922年，该组织至今还一直是联合国教科文组织的常驻机构。路西弗（Lucifer）正是撒旦背叛上帝之前的名字，意为“明亮之星”。而在幕后存在的则是曾经世界金融界的主宰——罗斯柴尔德家族的影子。当然，如今罗斯家族已经没落，是否对共济会依然有控制力不得而知。

圆规、曲尺和书本组成的象征符号是共济会最基本的代表性纹章，分规和曲尺都是石工测绘使用的工具，在共济会思想中它们代表着会员完善自身所使用的“道具”。每一个共济会会所几乎都饰有圆规与曲尺的符号，它可能由印度古代坦陀罗教的象征符号六芒星变化而来，曲尺代表六芒星中向下的正三角形“真理”（女性原理，精神中被动的一面）、而圆规代表向上的正三角形“道德”（男性原理，精神中主动的一面），两者的结合代表阴阳调和、真理和道德的和谐、行动和节制的规范，从而完成“伟大的作业”。

美国发行的1美元钞票图案，由一座未完工的金字塔、一只“全视之眼”和两条拉丁标语组成。这座金字塔共13层，代表美国建国伊始的13个州。金字塔黑暗的一面朝向西方，暗示了当时蛮荒未被探索过的北美西部。金字塔是古埃及的象征。埃及文明是人类古文明的主要策源地之一。此图表明美国不仅是英格兰新教精神的天然之子，而且也与人类最古老的文明一脉相承。未完工金字塔，象征着合众国会继续无止境地上升，强盛不衰。金字塔上方独立的“帽子”中，包含一个全视之眼，这象征了虽然美国的建设还没有完成，但在上帝的帮助下，目标一定会达到。最底层上有

“MDCCLXXVI”的字样，是罗马数字的1776，代表美国人民于该年一举推翻了英帝国主义的殖民统治。而两条拉丁标语，下面的一句是：“Novus Ordo Seclorum”，翻译成英语是：“A New Order of the Ages”，再翻成中文是：“世界新秩序”。这是共济会的用语之一，这句拉丁文是在1782年才被发现和共济会有关的。代表的是新纪元的秩序，即美国脱离英国独立之后的新秩序，或者说是那个“影子政府”所要建立的世界新秩序。

不少历史学家认为，共济会是支配世界的阴谋组织。从法国革命、美国独立，到俄罗斯革命、以色列复国等历史上的重大事件，都是由共济会促成的。第二次世界大战前的日本，也很流行共济会世界战略的说法。多数的历史学家也证明了共济会会员曾在这些事件中活跃过。有人说，美国独立的本身就是共济会这个秘密社团运作的产物，或许这一点，由历届美国总统的共济会成员身份，从散落于美国国家标志中隐藏的共济会符号就足以证明了。

骷髅会

“骷髅会”的会标是一个骷髅头标志，上面撰写着“322”的阿拉伯数字字样。这个组织信奉着一个传说：公元前322年，当希腊雄辩家德伯斯梯尼逝世时，雄辩女神也随之升天。这个社团因此自称为雄辩俱乐部，并且相信，1832年雄辩女神已经返回人间。“322”因此成为这个组织的代码。

在美丽的耶鲁大学校园内，有一幢希腊神庙式的小楼，风格类似希腊神庙的褐岩建筑。几扇狭长小窗终年紧闭，整幢建筑笼罩着一种神秘色彩，这个并不起眼的建筑就是美国最神秘也是最有权势的同学会所在地。这里从不对外人开放，始终保持着自己特立独行的诡异色彩和精英风格，而且它还有一个令人不寒而栗的名字叫“骷髅会”。

这里作为骷髅会的总部，三层高的建筑设有地下室，褐色条石的外壁藤蔓盘绕，会员们都把这里称作是“墓穴”，建筑的屋顶上还可以停靠多架直升机。“墓穴”的侧墙上镌刻着一句名言：“谁是白痴，谁是智者？无论是乞丐还是国王，最后的归宿都是死亡。”如果不是这个同学会中的一员，就算站在门外三天三夜，也不会为人所动。局外人对其内部以及会员在其中的活动一无所知。“墓穴”唯一一次被外人侵入，是在1876年。这一切都使得骷髅会更加具有神秘色彩。

常春藤的名校中有很多秘密的同学会组织，每年的4、5月份都是这些同学会招募新成员的时刻。5月的耶鲁，满眼春色，这也许是耶鲁校园最美的季节。到处盛开着鲜花，古老的校园充满了生机。新生们都喜欢在这个时候，一起在草地上玩飞盘，或者彻夜开着音响，在校园的空地上狂欢。可是有一群人，并不屑于寻欢作乐，他们急于获得一张通行证，加入秘密组织，由此他们甚至可以平步青云。1965年和1967年，克里和小布什分别作为新成员，被引入了同样一个秘密的同学会，走进这个组织，他们就等于已经拿到了一张通往美国权力高层的门票，这个组织就是骷髅会。它也是耶鲁十多个秘密学生会组织中最神秘也是最有权势的一个。

每年春天，在骷髅会的会所内，都会迎来15名大学三年级的新成员。根据骷髅会创始人威廉·亨廷顿·罗素制定的入会条件，被征选的会员必须符合一系列几乎苛刻的标准：首先要出身于美国东部的豪门世家，最好是从英国移民、带有贵族血统。其次还要受过良好的教育，中学阶段最好在贵族寄宿学校上过学。第三，要爱好体育，具有竞争精神，最好有军队服役经历。骷髅会的征选对象是耶鲁大学三年级学生，毕业那一年正好加入骷髅会。骷髅会在成立初期有种族和性别的限制，比如犹太人和黑人不能入会，女性也不能入会。然而随着时代的变迁，骷髅会只限吸收白人男性为会员的限制在上个世纪80年代末期受到冲击。骷髅会终于在1991年允许耶鲁大学女生加入。

曾冒着生命危险对骷髅会进行报道并著有《墓穴的秘密》一书的美国记者亚历山德拉·罗宾斯在接受采访时曾这样描述骷髅会："骷髅会组织非常紧密，规模也不大，每年只有15人入会，这也就意味着在任何时间活着的骷髅会成员只有800人左右。尽管人数不多，但是这些人却掌握着非常大的权力。很多骷髅会成员都位居美国经济与政治权力金字塔的塔尖上。"

"那里确实像一个坟墓，没有窗，花岗岩的墙体让你看一眼就不会忘记。而我就曾住在这所建筑物的旁边，每天我几乎都要经过这里。一到举行入会仪式的时间，你就能够听到奇怪的、令人毛骨悚然的叫喊声从那栋建筑中传出来。"曾调查过骷髅会的美国《纽约观察家》报专栏作家罗恩·罗森鲍姆这样写道。

骷髅会的起源笼罩着一层神秘的面纱。最可信的版本是，骷髅会是1832年由耶鲁学生威廉·拉塞尔创立。一切起源于一次游学。19世纪初期，迅速发展的德国引起了美国知识阶层的羡慕。1832年，耶鲁学生拉塞尔前往德国游学期间接触到德国的一个秘密社团，其活动不公开，并把骷髅头当作崇拜的对象，其本身就是18世纪"光照派"的一个分支——"光照"通常被描绘成是现代世界中古老巴伐利亚光明帮的后裔，其成员试图阴谋幕后控制全世界——年轻的拉塞尔对这个神秘组织很着迷。当拉塞尔回到美国时，发现美国正掀起一场声势浩大的反共济会（一个和光照派有关的组织）运动，以消除秘密组织对美国的影响。拉塞尔之前所属的一个秘密社团也在这场运动中被轻易地剥夺了秘密性。

愤怒的拉塞尔召集了耶鲁同年级中一些重量级人物，组成了一个新的秘密社团。其中包括后来出任陆军部长的阿方索·塔夫脱，阿方索·塔夫脱的儿子就是美国的第27任总统威廉·霍华德·塔夫脱。他们给协会起名为“死神兄弟会”，俗称“骷髅会”。

共济会和骷髅会分别在美国发展出了两个政党：一个是民主党，另一个则是共和党。至此，也逐步演变成两股势力的抗衡，不过最终谁能上台，左右政治的社团力量仍然是世界关注的焦点。

研究“骷髅会”的历史观察家认为：“在美国，任何时候，任何领域，骷髅会都能号召成员去做一切他们认为该做的事情。”

骷髅会有着极其神秘的入会规则，更令人望而生畏的是它的会员名单，从这个骷髅会里走出了3位美国总统、2位最高法院大法官，还有无数美国议员以及内阁高官。经过172年的繁衍生息，从美国白宫、国会、内阁各部、最高法院以至于中央情报局，骷髅会的成员几乎无所不在。当年当美国总统布什与民主党总统候选人约翰·克里激烈地竞争美国总统宝座时，美国人惊讶地发现，尽管这两位总统竞选人来自不同党派，拥有迥异的政见和纲领，但却不约而同地保守着一个惊人的秘密，他们都是骷髅会的成员，克里于1965年入会，布什则在两年后也进入了骷髅会。至此神秘的骷髅会开始浮出水面。

骷髅会每年所吸纳的15名会员也被认为是耶鲁大学最优秀的学生，其中靠自己努力进入“骷髅会”的代表人物是黑石集团的创建者兼CEO史蒂夫·施瓦茨曼，2008年《福布斯》富豪排名第50位。施瓦茨曼并没有显赫的背景，1965年，施瓦茨曼以优异的成绩被耶鲁大学录取，“有幸”加入骷髅会。但大多情况是，“骷髅会”吸收的会员也并不仅仅以学生的表现，而以其家族背景来决定，这是一项重要考虑。会员们日后的事业涉及教育、商界、法律、工业、政府等诸多领域，相当多成员进入情报界工作，特别是美国中央情报局，前总统老布什就曾是中情局局长。

19世纪70年代，骷髅会达成了一个“选员日”的制度：在接近5月底的一个星期四下午，所有三年级学生都聚集到一个后来被称为老学院的地方等候选拔。一名穿黑西服的骷髅会成员从“墓地”出来，一路上一言不发。他默默地走进大三学生聚集的地方，很多大三学生因为紧张而脸色苍白。这个代表往往会假装接近某个人然后突然朝相反的方向转身，拍另一个人的肩膀，高声喊道：“回自己的房间去！”被选中的人会默默走回自己的房间，代表则一直跟在他后面。当四周没人的时候，便向他发出邀请：“骷髅会，接受还是拒绝？”当然，很少有人说“不”。因为公开的选拔制度容易让落选者感到耻辱，“选员日”于1953年在一片谴责声中被废止了。其后协会开始进入自己看中的候选人的宿舍去发出邀请，依然是问：“骷髅会，接受还是拒绝？”被选中的15名新会员会在不久的时候举行一个入会仪式，其过程大致如下：新会员到达“坟墓”门口敲门三下后，门就开了，立即有老会员用头巾蒙住他的头，把他带到“萤火虫房间”。随后新会员被送到迎新会举行的地方——322房。进入房间里，早有一群“骑士”等候，所有人戴着面具，穿着不同服装，各自扮成“恶魔”、“唐·吉诃德”、“教皇”等等，其中教皇一只脚穿着印有字母的白拖鞋，踩在一个石制骷髅头上。新会员一个个地被带进322房间，他们会被要求按照一些指令行事，比如重复念保密誓言，吻教皇的脚，喝下盛在骷髅头里的“血”。最后，新会员被推倒在“唐·吉诃德”面前，喧哗停止。“唐·吉诃德”用剑轻拍新会员的左肩说：“根据我们的命令，我封你为‘雄辩女神的骑士’”。这是整个仪式的高潮，它代表了又一个

“骷髅”的诞生。早期的入会会员还必须在泥浆中赤裸着全身进行摔跤，据说代表的意思是“在旧的世界中死亡”和“在新的世界中重生”。所有入会的会员必须赞同并致力于通过各种手段达到攫取国家权力、制造“世界新秩序”的目的。该会的一个主要宗旨就是协助会员获得权力和财富。

当年学年末，15名新成员按会规要到离纽约市547公里的鹿儿岛小住，这个占地约2000平方公里的小岛是20世纪初由一名骷髅会成员赠与骷髅会的。克里和布什都在大学4年级重访该岛。那时，克里那一届的人正准备奔赴越南战场，克里就在一间破旧的木屋里，借着烛光写他将在骷髅会发表的演说稿。而小布什与他的同伴们则在议论罗伯特·肯尼迪遇刺的新闻。

骷髅会跟美国中情局（CIA）之间有着密切的联系。很多骷髅会成员若找不到更合适的工作，只要向中情局开口，就保证被接纳。美国著名新闻杂志《时代》周刊的两个创始人亨利·卢斯和布里顿·哈登也都是骷髅会成员。在20世纪60年代，由于在中情局和《时代》周刊的骷髅会成员甚众，这两个机构干脆“公开表示愿意录用”骷髅会“小弟弟们”。

许多骷髅会成员在成为中情局探员和美国政府官员后还会回到“坟墓”，跟其他会员讨论涉及高级机密的事务。肯尼迪及约翰逊时代的国家安全顾问麦克乔治·邦迪就是其中一位。20世纪80年代毕业的一名骷髅会成员还回忆说：“在聚会中，让我感到不可思议的是对国家机密的渗透程度……以及大家在‘坟墓’中谈论事情的肆无忌惮性。”“他们谈论当时的外交行动，就是后来导致‘伊朗门’丑闻的那些行动。彼此间的信任程度简直让人吃惊。就好像一旦你过了信任关进了这个组织，大家就可以完全开诚布公地谈论时局。”

170多年来，骷髅会的势力有增无减，而相互提携的传统是骷髅会扩张的一个重要原因。通过这个兄弟会形成的庞大互助网络，给成员一个“通向美国财富和权力核心的捷径”。如果说政、商算是一个国家的实体性权力的话，那么从1880年开始由“骷髅会”会员建立的“美国历史学会”、“美国心理学学会”和“美国经济学学会”，则基本控制了美国国家主导思想的论述。

一旦成为骷髅会的正式会员，也就等于获得了进入美国上层社会的敲门砖和通行证，因为新会员不仅会被传授如何跨进国家权力机构的知识，毕业时还能得到以往历届骷髅会会员的花名册，花名册上的一排排的名字简直就是通往权力和财富之路的登天梯。

由于参加“骷髅会”的基本都是美国的名门望族，其中包括布什家族、庞蒂家族、哈里曼家族、洛德家族、菲尔浦斯家族、洛克菲勒家族、塔夫脱家族、古德伊尔家族、佩恩家族和惠特尼家族等等。所以该会一直鼓励大家尽量内部通婚联姻，一来可以继续维持“蓝血”（即贵族血统）的纯净性，二来可以合力打造“骷髅会王朝”的权力和财富联盟。布什当选总统后，选取了5名骷髅会会员进入内阁，其中包括任证交委主席的威廉·多纳尔德森，他是1953年加入骷髅会的，和小布什总统一样，他也曾宣誓，遵从骷髅会的戒律，保守有关骷髅会的一切秘密。

骷髅会的“伟大之处”在于，它十分形象地概括出了这个号称全球民主典范的美国社会权力核心的典型本质：那些制定美国国家政策和社会游戏规则的人，实际上就是一个具有完全封闭性和封建特权的贵族阶层，一个保守的旧势力捍卫组织，一个具有亚宗教性质的“新骑士团”。解开“骷髅会”的底盖，你会发现，从白宫、国会、各内阁大部、最高法院到中央情报局，权柄的花纹赫然就是“骷髅会”的会徽标志；从金融银行、联邦储备委员会再到洛克菲勒、卡耐基、福特等美国三大基金会，他们的权力已经超越了党派。

洪门

洪门是中国源于明末清初的一个秘密组织。关于洪门的起源有众多版本，其中较为流行的一种说法是康熙清剿福建南少林寺时，天地会总舵主陈近南收留了逃出来的五人蔡德忠、方大洪、马超兴、胡德帝、李式开，这就是所谓的“少林五祖”，令其开设天地会的分支机构，即称为洪门。又有一种说法此五人是反清复明的大将，随史可法抵抗清军兵败后成立的洪门。

另一种说法是洪门就是天地会（又称三点会、三和会、红帮）。致公堂是洪门的一个海外分支机构，他们一致对外称天地会或红帮，对内则称洪门。随着清朝对天地会的镇压，洪门流传到港澳南洋，成为重要的华侨组织。洪门为推翻清王朝的革命作出了巨大的贡献。辛亥革命领导人之一谭人凤在《社团改进会意见书》中写道：“革命（辛亥革命）之成，实种于二百年于前之洪门会党”，“在运动之初，惟洪门兄弟能守秘密。发动之后，亦惟洪门兄弟能听指挥。”“人无论远近，事无论险夷，人人奋勇，个个当先，卒有武昌起义，各省响应，不数月而共和告成，军队之功，实亦洪门兄弟之功。”

1992年7月28日在美国举行第3届世界洪门恳亲大会，经来自世界各地的100多位代表两天讨论，通过总会章程，宣告成立世界洪门总会。首届会长李志鹏，总会设在美国檀香山。

什么叫做洪门？有的说：“洪门就是汉门，因为丧失了中原的土地，所以在“汉”（繁体“漢”）字里要除去‘中土’就成为洪字了。”有的说：“因为明太祖年号洪武，所以拿洪字来起名的。”据洪门秘册所载，洪门真主为朱洪竺，军师为陈近南，大将为万云龙诸人，最初起于福建，以少林寺为主要机关。其初少林寺以武技名于世，清朝康熙皇帝嫉妒他们，命少林寺僧侣远征西域，后来战胜回来了，乃借事端戕害功臣郑君达。又派兵焚毁少林寺，一班寺里的和尚逃出来的不少，其中有个陈近南遂组织天地会，想培植势力来谋复仇，曾派遣他的部下五大将蔡德忠、方大洪、马超兴、胡德帝、李式开等设立支会，这就是所谓“前五祖”。

还有一种说法：“明末崇祯皇帝年间，有山西太平县人殷洪盛，又名洪英，贤明练达，有义气，有侠肠。四方豪杰，都慕名来归。当时称为集贤馆。崇祯皇帝殉国后，清军入关，明朝忠臣史可法在扬州督率军队抵抗清军南下，抵抗不住，史可法为国殉难，殷洪盛又投到明朝将官黄得功那里。后来黄得功又被清兵打败，自刎殉难。殷洪盛率师继续和清兵打仗，不能胜，被清兵击毙，他儿子洪旭，和洪盛的人就到杭州投潞王。哪知潞王降了清，洪旭乃再投奔郑成功。洪盛门人蔡得忠、方大洪、胡德帝、李式开、马超兴等都成了郑成功的部将，继续和清兵激战。当他们在史可法领导下和清兵激战时，被清兵围攻甚急，史可法殉国。他们突围而出，共约今后见到面的时候，应报一‘洪’字为暗号，继续奋斗，有恢复明朝天下的意义。”

孙中山对于洪门也有他的说法，在他所著的《孙文学说》里面有一段记载，原文如下：“洪门者，创设于明朝遗老，起于康熙时代。盖康熙以前，明朝之忠烈士，多欲力图恢复，誓不臣清，舍生赴义，屡起屡蹶，兴虏拼命，然卒不能救明朝之亡。迨至康熙之世，清朝已盛，面明朝之忠烈，变残废殆尽。二三遗老，见大势已去，无可挽回，乃欲以民族主义之根苗，流传后代，故以反清复明的宗旨，结成团体，以待后有起者可藉为资助也。此殆洪门创设之本意。然其事必当极其秘密，乃可防政府之察觉也。夫政府之爪牙为官吏，而官吏之耳目为士绅，故凡所谓士大夫之类，皆所当忌而须严为杜绝者，然后其根株乃能保存，而潜滋暗长于异族专制政府之下。以此条件而立会，将以何道而后可？必也以能全群众心理之事迹，而传民族国家之思想。故洪门之拜会，则以演戏为之，盖此最易动群众之观听也。其传布思想，以不平之心，复仇之事以表之，此最易使士大夫闻而生厌远而避之者也。其固结团体，则以博爱施之，使彼此手足相顾，患难相扶，此最合乎江湖旅客无家游子之需要也。而终乃传以民族主义，以期达其反清复明之目的焉。”

实际上，孙中山不仅是“洪门”这个秘密会社中的一员，而且还是一个领头人物。当时他在和保皇党论战之后，觉得美洲的华侨比檀香山多，预备赴美洲宣传革命。他知道美洲华侨力量的伟大，于是要加入洪门，因此经洪门前辈、他的叔父钟水养介绍，于1903年冬天毅然加入了檀香山致公堂。这天同时拜盟的有60余人。就在国安会馆举行入盟礼节，并由主盟人封孙中山为“洪棍”（洪门称“元帅”为“洪棍”）据传当时加入洪门的会员名册，现保存在檀香山。

从孙中山创建兴中会、加入洪门、创建同盟会到辛亥革命为止，孙中山发动了著名的“十次起义”，在这些起义中，洪门会党发挥了至关重要的作用。纵观孙中山发动的“十次起义”，除了1910年的广州新军起义之外，其余九次起义的基本队伍都依靠洪门会党武装。

孙中山发动“十次起义”受挫之后，为了进一步得到洪门会党的支持，于1911年5月赴美，在旧金山与洪门致公堂大佬黄三德协商，决定将同盟会并入洪门。凡同盟会成员以前未有加入洪门的，一律加入洪门致公堂。

这是孙中山继1903年加入洪门之后的又一重大举措，至此，同盟会亦成为洪门一组织。孙中山既为洪门“洪棍”，则在洪门内部被尊称为“大哥”；洪门组织一般称“山”或“堂”，其中“大陆山”就是由孙中山开立的。

民国成立后，曾经的洪门致公堂想蜕变为政党，“洪门人士之有识者，亦知在民国时代，政治公开，洪门宜将秘密会社之行动，光正磊落组织为政党，方足以收罗人才，应付国变。”

但洪门的这种政治觉悟在孙中山那里碰壁，后者对洪门改组一事反应冷淡。在1912年5月6日的演讲中，孙中山号召洪门“当改其立会之方针，将仇视鞑虏政府之心，化为助我民国政府之力”。而就在这次演讲前后，著名洪门人士黄世仲和许雪秋被同盟会枪杀。孙中山对这两次枪杀持赞同态度。学者孙昉和刘旭华论及，“孙中山对这两个洪门人士毫无宽容之意，后人也就不难理解他当时对洪门的偏见了。”

厘清洪门性质至今仍极为困难。褒扬者将洪门视为促成华人团结互助的社团，贬抑者将之视为黑社会。孙中山淡化与洪门的联系，不能排除避嫌“黑社会”这个因素。有一个值得注意的细节，武昌起义爆发后，美国《纽约时报》马上派记者，调查孙中山与洪门的关系。

多年以后，洪门首脑黄三德在回忆录中认为，孙中山“欲消灭洪门而吸收之，愿意洪门不再成势力也”。从孙中山后来的言辞可以看出他对于洪门的轻视。在一封答复蔡元培等人的信函中，孙中山谈道，“各秘密会党，于共和革命实无大关系，不可混入民国史中，当另编秘密会党史。”但学者刘平提到，“他（指孙中山）在海外成立的兴中会本身就带有强烈的洪门色彩。同盟会与后来的中华革命党也借用了类似躯壳。”

美国洪门致公总堂秘书长陈建平向记者谈道，“洪门对孙中山不是一种永远依靠的力量。他们的结合点是反清，但孙中山不想让洪门做大。辛亥革命成功后，他的政治目标和洪门不一样了。”

之后，孙中山迫于革命形势向洪门筹款，同样遭遇了碰壁。从当时洪门回复孙中山的信函，可见当时对孙的态度已极冷淡且带有嘲讽，“先生衰时则倚庇于洪门，盛时则鄙屑洪门，避之若浼。今盛而复衰，又欲与洪门亲密。先生休矣。”

1916年倒袁后，洪门再次争取立案，已获得黎元洪等要人批准。但洪门在广东建五祖祠的设想被孙中山反对，不肯签名。双方裂痕扩大。孙中山任非常大总统后，曾当面让黄三德通函致公堂，一律改为中华革命党。此举遭到了黄三德的拒绝，双方严重到当面翻脸。这也是孙中山和洪门关系的结束。

在洪门的历届“大哥”名单中，几乎无一不是声名显赫，对中国历史有着重大影响之人物：郑成功、陈近南、顾炎武、刘福通、司徒美堂、孙中山。其中司徒美堂也是个值得一提的大人物。虽然不似孙中山一般出名，但是当我们回顾新中国的历史就会发现，1949年10月1日举办开国大典的天安门城楼上，有一位银须飘动、精神矍铄的八旬老者站立在毛泽东的身边，鲜为人知的是，他竟然是一位“洪门大佬”，名字叫司徒美堂。

1904年，孙中山以“洪门大哥”身份赴美进行革命活动，司徒美堂被孙中山革命理想所打动，决定亲任保卫员之职，洪门组织从此开始从人力、财力等方面支持孙中山的反清革命活动。辛亥革命成功后，孙中山请司徒美堂回国当监印官。但司徒美堂却以“功成身退”和“不会做官”为理由，婉言拒绝。

抗战爆发后，司徒美堂与旅美进步人士共同发起成立纽约华侨抗日救国筹饷总会，发动华侨支援祖国抗战。当时美国唐人街有很多下层华工社团，被称为“堂口”，有各自的地盘。在美国东部，安良堂和协胜堂是两个比较大的堂口，相互之间曾长期堂斗。“九一八事变”爆发后，司徒美堂认为，华侨应该团结一致，共同对敌。他主动向协胜堂检讨自己，并召开了两堂的“和平大会”。从此，两个堂口团结一致，共同发动华侨募捐支持抗日。”抗战八年，纽约“筹饷总局”募捐达1400万美元。这之中，由司徒美堂领导的安良堂捐款最多。

1941年冬，司徒美堂被遴选为国民参政员，从美国返华出席国民参政会。不料他途经香港时，太平洋战争突发，香港沦陷，司徒美堂亦遭软禁。日本特高科头子矢崎了解司徒美堂的底细，派人召他到特务机关去威胁利诱，强迫他出任维持会长，企图利用他出面组织香港帮会，协助日军搞“强化治安”。

当时司徒美堂已届75岁高龄，他对矢崎说：“我已年逾古稀，不想在入土之前背黑锅，那样犹如贞妇白头失守，半生之清苦俱非。所以我决意不当什么维持会长。”

特高科很想杀掉这个倔老头，但碍于香港帮会势力大，不敢贸然下手，只好忍气吞声将他放掉。司徒美堂在洪门弟兄的帮助下，化装冒险潜离香港，偷渡到了大陆。

到达重庆后，蒋介石夫妇对他毕恭毕敬，到访必迎，出则亲自搀扶到门外，并许以国府委员之职。而司徒此时却目睹了国民党腐败和大后方民众困苦，对国民党感到极为失望，于是便拒绝加入国民党并不肯任官职。

1945年3月，“美洲洪门恳亲大会”在纽约举行，决定将洪门致公堂改组成海外华侨政党“中国洪门致公党”，司徒美堂被选为全美总部的主席，成为举足轻重的美洲侨领。会上，他联合美洲各华侨报界发出著名的《十报宣言》，提出结束“国民党的一党专政，还政于民，召开国民代表会议，成立民主政府”的政治主张。

抗战胜利后，司徒美堂过问政治的热情日增，表示要回沪召开五洲洪门恳亲大会。回国前他分别致电中共、民盟和蒋介石，中共和民盟当即复电欢迎，惟蒋不予答复。1946年4月，司徒美堂率众抵沪。6月21日，司徒美堂晤蒋，话不投机，悻悻而去。两天后，他亲赴南京梅园30号拜会中共代表周恩来，旋又参加中共代表和上海民主人士为他举行的欢迎茶会。此后，周恩来代表中共亲自到司徒美堂寓所两次访谈，并邀他到解放区参观。两相对比，使司徒美堂开始疏离国民党而接近共产党。

1948年，他公开声明拥护中国共产党及召开新政治协商会议、组建人民民主政府的主张。翌年1月20日，毛泽东发函，邀请司徒美堂回国参加会议。回国后的司徒美堂，受到了毛泽东、周恩来的热情欢迎。他作为美洲华侨代表，参加了第一届中国人民政治协商会议，当选为全国政协委员、中央人民政府委员兼中央华侨事务委员会委员，并参加了开国大典。

1955年5月8日，司徒美堂因脑溢血在北京与世长辞，享年89岁。5月10日，公祭大会在北京隆重举行。周恩来等国家领导人及首都各界人士700多人出席公祭。灵前摆着毛泽东、朱德、刘少奇、周恩来送的花圈。周恩来亲自主持公祭大会，遗体安葬在八宝山革命公墓。如此隆重的公祭仪式，解放后罕见。而随着这位洪门元老的逝去和孙中山对洪门的刻意避嫌，洪门在国内的影响力也就渐渐的淡出了人们的视野。但是我们都知道，无论历史怎样评说，都抹不去洪门这个秘密会社曾在中国近代史上产生过的影响。

远去的大师

有人说，今天的中国正处在数千年中文化最为缺失的时刻。物质经济飞速发展，金钱与权力的迅速膨胀导致人们所崇拜与追逐的不再是知识与文化。知识分子的话语权在几千年的历史中，从未像今天这样薄弱过。物质崇拜被诸如《小时代》这样的小说与电影表现出来，这无疑是极大的文化悲哀。在今天，在我们所处的时代里，周遭多数是一些丧失思考能力的物质繁衍机器，还有一些沽名钓誉借由学者和文化人身份大肆为自己敛财的毫无社会责任感之众。文化断层，在今天的中国已经日益成为沉重的话题。中国近代文化史上出现过多次断代，对过去的文化精髓的淡忘或无视，已是大多数人的第一反应。我们生活在一个物质几乎可以换取一切的时代中，这是一个没有大师的时代。上层社会并不真正尊重知识分子，仅仅是需要借由他们说出一些该说的话或是为自己的身份做一层好看的镀金而已。而知识分子们自身也并不尊重自己，因为知识与文化并没有为他们带来应有的地位和良好的生活处境，但出卖自己的道德底线和学术坚持却往往会获得更高的地位和更好的生活。时至今日，我们缅怀的大师依然是那些百年前的故人。他们颠沛流离，他们愤世嫉俗，他们不识时务，他们生活窘迫，但是他们所散发出来的人文之光，照亮我们迷惘的前路，让我们知道，人生并不仅仅是一场物质的盛宴而已。

上世纪中期，中国发生了巨大的变化。国家发生了变化，人情发生了变化，事物发生了变化，文化发生了变化。这一年，在中国的文化领域，发生了两件大事：从人文上来讲，很多文化大师都去了台湾；从物质上来讲，故宫的大多数国宝被转移到了海峡对岸。远渡重洋的这些大师们，很多人至今也并没有得到应有的尊敬与公正的评价。比如那个被鲁迅痛骂的梁实秋，他后来对台湾的英文教育影响甚大；而被毛泽东点名批评的钱穆，受到蒋介石的高度礼遇，晚年又被卷入民进党对国民党的政治斗争之中；罗家伦，曾经的清华大学校长，他在台湾曾经努力推广过简体字，最后落寞地成为一个国民党党史研究家；蒋梦麟，当年的北大校长，晚年居然成为了“台湾现代农业之父”，他还坚持推动了台湾的人口节育政策；而上世纪40年代毕业于西南联大哲学心理学系的湖北黄冈人殷海光，在台湾经历了从追随蒋介石到反对蒋介石的巨大转变，最终成为台湾自由知识分子的领袖；还有雷震，1950年他成为蒋介石的智囊，却最终因反对蒋而成为台湾著名的政治迫害案件主角……如今，当我们重新回顾起这些远去的大师们，或许在唏嘘之余能对前路有所思考。

梁实秋

你走，我不送你。你来，无论多大风多大雨，我要去接你。

——梁实秋

梁实秋，以散文、翻译、批评闻名于世。年轻气盛时，他曾与鲁迅等左派作家大打笔战，被冠上资本家的“乏”走狗称号，更被毛泽东点名批判，成为了“资产阶级作家”代表。1949年，新中国成立，梁实秋在百般无奈下偕妻女赴台，虽然躲过了一波波政治运动的侵袭，但从此再也无缘踏上它所深爱的故乡。

梁实秋，1903年1月6日生于北京，籍贯浙江，学名治华，字实秋。1915年考进外交部清华留美预备学校后开始写作，第一篇翻译小说《药商的妻》发表于《清华周刊》增刊第六期；第一篇散文《荷水池畔》1921年发表于《晨报》。

1923年8月，梁实秋自清华学校毕业，赴美留学前，与爱人程季淑定下3年之约，在上海上船前话别，梁实秋竟大哭了一场。在赴美的船上，梁实秋与同船的冰心等人结为好友，只是相较于说自己要去研习文学的冰心，梁实秋则不客气地说，他到美国是要学“文学批评”。在美期间，梁实秋先后于科罗拉多大学英语系、哈佛大学和哥伦比亚大学研究院学习，并与留美学生共同创办大江社，出版社刊《大江季刊》。

1938年12月，梁实秋接任中央日报副刊主编，却让他意外遭遇了相当大的抨击。原因在于，他在一段关于编政的文章中，提及反对抗战八股的空洞文字，表示“有人一下笔就忘不了抗战，我的意见稍微不同”；他表示，虽欢迎抗战有关文字，但与抗战无关的材料，只要真实流畅，也是好的，不必勉强把抗战载搭上去。却因此遭人抨击，认为他展现了资产阶级学者的生活糜烂。

在主编《新月》时期，梁实秋因为与鲁迅等左翼作家论战，与创造社的成仿吾、文学研究会的茅盾、太阳社的钱杏邨、语丝社的韩侍桁，有“全国五大批评家”之称。但一连串的纷争，让他成为左派作家眼中的头号战犯，并被毛泽东点名批判，甚至国民参政会于1940年筹组华北慰劳视察团，延安方面直接由毛泽东点名拒绝梁实秋来访。

在抗战后，梁即表明“无意再作任何评论，惟读书尚知努力耳”。赴台后的梁实秋，着力较多在散文、翻译和英汉字典编纂，对台湾的英文教育影响尤其大，但用来讥讽时政与政治人物的快笔已然封了起来。梁实秋抵台后，先由昔日清大同班同学徐宗涑安排住在家中，随后台湾大同公司总经理林挺生经介绍认识梁实秋后，不但立刻将德惠街一号的日式住宅借给梁实秋一家暂住，并安排梁实秋在大同工业学校授课，解决了温饱问题。日后林挺生主持的协志出版社延续了这份交情，帮梁实秋出版了《英国文学史》这本两百多万字的巨著。

梁实秋的散文以《雅舍小品》为代表，总计出版4辑，收录各种说古道今的长短文，悠闲自由、清新脱俗，建立了梁实秋写作散文的声望。在完成莎翁全集翻译前，《雅舍小品》一直是梁实秋最重要的作品。然而中国迟迟没有沙翁翻译全集，始终是文学界的遗憾，因此在新月时期，最初由胡适倡议，当时的计划是梁实秋、徐志摩、闻一多、陈源和叶公超等5人合译，每人每年译两本，不到5年就可以完工。只是计划刚拟好，徐志摩发生空难英年早逝，闻一多和叶公超无意这项工作，陈源出国，最后只剩下梁实秋一人展开孤军奋战。1967年8月，用尽了梁实秋在退休后的时间与精力，耗费36年的中文版莎翁全集完成，由台湾的远东图书公司出版，梁实秋终于成为中国翻译莎士比亚作品全集的第一人。如此巨大工程由一人独力执行，如无深厚英文与中文底子绝不可能完成。国民党政府举办了个300多人的大宴会为梁实秋庆功，当时的“副总统”严家淦亲自到场致贺。被视为梁实秋门下三大弟子的著名诗人余光中指出，“五四以来，西洋作家的译述，何止数千百家，但译述一位大作家而能竟其全集者，梁实秋先生还是第一人”。

编写英汉字典，是梁实秋的另一项工作，总计梁实秋一生曾主编过20余本字典，成为台湾学生学习英文的重要工具。但他也说，为五斗米折腰是他之所以编字典的原因，并非有什么兴趣，也可看出梁实秋在台湾的生活仅仅小康，算不上手头宽裕，他也曾说，“有一些事，有能力的人不肯做，无能力的人做不好，编字典大概属于此类”。

“铁肩担道义、辣手写文章”是梁实秋极爱的一句诗，前半生作为文学批评家，乃至于时论家，梁实秋无疑用身体履行了如斯理念。只是到了台湾后，梁实秋毅然抛开了宦途与文学批评的路向，将精力贯彻在翻译与散文创作上，其中变革不可说是不大。

强调古典主义的清明，反对浪漫主义的冲动，以及质疑革命文学、普罗文学的局限性，是梁实秋在文学理论上的重要主张，乃至于参与各项论战时的立论依据。他的故去，也因此被台湾文坛视为“一个时代的结束”。

钱穆

我把书都写好放在那里，将来一定有用。

——钱穆

钱穆字宾四，江苏无锡人。1894年7月30日生在江苏省无锡县荡口镇南延祥乡啸傲泾上七房桥之五世同堂家庭，原名钱思嵘，1902年入小学担任教师时，才改名为钱穆，笔名有公沙、忘未学斋主等。

钱穆自幼天资聪颖，有强记不忘的本领，虽然家境贫寒，仍刻学苦读，1901年入私塾，父亲钱承沛即称赞他“前世曾读书来”。1906年，钱承沛因肺病逝世，临终前叮咛他要好好读书。私塾老师期许他能效法文起八代之衰的韩愈，在国学上成大器。

钱穆自小不但爱读书，且口才极佳，7岁就在鸦片馆为客说三国演义，曾为同学讲水浒传。16岁时，受到谭嗣同“仁学”影响，愤而剪去长辫。因辛亥革命爆发，学校解散，无法完成中学学业。18岁，钱穆出任无锡市郊秦家水渠三兼小学校教师，开始发表文章，1918年，由商务书局出版第一本著作《论语文解》。

1949年大陆时局紧张，大批自由派学者随蒋介石迁往台湾，钱穆虽没有赴台，却也因为左派学者对他的攻讦，以及忧心时局，并未留在新中国。钱穆先是拒绝上海、北京等地学校的邀约，又应江南大学荣德生之聘，返回家乡无锡教书；继而应张其昀之约，与不少知识分子经广州南避香港。

避居香江的钱穆未能因此避开政治纷扰，毛泽东在《丢掉幻想准备斗争》一文中，点名批判钱穆、胡适和傅斯年为“帝国主义及其走狗所能控制的极少数人”。

处在战乱时期的英国殖民地，自认是流亡知识分子的钱穆，除在徐复观主持的《民主评论》发表文章外，又与谢幼伟、唐君毅、崔书琴等学者，借用华南中学在九龙伟晴街的课室3间，筹办“亚洲文商夜学院”，招收港、台学生60余人，展开钱穆在香港的办校生涯，实现为中国人办教育的目的。

1950年秋，上海商人王岳峰斥资在九龙深水埔桂林街61～65号购得新楼三楹供作新校舍，占地虽不大，也无图书馆，但亚洲文商从此由夜校改为日校，并更名为“新亚书院”，钱穆出任院长。“新亚”之名，据钱穆所言，希望借提倡“新亚洲”，为在香港的中国人争取稍微光明的未来。钱穆之子女指出，钱穆看到流亡香港的中国人失去精神支柱，希望借由在百年殖民之地上办校，倡导中国文化，让流亡者别忘了要作中国人。

钱穆在香港发扬中国文化，希望设立有别于香港大学英语教学的大学，因此倡议重新组织各个流亡学校，另创新校，这就是香港中文大学。新亚书院也因此成为香港中文大学教务筹设委员会成员之一。

1965年6月，钱穆正式辞去“新亚书院”校长之职，结束在香港16年的办学生涯。当时香港人士多不解，钱穆为何将一手开创的学校奉送中文大学，对于纷扰钱穆淡然以对，只说自己刚好能有时间以学术自娱。

1966年文化大革命，让身在海岛一隅的蒋介石兴起对抗的念头，发动“中华文化复兴运动”。为将台湾建设成国际汉学的中心，蒋介石礼贤下士，力邀散居海外的大师级人物返台，钱穆称许此举是“自辛亥以来最大的一件事”，自己也成为蒋介石极力敦请的对象。除钱穆之外，在美国的林语堂，侨居巴西的张大千，也是指针性人物。

在蒋介石的盛情邀请下，刚发表《四书道贯》，被视为一代儒宗的钱穆决定赴台定居，在台期间，钱穆与蒋介石的关系融洽与否，至今仍众说纷纭。

1949年国民党军队兵败如山倒之际，钱穆是主张蒋介石应下野的人士之一。日后，蒋介石却对钱穆礼遇有加，甚至公开说，或许钱穆等人当时所言，“对国事是有利的”。为表达对钱穆的敬重，蒋介石在面见钱穆时，特别将中山装改为一袭长袍；钱穆对朱熹与王阳明学说的专精，与崇尚王阳明的蒋介石更是一拍即合。

移居台湾之初，钱穆先住进台北市区的“自由之家”，继租居于台北金山街，在蒋介石的高度礼遇下，国民政府拨出位于台北外双溪东吴大学旁的土地，并拨公款建屋，供钱穆夫妇居住。这栋雅致的别墅式两层楼房，正是大名鼎鼎的“素书楼”。故宫博物院特聘他为研究员，不仅让钱穆免于为生活发愁，亦得以遍览四库全书等重要典籍，安心创作。

钱穆在素书楼讲史、谈经、作育英才，老人家一口无锡官话，神采飞扬，从不带课本，客厅为讲堂，正式修课的研究生依惯例坐在钱穆身旁的圆桌，旁听者自行觅座。讲课固定每周一下午4时至6时，但总是提前半小时开讲，延后结束，座无虚席，成为台北重要的文史沙龙。

素书楼讲学期间，钱穆常常烟斗在手。有人在“素书楼”听课，一听就是20多年，前后五六代学子同堂，接受国学大师亲炙。钱穆常以是否常读书训诫子弟，要求后进留意厚积而薄发的道理，不要年轻时轻易发表作品，到了年长学问贯通后才后悔。

好下棋、好抽烟、好甜食，但“好诗而不能诗”的钱穆，在素书楼度过一段平静而丰富的岁月。钱穆晚年多次指出，中国人对中国文化失去信心是中国文化的最大危机，学校教育偏重自然科学，崇洋蔑己，更是中国文化的隐忧。钱穆也说，中国从无帝国主义侵略他国的文化传统，向来强调“不嗜杀人者能一之”，才是真正的世界性和平观。

钱穆也曾为文指出，中国国家的完整与持久统一性，是中国固有传统，改朝换代只是国内政府改组，而非中国人征服中国人。因此未来中国走向和平统一目标，才符合历史传统文化的民族性，不同政治意见都必须在同一个国家的框架下，由中国人来领导中国。

1986年，在蒋经国的邀请下，92岁高龄的钱穆受聘为总统府资政。为表达对钱穆的敬重，蒋经国特委托“总统府”秘书长沈昌焕亲到素书楼致送聘书，一时传为美谈，显示两蒋对一代儒宗的高度尊重。钱穆则说，在他之前从无学者出任资政的前例，他是为知识分子开这个先例。

1986年6月9日是钱氏告别杏坛的“最后一课”，他以“正视历史、胸怀中国”为题，发表告别演说，老学生纷纷回台共襄盛举，曾是新亚书院学生的台大教授逯耀东，曾是北大学生、担任过台湾警政署长的上将孔令晟，担任国民党文工会主任与蒋经国私人秘书的宋楚瑜，都赶赴外双溪素书楼上课，这一堂课冠盖云集，国府行政院长俞国华特赠一幅“鸿儒硕望”镜屏，以示敬意。

1988年，台湾在野人士组成了民进党，成为台湾政坛的一股新势力，打击国民党党国体制、中国文化传统以及各种旧传统的象征，成为在野人士成名的终南快捷方式，陈水扁正是其中的佼佼者。在这一波波的政治批判与清算中，首当其冲的蒋家固然遭遇打击，但毕竟余荫尚在，反对党难有作为；国学大师钱穆却是饱受屈辱与批判，最后抑郁而终。

钱穆虽无大学文凭，却成为当代大儒、史学导师。在96年生命中，历经抗战、流落香江、定居台湾等颠沛流离，却能因为对学术的坚持与狂热，成就令人赞叹的学术著作与成就。一向坚持传统的钱穆，始终给人古板、保守的刻板印象，更让他在老年成为反对者批判目标，以致于在台湾狂飙的年代，遭受政治人物的无情践踏。但他一生全心发扬传统文化，坚持以历史救国、为故国招魂的浪漫色彩，却是后人难以比肩。尤其他在抗战流离之际，冒着生命危险与贫困生活著作的《国史大纲》，成为两岸史学的重要经典文献。钱穆的这份坚持，以及期待后人在“国史”中浸润生命，拓展视野以救国、复国的气度与格局，成为他留给后人的无形遗产。

林语堂

文章可幽默，做事须认真

——林语堂

当今中国人看到“幽默”二字，莫不会心一笑，若对人冠以“幽默”二字，更是一大恭维。实际“幽默”一词存在于中文世界不过80年，首先将humour转化为“幽默”二字带进中国的，即为有“幽默大师”之誉的文学家林语堂，1924年林语堂创造“幽默”一词时，不过30岁。而鲁迅对“幽默”的不满与批判，更让林语堂的形象鲜明。

林语堂于1895年10月10日生于福建省龙溪（漳州）县，原名和乐，读大学时改名玉堂，后又改名语堂。林语堂29岁获博士学位后，随即接任北京大学英语系教授，又兼北京师范大学英语系讲师，并开始以“语堂”之名发表文章。第二年他将英文的humor译为“幽默”，为“幽默”一词出现之始。

1926年，林语堂兼任北平女子师范大学教授及教务长时，与鲁迅密切往来，同为《语丝》杂志写稿。在开明书店编《开明英语读本》时，林语堂也和鲁迅、郁达夫等人共事，从集结早期作品出版的《翦拂集》，即可看到林语堂青年时期革命左倾的一面，他曾积极参加反抗军阀统治的斗争，为此南避厦门大学任教，同时还请鲁迅同到厦大。不过林语堂与鲁迅的关系，却因文艺路线与人生观的不同发生论战，进而演变为几乎互不往来。

1936年，对日抗战前，林语堂举家赴美，原先打算一年期间停留后返回北京，但因避战火，全家长期滞美。旅美期间，林语堂致力写作。在赛珍珠的全力推介下，《生活的艺术》一书大为畅销，使他在西方社会声名大噪。

“七七事变”后，身在异邦的林语堂在《时代周刊》发表了《日本征服不了中国》，强调具有高度士气与团结一致的国家，绝不会被外来势力所征服；并以他的知名度，应中国驻美大使王正廷邀请，以西方知名作家身分，到华盛顿为中国演说，驳斥欧美对中国苦难的忽视，为故国争取权益与国际舆论支持。随战火波及上海，林语堂家中保留的52册辞典创作手稿，毁于日军炮火。但也就是在国家遍地烽火之际，林语堂在美以英文写成《京华烟云》巨作，字里行间尽是他对国家的热爱之情。

1940年在日军猛烈轰炸时，林语堂访问重庆，接受了蒋介石侍从室顾问的职务，以国府官员身分常驻美国。他虽未支薪，但从此与国民党政权的关系日益密切。后来越来越多美国人不能接受蒋介石的专政，使林语堂饱受质疑，无论在中国与美国皆树敌，评价也日渐下滑，甚至传言他遭蒋介石收买。林语堂在字里行间及在演讲时，毫不掩饰他认为是美国背弃了国民党，是美国帮中共战胜了蒋介石。

林语堂夫妇首次赴台时，为表示对林语堂的推崇，蒋介石当天派出何应钦、蒋梦麟、罗家伦和曾虚白等政界、学术界人士数百人接机，另有厦门大学校友会、圣约翰大学同学会与林氏亲友多人，接机场面之热烈曾轰动一时。第二天出刊的报纸形容，林语堂接机是继胡适之后，欢迎学术界人士“归国”情况最热烈的一次。

1965年7月，林语堂夫妇在美国纽约庆祝70双寿，在诗词酬应间透露将离开美国的讯息。1966年，大陆掀起文化大革命，蒋介石发动文化复兴运动，敦促各文学大家、学界大师来台定居，凝聚台湾成为中华文化的中心，终于进一步促成年高72的林语堂下定决心离美来台。仰德大道二段141号新居，是两蒋政府的礼物，由林语堂亲自设计，台湾第一代建筑师王大闳建造完成。

这座白墙蓝瓦的别墅，以中国四合院的架构，结合西班牙的设计，融合成中国与南欧特色、现代感与古典美兼具的建筑。庭院中的游泳池，被林语堂当作鱼池，以"持杆观鱼"的悠闲，增添生活情趣。

1967年，林语堂在台湾发表了《红楼梦》后四十回出于曹雪芹手笔的论述，掀起一场红学大辩论。《红楼梦》在两岸是文坛研究的显学，尤其后四十回是曹雪芹还是高鹗所写，一直是红学研究者感兴趣的课题。林语堂来台之后，在受邀为中央社写的专栏“无所不谈”诸多题目中，也包括许多红学的考据文章，成为当时台湾文坛的研究重心之一。没想到就是这些观点，引发了两波大论战。

1967年5月4日的五四文艺节，林语堂在“中国文艺协会”17周年纪念大会上发表专题演讲，大赞史湘云的书中地位，除当场展示收藏的不同版本外，他并指经过年余研究已发现7点证据，包括曹雪芹亲笔写空中道人中的“道”字，和后四十回的“道”字比较，笔迹相似，以及从情节上推敲，可证实全部红楼梦是曹雪芹的手笔。林语堂还揶揄，胡适因为太过于“小心求证”，以致误认高鹗续书后四十回。

林语堂有次公开表示，在红楼梦中最欣赏干练有为的探春，唯独不爱怀春的妙玉；并直说带发修行的妙玉是“色情狂的小尼姑”，无论对刘姥姥的嫌恶，或是对宝玉的调情，都让人觉得虚伪与无知。他质疑，妙玉蕴藏满肚幽怨，又无法表达，形成了变态心理；对宝玉的另眼看待不但有调情之意，同时因怀春而走火入魔，更显示这个小尼姑耐不住寂寞。这些极端个人化的评论形诸文字，被台湾报刊转载后，争议一波接一波。

1968年10月11日，林语堂在中央日报发表《尼姑思凡英译》，将民族戏曲尼姑思凡译成英文。林语堂表示，“尼姑思凡”代表经典主义以外的中国文学，充满人生味道，处处可见真情流露；历代给士大夫读的诗词文章，只求典赋绮丽，风雅蕴藉，内容却日渐贫乏干枯，实大相径庭。

虽然林语堂是从文学与心理分析的角度，评析民族戏曲的文学技巧，但这种毫无避讳的谈法，触怒台湾的佛教界与卫道人士，引发一场论战与批判。佛教团体不断致函林语堂抗议，质疑“尼姑思凡”含有黄色毒素，以中英对照宣扬广播，是在诋毁佛教，有害社会人心，违反政府提倡道德教育宗旨，要求林语堂为妄言道歉。在风波不了了之后，他还是不改利笔，指“在台湾写文章真不容易”，又说，“无意伤及思凡的尼姑，看见一群和尚起来替尼姑抱不平，不亦快哉”，藉以自嘲。

在文学的创作上，林语堂主张文章须以“清楚通顺”为第一，不要求摩登，不要讲洋化，他认为新的八股和抽象的写作都要不得，文字创作必需口语化才能感人，必需跳出传统“做文章”的错误文学观，避免文藻堆砌，才能发挥“自然国语的力量”；要当作家，必需能够对时代起反应。在林语堂旅居海外的30余年间，不但作品数量惊人且丰富，同时大部分是以英文写作的小说、传记、散文、论著，或中国名著的英译，这也让他成为海外知名度最高的中国文学家之一。 除了《生活的艺术》这本畅销书外，他的三大小说，《京华烟云》、《风声鹤唳》、《朱门》，在美国洛阳纸贵。介绍中国和印度古代经典的《中国印度之智能》更被美国的大学列为教科用书。

1972年10月，耗费5年、厚达1750页的《林语堂当代汉英辞典》出版，林语堂将此视为写作生涯的颠峰之作。1975年，林语堂被选为世界笔会副会长，同年以《京华烟云》获提名为诺贝尔文学奖候选人。

70岁在香港始与林语堂有深交的国学大师钱穆曾撰文提到林语堂的一段小故事。他记忆中抗战时在成都初次与林语堂见面，林语堂就是两指夹着烟卷，一面抽烟，一面谈话，烟卷积灰渐长，林语堂谈话不停，手边附近又没有烟灰缸。钱穆一面看着，一面担心若烟灰掉落，将有损主人地上美丽的地毯。林语堂似乎漫不在意，且直到烟灰已长及全烟卷十分之七的程度，“却依然像一全烟卷，安安停停地留在语堂的两指间”。后来他与林语堂相交久了才了解，“我行我素”只是林语堂的外相，“但语堂另有他内心之拘谨不放松处”，“语堂之幽默，在我认为，尚不专在其仅抽烟卷之一面，乃更有其烟灰不落之一面”。1976年3月23日，林语堂因胃出血送入香港玛丽医院，后因并发肺炎、心脏病突发，于3月26日晚间病逝于香港。4月1日移灵台北，一部圣经伴随，长眠于阳明山故居“有不为斋”后园中，享年82岁。墓碑由挚友国学大师钱穆题字。

林语堂发光发热未局限在中国文坛，他也是集语言学家、哲学家、文学家、旅游家、发明家于一身的知名学者。林语堂用通俗达练的英文，向世界介绍中国人的观点、文化，这是他有功于中华民族之处。美国总统老布什于1989年在美国国会为中国政策作证时说，林语堂作品反映中国文化的观点，至今影响美国政府。

上承五四的新文化之风，下开中西沟通之门户，林语堂的一生成就，反映中国面对西方文化冲击，在文化、历史、社会、生活上的各种歧异、扭曲与自得，彷佛中西合璧，又彷佛负隅抵抗，形同复杂的矛盾与丛集。但林语堂的独到之处，在于乐于享受矛盾，戳破矛盾，与中西矛盾共生，在小处作大文章，使他成为中国文坛上最难形容与归类的大师典范。

林语堂为文人下的定义，也很难让人忽略。他主张，“作文人而不准备作文妓，就只有一途：就是带点丈夫气，说自己胸中的话，不要取媚于世，这样身份自会高点。要有胆量，独抒己见，不随波逐流，就是文人的身份。所言是真知灼见的话，所见是高人一等之理，所写是优美动人之文，独来独往，存真保诚，有骨气，有识见，有操守，这样的文人是做得的”。

“酒店关门时，我就走”，林语堂生前十分欣赏英国首相丘吉尔这句话，他认为，人生在世好比在小酒店独酌，但是酒店总要关门。他曾说，“生命的目的就是要享受人生”；人“终必一死，终于会像烛火般熄灭”，不过更重要的是，人“虽然知道生命有限，仍能决心明智地、诚实地生活”。这就是林语堂式的豁达。

国之庆典
——温故国家回忆

“国庆”一词，本指国家喜庆之事，最早见于西晋。西晋的文学家陆机在《五等诸侯论》一文中就曾有“国庆独飨其利，主忧莫与其害”的记载。在封建时代，国家喜庆的大事，莫大过于帝王的登基、诞辰等。因而在古代把皇帝即位、诞辰称为“国庆”。到了今天，则称国家建立的纪念日为国庆。国庆纪念日是近代民族国家的一种特征，是伴随着近代民族国家的出现而出现的，并且变得尤为重要。它成为一个独立国家的标志，反映着这个国家的国体和政体。国庆这种特殊纪念方式一旦成为新的、全民性的节日形式，便承载了反映这个国家、民族的凝聚力的功能。同时国庆日上的大规模庆典活动，也是政府动员与号召力的具体体现。时至今日，当我们失望的发现，国庆节这个严肃的纪念日已成为大部分国人心中悠长假期的代名词，我想我们有必要在进行深刻反省的同时，真正认识到：世界各国的国庆日皆是国家记忆的浓缩体现，是提醒各国人民热爱自己国家，并尊重其他国家的标志所在。在对历史的纵向回望中，由来，这或许能让我们对每一个国家的独立存在，每一个民族的存在，更让我们找到这属于国之庆典的荣耀与喜悦；而在对历史的横向回顾中，历数各国国庆日之由来，这或许能让我们对每一个国家的独立存在，每一个民族的存在，更加抱有敬畏之心。

10月1日：新中国成立纪念日

1949年12月3日，中央人民政府委员会第四次会议接受全国政协的建议，通过了《关于中华人民共和国国庆日的决议》，决定每年10月1日，即中华人民共和国宣告成立的伟大日子，为中华人民共和国国庆日。这里应该说明一点，在许多人的印象中，1949年的10月1日在北京天安门广场举行了有数十万军民参加的中华人民共和国开国大典。其实，人们头脑中的这一印象并不准确。因为，1949年10月1日在天安门广场举行的典礼是中华人民共和国中央人民政府成立盛典，而不是开国大典。

实际上，中华人民共和国的“开国”，也就是说中华人民共和国的成立，早在当年10月1日之前一个星期就已经宣布过了。当时也不叫“开国大典”，而是称作“开国盛典”。时间是1949年9月21日。这一天，中国人民政治协商会议筹备委员会主任毛泽东在政协第一届会议上所致的开幕词中就已经宣告了新中国的诞生。

那么国庆为什么在10月1日呢？在中国人民政治协商会议第一届全国委员会第一次会议上，许广平发言说：“马叙伦委员请假不能来，他托我来说，中华人民共和国的成立，应有国庆日，所以希望本会决定把10月1日定为国庆日。”毛泽东说：“我们应作一提议，向政府建议，由政府决定。”1949年10月2日，中央人民政府通过《关于中华人民共和国国庆日的决议》，规定每年10月1日为国庆日，并以这一天作为宣告中华人民共和国成立的日子。从此，每年的10月1日就成为了中国的国庆节。

1949年10月1日下午3时，北京30万人在天安门广场隆重举行典礼，庆祝中华人民共和国中央人民政府成立。毛泽东庄严宣告中华人民共和国中央人民政府成立，并亲自升起了第一面五星红旗。毛泽东宣读了《中华人民共和国中央人民政府公告》：“中华人民共和国中央人民政府为代表中华人民共和国全国人民唯一合法政府。凡愿遵守平等、互利及互相尊重领土主权等项原则的任何外国政府，本政府均愿与之建立外交关系。”随即举行阅兵式和群众游行。朱德总司令检阅了海陆空军，并宣布《中国人民解放军总部命令》，命令中国人民解放军迅速肃清国民党一切残余武装，解放一切尚未解放的国土。同日，北京新华广播电台在天安门广场进行中华人民共和国开国大典实况广播。这是中国人民广播史上第一次大规模的实况广播，全国各地人民广播电台同时联播。

1949年10月1日中华人民共和国成立后，国庆的庆祝形式曾几经变化。在新中国成立初期（1950—1959年），每年的国庆都举行大型庆典活动，同时举行阅兵。1960年9月，中共中央、国务院本着勤俭建国的方针，决定改革国庆制度。此后，自1960年至1970年，每年的国庆均在天安门前举行盛大的集会和群众游行活动，但未举行阅兵。1999年10月1日，国庆50周年，在天安门广场举行了阅兵和群众庆祝游行。这是中华人民共和国在20世纪举行的最后一次盛大国庆庆典。

7月4日：美国独立纪念日

美国国庆节的正规叫法是“独立纪念日”，它是美国的主要法定节日之一，日期为7月4日，以纪念1776年7月4日大陆会议通过《独立宣言》。它标志着英国在北美的殖民地和英国正式分家，走向独立建国的道路，而《独立宣言》就是一份阐述分家理由的说明书。

《独立宣言》由托马斯·杰佛逊起草，1776年7月4日由大陆会议主席约翰·汉寇克签字生效。《独立宣言》提出了一切人生而平等，具有追求幸福与自由的天赋权利，政府的权力来自人民；历数了英国对北美13州进行殖民统治的罪行，最后庄严宣告美利坚合众国脱离英国而独立。它标志着英国在北美的殖民地和英国正式分家，走向独立建国的道路。

《独立宣言》的发表，不仅表明北美殖民地人民与宗主国英国公开决裂的决心和意志，而且也揭示了一种政治信念，即一切人生而平等，具有追求幸福与自由的天赋权利。这种政治信念导致了美国革命的爆发，而美国革命的实践也为后来的欧洲革命以及亚非拉的革命运动树立了光辉榜样。其实，美国的独立运动的性质和二战后非殖民地化过程中诞生的一大批新兴国家的民族独立运动多少还是有区别的。如果说后者属于“国家要独立，民族要解放，人民要革命”的范畴，美国革命则是北美殖民地与英国闹分家。在性质上，和南北战争差不多，一方想分，一方不要分，就打起来了。只不过，美国革命的结果是要分家的一方打赢了，就有了美国独立建国这一“世界史上的伟大事件”。南北战争的结果是要分家的南方被打败了，南方不但无法实践《独立宣言》倡导的政治信念，反而成为分裂国家的反面教材。假如南方打赢了，那就是又一个伟大的国家出现在西方的地平线上了。

美国独立建国运动在本质上是与大英帝国闹分家，而不是本土的印第安人赶走入侵的欧洲人而重建自己国家，这就是它与其他国家的民族独立运动的区别。我们不妨简单回顾一下历史。近代世界历史是一部以欧洲国家唱主角的历史。500多年前，经历了文艺复兴和宗教改革的西欧国家基本上完成了组建民族国家的历史任务，并开始从偏居一隅的大西洋沿岸向全世界扩张。其对外扩张的动力是所谓的3G（God，Gold，Glory），即上帝、黄金和荣誉。随着启蒙运动思潮传入北美，殖民地人民就再也不像以前那样对大英帝国的欺压逆来顺受了。英国统治者为了补充因战争费用沉重而捉襟见肘的国库，一再增加殖民地的赋税。面对英国政府的政治高压和沉重赋税，北美人民组织起来，首先同英国人展开抗税斗争。在整个18世纪60年代和70年代之间，英国和北美殖民地之间的关系变得日益紧张。当1773年12月16日“波士顿倾茶事件”发生后，英国议会在1774年先后通过了“不可容忍的法案”，采取高压性措施，不但封锁波士顿港，还动武，这下彻底激怒了北美人民。为了对付英国强大的武力镇压，北美13个殖民地决定联合行动。

1774年，各地代表聚到一起开了个会，史称第一次大陆会议。会议提出一个划时代的口号就是“我们都是美国人”。1775年4月，在莱克星顿打响了第一枪，这标志着美国革命战争的开始。最初，许多北美人民并非真的想跟大英帝国分家，但是，北美的启蒙主义思想家托马斯佩恩的小册子《常识》非常及时地指出了分家的必要性，使人们相信对于殖民地来说，分出来另立门户是唯一的出路。

要分家，总的有个理由吧？第二次大陆会议责成一个5人小组，负责起草大会宣言。负责执笔的就是来自佛吉尼亚的托马斯·杰佛逊，此人是多才多艺的启蒙主义思想家。这份宣言写好后，于7月1日拿到大会上进行讨论。经过几天的激烈辩论，大会宣言于7月4日下午在费城栗树街（Chestnut Street）的独立宫（Independence Hall）内进行投票表决，13个殖民地中有9个赞成独立，宾西法尼亚和南卡莱罗纳反对独立，达拉维尔尚未决定，纽约弃权。因此，大会宣言获得通过，这就是著名的《独立宣言》。在这份重要的历史文件上签字的共有56名各界人士。

《独立宣言》在历数了英国统治者在美洲大陆倒行逆施的罪

行后，庄严宣告美利坚合众国脱离英国而独立。“我们，在大陆会议下集会的美利坚合众国代表，以各殖民地善良人民的名义，非经他们授权，向全世界最崇高的正义呼吁，说明我们的严正意向，同时郑重宣布：这些联合一致的殖民地从此是自由和独立的国家，并且按其权利也必须是自由和独立的国家，它们取消一切对英国王室效忠的义务，它们和大不列颠国家之间的一切政治关系从此全部断绝，而且必须断绝。”《独立宣言》的发表，极大的鼓舞了长期遭受英国压迫的北美殖民地人民。人们纷纷走上街头，用各种方式表达心中的喜悦。从此，通过《独立宣言》的这一天就成为美国人民永远纪念的节日，被定为美国独立日。

然而，“批判的武器不能代替武器的批判”。虽然《独立宣言》发表了，要独立的理由也算说清楚了，但是，真正的独立绝非由一纸宣言所能实现。最终使美国真正实现独立的仍然是枪杆子。英国政府听说北美殖民地想分家，要独立，当然不干。这不是反了吗？派军队给我镇压。最后的结果还是枪杆子说了算。在华盛顿的领导下，美国民兵和刚刚组建的大陆军经过8年苦战，最终打败英国军队，才使独立成为现实。1783年，《巴黎条约》签定，英国被迫承认美国独立。由13个殖民地和英国分家后组建的美利坚合众国，早已今非昔比。当每年7月4日看到美国各地不同形式的庆祝活动，我们都会不由自主地想起这段历史，也希望这份常常被曲解和利用的《独立宣言》，能真正体现其中不辩自明的真理。

7月14日：法国国庆日

7月14日是法国国庆日。1789年的这一天巴黎人民攻占了象征封建统治的巴士底狱，推翻了君主政权。1880年7月14日被正式确立为法国的国庆日，法国人每年都要隆重纪念这个象征自由和革命的日子。

人们通常认为，法国国庆日的正式确定是1789年，其实不然。虽然为纪念巴黎人民攻克巴士底狱这一光辉的日子，曾一度将1789年的7月14日作为国庆日。但1814年封建王朝复辟后，宣布7月14日为“国耻日”和“杀人犯的节日”。1870年，共和国恢复，1879年，共和党人成立了政府，议会由凡尔赛迁到了巴黎。翌年6月，法国议会正式通过法令，将1880年7月14日定为法国的国庆节，直至今日。

1789年7月初，法国社会陷入剧烈动荡之中。以手工业者和商人为代表的平民阶层的不满情绪导致巴黎暴动频繁。长期以来，议员们和国王路易十六矛盾非常尖锐，国家制度机构极不稳定。路易十六国王罢免财政总监雅克·内克尔的举动导致局势进一步恶化。内克尔深受人民爱戴，因为他推行了两项利民政策：买卖与出租土地自由化、取消预审中的酷刑。1789年7月14日清晨，手工业者和商人强攻军火库——荣军院（现已成为军事博物馆），以便获得武器。暴动者抢走了28000支火枪，但是缺少弹药。于是他们又冲向古老的巴士底城堡，因为他们认为那里藏有弹药。巴士底城堡的100多名看守中不仅有法国人还有30多名瑞士人。面对暴动民众的攻击，看守们一开始还能够抵抗，但两支来增援的皇家卫队却使情况发生了变化。尽管皇家卫队蔑视革命的动机，但他们却帮助暴动平民攻占了巴士底狱。关押在巴士底狱的囚犯获得了自由，法国看守们被处决，瑞士看守们则得以幸免，因为他们把外衣翻过来穿，假扮成犯人混了过去。法语中的表达方式“把外衣反着穿”（tourner saveste）就来自这一事件，意思是“倒戈”。

当天晚上，人们拆毁了巴士底城堡，拆下来的墙砖被当作纪念品分发给大家。尽管7月14日总是离不开历史上这一插曲，但这一天仍然是庆祝“联盟”的节日，首次庆祝活动于1790年在战神广场举行，现在艾菲尔铁塔就坐落于此。7月14日被命名为“联盟节”，就是为了纪念乡村、城市和外省联盟运动所取得的胜利，这一运动于1789年10月由布列塔尼地区的城镇发起。根据当时巴黎市长Bailly的建议，各个联盟汇聚到巴黎，决定成立一个“国家联盟”，于是法国从1790年起，每年举行7月14日庆祝活动。此后，这一庆祝活动曾一度中断，直到1880年7月6日法案将7月14日定为法兰西共和国国庆日。7月14日的庆祝活动历来热闹非凡，法国各地都举行舞会，把街道装饰得灯火通明，并且施放焰火。当然还有香榭丽舍大街上传统的盛大军队游行。游行的总指挥由共和国总统担任，全体政府官员均出席活动，之后会在总统官邸爱丽舍宫的花园里举行招待会。

9月3日：圣马力诺国庆节

历史上最悠久的国庆节是圣马力诺的国庆节。远在公元301年，圣马力诺就把9月3日定为自己的国庆节，至今已有很长的历史。有趣的是，圣马力诺这个拥有着最悠久历史国庆节的国家，却也是世界上最小的国家之一。

相传公元3世纪下半叶，马力诺居住在今南斯拉夫达尔马提亚群岛的阿尔贝岛上，他是一名石匠，靠采集石头为生，由于他宣传基督教，反对当时的封建统治，受到封建主的迫害。为了免遭不幸，他驾船离开故乡，跨越亚得里亚海，来到蒂塔诺山，居住在悬崖的山洞里，继续依靠采石为生，向异教徒宣传基督教，并禁食祈祷，为人们消灾除祸，被人们奉为圣徒。后来，他接纳了一批又一批为躲避封建主和宗教裁判所迫害而逃到这里的人，逐渐形成一个“石匠公社”。后来，“石匠公社”宣告成立共和国，马力诺被视为国家的创始人。人们为了纪念他，将这个国家定名为圣马力诺共和国，并把马力诺最早定居下来、后来形成的城市定为这个国家的首都，也命名为圣马力诺市。

圣马力诺宣称是世界上现存的最古老的国家。虽然是一个主权国家，但圣马力诺在各个方面仍旧依赖意大利。从19世纪意大利统一时起，圣马力诺被意大利完全包围起来。加里波底1860年代统一意大利时曾在圣马力诺躲避敌人。在这里，他从圣马力诺公民和其领袖那里获得了金钱和补给以继续他统一意大利的战役。作为回报，加里波底保证圣马力诺可以始终保持为一个独立主权的国家。1862年起，圣马力诺与意大利签署了友好条约。圣马力诺在第一次大战期间保持中立，第二次大战期间被纳粹德国侵占，1944年6月26日，英国空军连续4次对圣马力诺进行了“无差别轰炸”，60名平民遇难，100余人受伤。这彻底激怒了圣马力诺政府，为了表达对世界大战的愤慨，7月5日，圣马力诺外交部长宣布，同时向同盟国和轴心国宣战。8月10日，纳粹德国国防军第278国民掷弹兵师在哈里·霍珀中将指挥下突袭圣马力诺，面对众多的纳粹德军，弱小的圣马力诺不得不放弃了抵抗。9月19日，英军第4步兵师进入了圣马力诺，英军与德军在蒂塔诺山下的大博尔果镇展开激战。战斗大约进行了40分钟，德军渐渐败下阵来，最终在留下19具尸体和40余名伤员后撤离了圣马力诺。随着德军的撤退，圣马力诺开始了为期2个月的英国占领期。11月，圣马力诺政府与英国签署了和平协定，英军随即便撤出圣马力诺。战后1945年至1957年由共产党、社会党联合执政。1957年天主教民主党在共产党持不同政见者的帮助下获得执政权。1978年，由共产党领导的联盟再一次取得了政权。1988年7月，圣马力诺组成新政府，由天主教民主党和共产党联合执政。1993年5月，圣马力诺大选后，圣马力诺政府由天主教民主党和社会党共同执政。

6月12日：俄罗斯国庆日

1990年6月12日，俄罗斯联邦最高苏维埃通过并发表了主权宣言，宣布俄罗斯脱离苏联，主权独立。这一天被定为俄罗斯的国庆节。俄罗斯政府将这一天定为公休日，俄罗斯全民公休一天。不过，俄罗斯人在这一天并不举行什么特别的庆祝活动。官方的活动一般是在克里姆林宫向各行业的优秀人才颁发国家奖，晚上在红场举办节日音乐会。城市临街的商铺一般都会悬挂上俄罗斯国旗，而有一些社会组织会到街头分发一些红白蓝，也就是国旗的三种颜色组成的彩带，人们一般也会把这些彩带系在汽车的后视镜上。

有意思的是，许多俄罗斯人并不清楚“俄罗斯日”。“你知道6月12日是什么日子吗？”“俄罗斯第一位总统的纪念日吧。”“俄罗斯的独立日？”“不是什么特殊的日子？”这是俄罗斯民调机构列瓦达中心就“俄罗斯日”所做的调查。据调查结果显示，只有40%的俄民众知道6月12日是“俄罗斯日”。而36%的受访者认为，这一天是“俄罗斯独立日”，5%的人认为这天是《独立宣言》的周年纪念日，还有2%的民众以为是纪念俄联邦第一任总统叶利钦。此外，有11%的受访者根本不知道“俄罗斯日”是为了庆祝什么，6%的人则不把这一天当作节日。

“俄罗斯日”的起源要追溯到1990年6月12日，当天俄罗斯联邦举行第一次人民代表大会，发表《俄罗斯联邦国家主权宣言》，宣布俄罗斯独立。一年后，叶利钦当选首任俄联邦总统，将6月12日定为非工作日。1992年6月12日被正式命名为“俄罗斯国家主权宣言日”。1994年，叶利钦颁布总统令赋予其国家法定节日地位，更名为“独立日”，它与1992年12月12日“俄联邦宪法日”一起，被并列为俄罗斯国庆日。2002年2月1日，修订后的《俄联邦劳动法》生效，6月12日被更名为“俄罗斯日”，并作为国家法定节日—国庆日，由俄联邦中央和各地官方共同庆祝。

据俄罗斯《消息报》报道，“俄罗斯日”在俄罗斯有很大的争议。一些俄罗斯人认为，“俄罗斯日”应该是争取民族独立的解放战争胜利日，因此，5月9日才是俄罗斯真正的独立日，因为1945年的这一天，德国法西斯宣布无条件投降。还有人认为1990年和1991年6月12日发生的事件实质上导致了苏联的解体，应当是“民族耻辱日”。以俄罗斯共产党为代表的左翼力量就是这种观点的支持者，他们认为，“俄罗斯日”纪念的是苏联的解体，对于俄罗斯人来说，这个日子并不光荣。俄罗斯国家杜马俄共党团议员斯莫林说：“对我而言，这一天不是节日，而是悲痛的日子。”梅德韦杰夫就曾经坦承，民众之所以对这一节日还没有普遍接受，主要是因为这个节日比国家还要年轻。不过，他也希望俄罗斯人能够通过这一节日，再一次回顾历史，从而更深刻地认识到自己对国家未来的责任。

6月的某一天：英国国庆日

英国的国庆日，随国王的生日变换。说起英国人，有很多十分扎眼的特点。比如冷酷、淡漠、少数极度狂热、矛盾、以及对血统重视到无以复加的地步。你从英国作为一个历史相对悠久的国家至今没有一个确定的国庆日就能感受到这些特点。其实英国还是有一个所谓国庆日的。但是和其他国家的国庆，尤其是和中国国庆相比，简直可以说那不是一个国家的节日，而是一个人的生日。那个人就是英女王伊丽莎白二世。

英文的“英国国庆日”官方说法是“Birth day of Her Majesty Queen Elizabeth”。本来英女王的生日是在4月21日，但是离谱的是，英国人认为四月份英国的天气很不好，就毫无历史意义或科学根据地将那个日子推后两个月。更随意的是，英国人也不要非得21号，而定为六月的第二个星期六。结果英国人将每年六月的第二个星期六定为“女王官方诞辰日”，令人匪夷所思。

女王父亲乔治六世在位时，也是在6月为他过生日，尽管他实际生日是12月14日，此前两位国王乔治五世和爱德华八世恰好都在6月出生，才能在实际生日中领受举国臣民的共同贺寿。

和美国的独立日比起来，英国国庆不免有王室“一己之私”的意味，加之还有不少人呼吁取消君主制，所以英国的国庆自然低调得多，不像美国那么隆重铺张。女王贺寿活动中很重要的一项是：为国内外名流封爵授勋。受嘉奖者名单分别由政府和王室拟定，并在女王的官方生日公布。直到2007年，两名英国高级官员才提议确定“英国国庆日”，以加强英国公民“归属感”，并为国民争取多一天假日。因为按照原来惯例的所谓英国国庆日被定在星期六，而英国人又不善于搞串休，所以国庆日相当于非假日。伯恩说，“英国社区面临相互排斥的危险，必须更加强调他们之间的共同点。”这就是他们认为有必要设立一个“英国国庆日”的原因。

咨询公司益普索集团2000年一份民意调查结果显示，很少有威尔士人和苏格兰人认为自己是英国人。就算在英格兰地区，只有一半人认为自己首先是英国人，然后才是英格兰人。就连现任英国首相戈登·布朗也曾在“费边杜协会”讲话时说，英国缺乏一个日子来庆祝“我们是谁，我们支持什么。”此提议一出，英国人开始纷纷活动起来。具体将“英国国庆日（Britain Day）”定在哪天成了一个需要探讨的问题。据英国BBC电视台所作的一次民意调查显示，公元1215年签署《大宪章》（Magna Carta）的纪念日6月15日为英国国庆日的首选，得到的支持率达27%；其次是二次大战欧洲战场胜利日（Victory in Europe Day，5月8日），支持率达21%。1215年6月15日，英国贵族逼迫专制的英王约翰签订“大宪章”，限制王权，确定了法律至上和王权有限的英国宪法精神。这来自中世纪的日子超过二战胜利日，无疑是个令人惊讶的选择，说明英国人把国庆日作是一个宪法的，而不是军事的日子。不过，有历史学家担心，“大宪章”签署日的源头是英格兰，不是整个英王国，因此需要得到苏格兰人的认可。很显然，没有一个国家在确定国庆日时比英国显得尴尬。因为这事儿拖的时间太长了。

谁在收藏中国

2012年11月4日，伦敦苏富比拍卖行于当地时间14时举行了一场中国瓷器及工艺品拍卖会。拍卖会共推出261件珍品，其中乾隆玉玺“八徵耄念之宝”是其中最珍贵的一件拍品，起拍价达60万英镑。在拍卖结束后，伦敦苏富比拍卖行的新闻发言人西蒙瓦伦接受了采访，西蒙瓦伦确认“八徵耄念之宝”已经在拍卖开始后的3小时内，以3569250英镑的价格被拍出，折合人民币约4000万元左右。在被问及买家是谁的时候，他表示无法透露。但是从他的介绍中，我们得知，此次共拍卖了261件中国瓷器、玉器、手工艺品等文物，一共有153件拍品成功拍出，108件拍品流拍，整个拍卖持续了近7个小时，所有拍品总计收入为8269400英镑，折合人民币接近1亿。

这枚起拍价60万英镑的玉玺是乾隆在位55年为庆祝其80寿辰制作的，在乾隆玉玺中算是比较大的一枚。印文在许多重要清朝宫廷藏品中，比如北京故宫博物院收藏的《秋山暮霭图卷》，上海博物馆收藏的《柳鸭芦雁图卷》上，都印有这枚“八徵耄念之宝”。

在得知伦敦苏富比拍卖行要拍卖这枚玉玺后，几乎所有的媒体都给予了头条关注，中国文物海外流失这个不算新鲜的话题又被再次关注了起来。再加之近日来的钓鱼岛等事件激发的强烈民族意识，这颗高价拍出的玉玺再次被赋予了过多的情绪与争议。有民众甚至呼吁：全中国人一人拿出一百元，拍回所有海外流失文物，但这显然如同“买岛”一样，不过是个笑谈罢了。在讨论该“买回”还是“索回”之前，或许我们应该先梳理一下，这些海外遗珍究竟在历史的浪潮下被冲向了何处，又究竟是谁，在收藏着散落于过往的中国。

沧海遗珠

中国文物流失海外的数量究竟有多少？这恐怕是一个谁也无法准确回答的问题。但是说到文物流失的起源，恐怕有很多人都会归结于八国联军对于圆明园的破坏与掠夺。毕竟这座园林，是历经几代帝王的构建，无数工匠的智慧，以及无以计数的财富堆砌而成的艺术杰作；也曾是集合了我国大量顶级珍宝、图书和艺术品的“大型皇家博物馆”。但在1860年英法联军的疯狂洗劫之下，文物散失殆尽，而在随后英军的无情焚毁之下，园内的建筑也毁于一旦。当整个西洋园林在1760年完工时，乾隆为其举办了一场盛大的落成典礼。那时，这座园林乃至整个王朝都处在全盛时期。50岁的乾隆绝不会想到，仅仅100年后，眼前的繁华、帝国的盛世都会毁于一旦，他也不会想到，眼前这富饶强盛的国家，到了最后会连他最为心爱的《女史箴图》唐代摹本和象征帝王威严的玉玺也保不住。

“1860年，两个强盗闯入圆明园，两个强盗把大肆掠夺圆明园的所得对半分赃。在历史面前，一个强盗叫不列颠，另一个强盗叫法兰西。”引用法国作家雨果的话来描述这次国宝大劫难可以说是贴切至极。收藏有最多中国文物的博物馆，就分属于这两个历史上的强盗。英国各大博物馆、图书馆共收藏中国历代文物约130万件，大多数是在近代殖民主义时期被侵略者从中国非法劫掠流落海外。其中，大英博物馆收藏中国书画、古籍、玉器、陶器、瓷器、青铜器、雕刻品等珍稀国宝有3万余件，流失海外的中国古代绘画精品几乎都在馆中。这些文物珍品涵盖了近7000年中国历史，其中许多都是从未面世的孤品。如：为历代宫廷收藏珍品的东晋顾恺之的《女史箴图》唐代摹本、初唐宗室李孝斌之子左武卫大将军李思训的《青绿山水图》、宋初江南画派代表人物巨然的《茂林迭嶂图》、北宋三大家之一的陕西画家范宽的《携琴访友图》、号称龙眠居士的安徽人李公麟的《华岩变相图》、宋大文豪苏轼的《墨竹图》。此外，还有商代青铜双羊尊、西周康侯青铜簋、邢侯簋、敦煌壁画、汉代玉雕驭龙、唐代黄玉坐犬等，这些也都成为了该馆的镇馆之宝。

法国各博物馆、图书馆则收藏着中国历代文物约260万件，这些文物均是在近代殖民主义时期从中国非法掠夺所得。卢浮宫博物馆羁留中国文物达3万件以上，其中原始社会的彩陶器、商周青铜器、瓷器的收藏量达6千多件。其分馆吉美博物馆还收藏中国文物数万件，占该馆馆藏文物总数一半以上。其中历代陶瓷器1.2万件，居海外博物馆中国陶瓷收藏之首。此外，巴黎等市立博物馆的中国文物收藏数量均与卢浮宫不相上下。法国国立图书馆收藏敦煌文物达1万多件，包括北魏的绢写本、隋朝的金写本、唐代的丝绣本、唐代金书、明万历刻本、大清万年地图、圆明园的40景诗绢本等。其中敦煌书画的三种唐拓本均为孤品、稀世珍宝。

当然，若我们谈及强盗，还有不可遗忘的曾经对中国发动过侵略战争的日本。日本拥有1000余座大小博物馆，共收藏中国历代文物近200万件之多，绝大多数均为八国联军入侵北京和日本侵华战争期间，被日本侵略军劫掠出境。仅东京国立博物馆一家，就藏有中国历代文物珍品9万余件。其中珍品、孤品不计其数，远远超过中国国内的普通博物馆，如南宋著名画家马远的《寒江独钓图》，至今仍羁留其中；此外，分别存放于日本不同博物馆的王羲之《妹至帖》、《定武兰亭序》、《十七帖》、《集王圣教序》，还有前梁时代的《李柏尺牍稿》，也都是难得一见的稀世文物珍品。据政府统计，自1931年到1945年抗日战争结束，被日本掠夺的文化财产共1879箱，破坏的古迹达到741处，被抢中国文物多得无法估计，仅战后日本方面自己统计的数字就有360万件。

如果说还有什么痕迹能够证实那座皇家园林的存在，就是散落在圆明园东北面一条狭长地块中的少许欧式建筑的残垣断壁了。这里曾是乾隆为了彰显大清天朝大国的国力，而建造的一处西洋园林，面积仅占圆明园的2%。但由于其建筑外部多使用石材，才能在战火和洗劫中幸存下来，成为后世想象圆明园当年繁华的基础。所谓故宫禾黍，人世沧桑，也不过是如此了。在这般“看他起高楼，看他楼塌了”的唏嘘中，见证者也不过是那些散落于世界各国的文物罢了。

跟着皇帝干

如今流失海外的中国文物除了以祖传和古时文化交流、商业活动等合法方式出境外，战争劫掠、以考古为名的掠夺、盗墓等了成为文物流失的主要方式。而领头监守自盗的，正是末代皇帝溥仪。

民国初年，贪恋奢华的末代皇帝溥仪监守自盗，把6大箱共计1200余件书画精品运出紫禁城，后经变卖、哄抢，绝大部分流失海外。其中，昭仁殿中绝大部分珍贵的宋元珍本都已流失。

无知、蛮横的盗墓也让国宝成批失散。1928年，为了购置军火，清东陵乾陵和慈禧太后陵寝遭到军阀孙殿英的野蛮挖掘，墓中国宝洗劫一空，绝大部分文物不知去向，损失无法估量。

20世纪初期，英籍探险家斯坦因从王道士手中骗取了1万件文物。“斯坦因之后得意地表示，弄到这样一大批文物总共才花了大英博物馆130英镑，而这只是当时买一件梵文贝叶手稿和一点古旧物品的价格。”这些文献中包括现今所知最古老的、刻于公元868年的木刻本《金刚经》。之后，法、俄、德、日等国文化强盗也闻风而至，从王道士手中骗买过数百卷敦煌文献。如今，这些敦煌文物流散在11个国家。哈佛大学里的福格博物馆里还保存着1923年华尔纳从敦煌莫高窟盗走的12幅壁画。据说，这些壁画是华尔纳用当时最先进的化学溶剂和胶水粘走的。

20世纪30年代，美国“文物学家”普爱伦从龙门石窟拍摄大量的照片后，找到了当时的北京古董商人岳彬，指名要其负责“抓货”，为其盗凿《帝后礼佛图》。

《帝后礼佛图》是北魏宣武帝为父母孝文帝和文昭皇太后祈求冥福，耗费巨资在龙门石窟宾阳中洞东壁凿刻浮雕《北魏孝文帝礼佛图》、《文昭皇后礼佛图》的合称，堪称中国雕塑史上的瑰宝。

经讨价还价，普爱伦和岳彬达成协议，议定价14000洋元。1933年伊始，岳彬通过中间商联系到洛阳的文物贩子马龙图，并聘请三个当地石匠，带上工具和手电进入石窟，对照普爱伦拍摄的照片，将《帝后礼佛图》一块块地凿下来。同时，岳彬又买通当地军阀，以保偷运安全。全部石像分期分批地被盗凿下来，偷运到北京。之后，岳彬再请匠人，对照照片，逐块黏合复原，交付给普爱伦。

在上世纪80年代开始，河南、山西、陕西等文物大省，盗墓以及贩卖文物之风屡禁不绝，十分猖獗。青海某地在短短几个月时间被毁古墓1000余座，5000多件新石器时代文物被哄抢一空。现在，盗墓已成为中国文物流失海外又一个重要途径。近几年发生在全国各地的盗挖古墓案至少有10万余起，被毁古墓不下20余万座。听说在英国倒卖中国文物的犯罪嫌疑人住宅里，挂着一张中国地图，上面标注着一些重要的考古发现地点，就和‘作战地图’没什么两样。

西方博物馆：被遗忘的原罪

西方的不少博物馆至今仍然在收藏非法所得的文物，走私文物的交易在国外的拍卖行还在继续。在西方社会，拍卖是一种合法的、很平常的交易手段。盗墓者、走私者、拍卖者、买家形成了一条非法走私文物的利益链条。

一般提到博物馆的起源，都会追溯到埃及亚历山大港的亚历山大博物馆，该博物馆是为当时的博物学者们的研究而设。对于西方人来说，博物馆这个概念大体总是与启蒙、科学等等正面的词语联系在一起，法国社会学家布尔迪厄还专门研究过去博物馆这个行为，对于中产阶级所具有的重大意义。然而，对于曾经被西方殖民国家侵略过、殖民过的亚洲、非洲的人们来说，博物馆的概念里就有一些不那么好的因素在其中了。

科幻小说《西游新记》里，作者童恩正曾经借沙僧和八戒之口，说出对纽约大都会博物馆当中所藏大量中国精品文物之难过。仅以圆明园的文物为例，这些“权属有问题的东西，在英国的V&A博物馆、大英博物馆、枫丹白露的欧仁妮皇后收藏馆、纽约大都会博物馆，以及欧美不可胜数的军事博物馆和机构当中都有。”而那些曾经被标明来源于圆明园的文物，正在经历悄然略去这个背景的过程，再也不提文物的来源。这个举动不知该理解成对过去的羞愧，还是该理解成漠视这些历史。

在西方人通过殖民而掳走大批东方文物之初，他们并不一定能够认识到那些文物的价值。antique这个词，直到现在也不一定就像我们从中文意思“古董”所理解的，代表着贵重的价值。以珍贵的12兽首铜像为例，它的被发现过程真可谓是让人啼笑皆非。1985年，一位美国古董商无意间在加州一栋别墅中，注意到了三件特别的“装饰品”。一尊是被摆在主人浴室中挂着毛巾的牛首铜像，另两尊则是散置于花园水池边，被当作园艺装饰的马首和虎首铜像。

古董商一阵欣喜，这正是120多年前从北京圆明园流失的12尊兽首铜像中的一部分，可是别墅主人却对它们的来历浑然不知。于是古董商以每尊1500美元的低价购下了3尊兽首，又将它们转手流通到了市场上。

显然由此可知，对于西方人而言，很多东方物品都是艺术这个定义之外的，而且是他们陌生的，需要进行研究和分类的。非洲、东南亚以及中国的很多艺术品，都经历了这个识别的过程，然后才进入了博物馆，进入展示阶段。

回到18、19世纪的殖民时代，除了圆明园物品一类通过战争掠夺而得的藏品，还有诸多博物馆的藏品是以科学、考古研究的名义不道德地收藏的。在英国统治埃及期间，考古学家们将诸多法老墓葬之中的文物带回了英国。埃及政府为了斯芬克斯像的胡须，和英国交涉了百年之久，最终取回了属于自己的文物。希腊政府也在为取回英国的“埃尔金石雕”——英国的埃尔金爵士从古希腊帕特农神庙带走的大理石雕饰、神像等等而积极奔走，但大英博物馆却一直以“希腊没有能力完好保存文物”而拒绝，如今希腊的新卫城博物馆已经竣工，保存条件世界领先，大英博物馆似乎并未因此而改变态度。法国的卢浮宫里更是有诸多战争所得的文物，镇馆之宝当中的“米罗的维纳斯”的来历，就不那么光彩。盗取到美国的敦煌壁画，更是因为野蛮化学粘拓，而被毁坏得残迹斑斑。

对于“战利品”，并没有合适的国际法可资借鉴。著有《博物馆的诞生》的英国学者托尼·本内特在书中曾经指出过，博物馆对于所在地的人们构建自我认知、认识自己的历史都有着决定性的作用。那么，关于博物馆的“原罪”部分，也就应该成为博物馆构建的知识和认同的一部分，在这种良好的自我感觉背后其实还藏着应有的羞愧。

谁在收藏中国

在1989年的伦敦苏富比拍卖会上，从圆明园被掠夺的马首铜像首次现身，但当时尚未在国内引起太多关注。这尊铜像最后以18.1万英镑（折合202万港元）的价格成交。当它于2007年9月初再次在香港苏富比现身时，价格已经飙升至6910万港元，比18年前高出了30倍，由澳门慈善家何鸿燊在拍卖会举行前购得，并捐赠回国。

2000年4月底和5月初，牛首、猴首和虎首3尊铜像，则在佳士得和苏富比的香港春季拍卖会上现身。消息一出，引起了香港和中国内地社会各界的极大愤慨。最终中国保利集团公司毅然参拍，以774.5万港元拍得牛首、818.5万港元竞得猴首，而虎首则以1544.475万港元成交。

在2002年中国香港苏富比拍卖会上，香港中华总商会副会长张永珍花4150万港元竞得清雍正粉彩蝠桃橄榄瓶，而后捐给上海博物馆。

2003年初，中华抢救流失海外文物专项基金在美国寻访到了猪首铜像的下落。经过努力争取，美国收藏家最终同意将猪首铜像转让出来。于是在同年9月，又是由何鸿燊向该基金捐款人民币600余万元，终于将猪首铜像购回。

2004年，南京天地集团主席杨休在北京翰海春季艺术品拍卖会上，以6930万元天价拍得陆俨少的一套《杜甫诗意百开册》，作为南京民营长风堂博物馆的镇馆之宝，轰动了收藏界。

2005年7月12日，佳士得在伦敦举行的“中国陶瓷、工艺精品及外销工艺品”拍卖会上，一件中国元朝青花“鬼谷下山”图罐经过激烈竞投，最终以1568.8万英镑成交，创下当时亚洲艺术品拍卖的最高成交价世界纪录，也刷新中国瓷器及中国工艺品拍卖纪录。

2006年10月，在香港举办的苏富比明初鎏金铜佛拍卖会上，来自中国厦门的企业家蔡铭超以1.166亿港元的天价拍下了一尊明代鎏金佛像。这一价格打破了中国工艺品的世界拍卖纪录。蔡铭超明确表示，这一国宝不会再卖出去，将会建庙供奉，让更多的人观赏到佛像。

2012年11月4日，伦敦苏富比拍卖行举行的中国瓷器及工艺品拍卖会上，乾隆玉玺“八徵耄念之宝”被神秘人士以约合人民币4000万元的高价拍得。

公开信息显示，在2004年佳士得纽约秋季拍卖会，13%的中国艺术品被中国买家拍走；而到2006年3月的春季拍卖会，比例就上升到25%。过去5年，在佳士得竞拍的中国客户增长了2倍多，其中“浙江军团”的份额最大。在苏富比香港秋季拍卖会上，浙江徐龙食品集团老总徐其明拍得一件450万港元的清雍正粉彩桃纹盏和一件400万港元的元代青花龙纹罐，加上之前伦敦和纽约拍卖会上的竞拍，徐其明一年的海外文物购买投入已经超过3000万元；浙江中凯集团以2800万元拍回了明末清初画坛巨擘陈洪绶一直流落他乡的《花鸟图册》；绍兴一民企老板专收东汉会稽镜，目前藏数已经超过400块；浙江慈溪金轮集团创办的金轮艺术馆拥有1000多件历代瓷器、青铜、书画等藏品，总投入资金四五亿元，文物估价已达50～60亿元，部分藏品质量堪称国内顶尖。

流失海外的文物，无疑具有“寻根”与“正名”的双重情感价值。于是近年来，爱国华商们慷慨解囊，尽己所能地回购这些文物，然后捐赠给国家。然而，中国作为这个市场上几乎唯一的买家，一次又一次地陷入了任人摆布的“价格陷阱”。英媒评论说，随着中国富人实力的增强，中国人正不惜代价买回失去的文化遗产，其背后是“瓷器爱国主义”；收回这些文物，有助于他们重寻身份和文化。而更多的中国民众却是在愤怒中质疑：西方利用中国人“爱国”来达到其目的，所谓的“爱国主义”成为被利用的根源，至于从强盗手里购买成为“真正的文明”，实在是强盗逻辑。

纵观以往的中国文物拍卖史，我们不难发现。被掠夺的文物被炒至天价后，多半为之买单的还是中国人。在百年前，通过烧杀抢掠而得的战利品，在百年后的今天，以一种合法的途径继续赚取着国人的钱。究竟是国富民强之后的文化购回，还是又一次心甘情愿跳入的陷阱，沦入的圈套？种种争论此起彼伏，无休无止。然而更有来自西方国家的声音在说：文物属于全人类。这无疑是个还有着无数障碍的命题，尤其在中国人的天价文物购回过程中，这个命题更加显得像个笑话。和中国人争着收藏中国，我们或许只能说，这是一轮新的而且不怎么高明的资本游戏。

股票

——历经四个世纪的风中游戏

红与绿，牛与熊，这些字在如今的社会里早已有了超乎字面的涵义。赋予它们这些涵义的，是从政界显要到商界名流，从平民百姓到菜市场大妈都知道的一样东西：股票。

股票的诞生为资本市场创造了一个新的游戏规则，使得投资与投机前所未有地紧靠在了一起，如同球体的阳面与阴面。极少有人敢自己成为这个游戏的玩家，事实上，大部分时候大部分人都只是这个游戏的一部分，被真正的玩家当作游戏中最有趣的构成操纵着。类似行兵打仗中的小卒，没有小卒，自然也就无所谓军队。然而每个小卒虽然看似都参加了这场战争，但是输赢却未必是这些小卒们能左右决定的。奇特的现象是，虽然“炮灰”的结果是大部分小卒的命运，但是不同于人们对现实战争的畏惧，参军从来作为为国奉献一种义务被要求着，纵使其中有人能侥幸借此飞黄腾达，但更多的老百姓还是宁愿躲避与远离。但是在资本游戏的战场里，却每日都在增添着新的勇士。这些勇士们带着数年甚至毕生的积蓄以作“弹药”与“炮火”，以无知做铠甲，以勇气做盾牌，在这场战争里抛头颅洒热血。经济是什么？资本是什么？市场是什么？股票是什么？对于他们来说这些都显得并不是很重要，重要的是他们看到了一条抵达财富的捷径。自然，自古以来的捷径都是险且难的，但勇士们都深信自己将以他人之尸骨为路，走出一片新的天地，都深信自己能在这个如今只见数字增减，线条起伏的风中游戏中，做一个卓越的捕风者。说到这里，相信每个人都会不得不为这场全民参与的游戏缔造者喝一声彩。那谁是这个游戏的设计者？谁才是这个游戏最初的玩家，最终极的BOSS？这就要从400多年前开始说起了。

游戏的缔造者——荷兰东印度公司

股市的起源，最早可以追溯到17世纪的荷兰东印度公司。可以说：没有荷兰人，就没有上市公司，也没有今天的股市。荷兰人的血液中似乎与生俱来充满了冒险与赌博精神。“小富即安”的生活在荷兰人看来，完全是不着边际的。

在16至17世纪，随着西方航海理论日趋成熟，荷兰、英国、西班牙与葡萄牙揭开了海外扩张的篇章。他们游弋于全球各地，建立了庞大的殖民体系，在各个港口间从事国际贸易。莎士比亚笔下《威尼斯商人》里的安东尼奥是一个富商，和别人合伙弄了好几艘船出海，他的朋友巴萨尼奥向他借3000块钱却拿不出，因为都投资到船上了，于是只得向犹太人夏洛克借，安东尼奥心想自己有这么多船到时候肯定还得起，便答应如果还不出就把身上一磅肉割下来，结果很不巧，船竟然都沉了。好在巴萨尼奥要这3000块钱是为了充门面，去向富家女鲍西娅求婚，最后靠着女人的力量大家终于化险为夷。

莎翁的故事出版于1600年，两年后的1602年荷兰联合东印度公司成立。当时，在东印度群岛一带，很多荷兰人都做着香料生意，但那时香料的价格非常不稳定。若有两条船同时抵达港口，便会导致货物供给过剩，利润受损。为了稳定利润，荷兰商人想出一个好主意，那就是不再“单干”，而是联合起来成立一家带有垄断性质的“公司”，来从事该海域的所有贸易。于是商人之间不再竞争，而是相互协调的关系。

1602年，荷兰东印度公司应运而生，公司高层运用贿赂皇室成员的方法，拿到了为期20年的皇家特许执照，用于垄断从地中海到东印度群岛，以及新发现的所有地区的贸易权。公元1602年的3月20日，这一天不仅对于荷兰人有着非凡的意义，同时标志着整个欧洲资本主义的崛起，“联合东印度公司”正式宣告成立。在之后的历史上，凡是竖起“东印度公司”这块招牌的国家，都可以被统一归称为欧洲列强。

荷兰东印度公司是一家明显带有政府背景的大型垄断企业，当时的荷兰政府将这家公司定义为：具有国家职能，向东方进行殖民掠夺和垄断东方贸易的商业公司。但与后来发展出的国营企业所不同的是，东印度公司基本上属于自负盈亏，虽然在税收和特权方面，政府给予了它极大的优惠政策，但政府并没有承担公司亏损的责任和义务。这样一来，就等于将一群饥饿无比的狼放出了笼子，任由他们去劫掠财货，所谓的优惠政策从某种意义上讲亦可以说是给予其自由化发展的空间。

航海带来的收益极其可观，但风险同样不容小觑。对公司来说每一次出海都是一场豪赌。成功了赚得盆盈钵满，失败了则可能倾家荡产。暴风雨、搁浅、水手染上坏血病、遭遇海盗袭击……任何一次意外事件都会让出资者血本无归。虽然荷兰人骨子里喜欢冒险，但失败的代价过于昂贵，亏损完全让船主承担，似乎有些不合情理。

到了1606年，荷兰东印度公司已经转了足足4年，但它却并没有如荷兰人所期望的那样，向东方进行大规模殖民扩张以及垄断东方贸易。虽然每年派出50队商船的数量，高过葡萄牙和西班牙船队数量的总和，但在真正的殖民地贸易上，东印度公司却无法更进一步。这时候，为了使公司的实力能够强大到与列强们争夺殖民地贸易，荷兰人很快又想出了解决的办法，那就是建立“有限责任制”，把利润和风险加以分摊。每次出航前，荷兰东印度公司首先为本次航行招募资金。在这里，“股东”的概念首次出现了。这些人只负责出资，他们可以既不是船主，也不是商人，目的是分享此次航行带来的利润；当然，如果航行失败了，他们也必须承担相应的责任。不过这仅仅是一种“有限责任”，即意味着损失绝无可能超出自己所投入的本金。

起初，荷兰东印度公司只面向特定的群体进行募资，他们大多是“达官显贵”，而募集资金的用途也只限于某次特定的航行。所以每一次出海之前，他们都要募集资金。随着公司规模的日益扩大，这种“定向融资”的弊端逐渐显现。一方面是资金量太低，往往仅够几条船只使用，无法供养一只舰队，更不必说让几只舰队同时出海了。此外，为了防止殖民地的居民“揭竿而起”，东印度公司还需要雇佣私人军队，成本巨大；另一方面，荷兰经济的蓬勃发展，使得许多平头百姓也渐渐富裕起来，民间有着大量储蓄，却苦于没有投资渠道让他们“以钱生钱”。好赌成性的荷兰人无法容忍自己坐拥大笔的“闲钱”，却毫无用武之地。在这种状况下，荷兰东印度公司大胆地改革了融资模式，不再选择特定股东，而是面向全体公众募集资金。也就是说，只要有钱，谁都可以成为东印度公司的股东。这被公认为是世界历史上第一次IPO（即首次公开募资Initial Public Offer），是一次划时代的革命。

IPO不同于先前以“单次出海”为目的的短期融资，其特点是在于把“公司”和出资者永久性地捆绑在一起。东印度公司向公众发行了一种特别的凭证，这份凭证不仅代表持有者拥有一部分公司的所有权，而且还永久性地拥有利润的分享权。这意味着从今往后，公司每一次出海，出资人都能从中分一杯羹。如此一本万利的好事，谁会拒绝呢？从这一刻起，股票诞生了。

荷兰东印度公司发行的股票，很快就在荷兰民众间掀起了认购狂热，公司从此名震四海。许多一生连桨也没划过的人，也对公司舰队的一举一动关注有加。每一次出航，成败不定，股价当然也起伏不平。不过在“好赌成性”的荷兰人眼里，这种刺激无疑是难以抵挡的，他们永远不会爱上一个确定的结果。当时荷兰东印度公司进行IPO的时候，还没有一个真正意义上的“股市”来提供出资人之间相互进行股票交易。也就是获取股票的唯一合法途径，就只有从上市公司购买，一经购买就无法再转让。在这一时期，人人都是股市“投资者”，而非致力于低买高卖、炒作价差牟利的“投机者”。公众持有股票的目的只有一个——分享公司的成长红利。

东印度公司的股票一经开售，就吸引了大量买主，这主要是因为东印度公司过去4年里的海上贸易给荷兰带来了巨大的财富，所以荷兰人对这家公司的未来十分看好。但这只是表面原因，根本原因则要回溯到1583年，英国北航寻找中国失败却意外与俄罗斯形成了通商往来的消息传到了荷兰人耳朵里。荷兰当即成立了“荷兰白海商业公司”，并委托一个叫布鲁内尔的人管理经营，但之后的数次出航都以失败告终。直到10年后，1596年的5月10日，三艘商船再次出海，试图开辟到东方的北航线，船长名叫威廉·巴伦支，这是他一生中的第三次北航，也是最后一次。船队越过新地岛之后，由于对北极的地理情况不熟悉，结果误入了一片浮冰区，船只与浮冰激烈冲撞并搁浅，最后威廉·巴伦支带领着水手们不得不在北极零下

40°的冰雪天气中越冬。到了第二年春天，当船队整修后再次破冰驶入水域时，已经有8个水手死去了，船长本人也患上了重病，船队最终在新地岛被俄罗斯人救了下来。但船长威廉·巴伦支还是死在了那片冰天雪地里，据说他的尸体后来被人在一块浮冰上找到。

威廉·巴伦支的故事的确十分凄惨，但这和东印度公司的股票有什么关系呢？事实上，即使放在今天，这件事情仍然会令大多数人感到非常难以置信，威廉·巴伦支和他的水手们在零下40°的严寒中坚守了8个月。最后包括他本人在内死了9个成员，但他们始终没有碰船上的任何东西，因为那些货物是别人托付给他们的，而里面正好有他们最需要的食品和纺织品。正是巴伦支和他的船员们以生命换得的这种信誉，斩除了荷兰商业道路上的荆棘，让每一个荷兰人包括许多外国人对荷兰的商业信用有了极大的信心。

通过股票的记名出售，荷兰东印度公司在短短的几个月里就募集了大量的现金，并将这笔钱投入到扩大殖民地贸易的计划里。当时荷兰政府给了东印度公司两项非常重要的特权：对外协商签订条约权和发动战争权。这样一来，东印度公司在海外就可以以一个主权国家的方式运作，这是荷兰重商主义下的产物。世界历史上，也仅仅只有荷兰人敢于给一个商业公司赋予如此重大的权力。而作为回报，荷兰政府给予的特权被折合成25000荷兰盾购买了东印度公司发行的股票，这让全国老百姓都为之疯狂，一时间人们争相购买，据说就连阿姆斯特丹市长家的女仆也买了东印度公司的股票。

这个游戏怎么玩？——股票交易的诞生

我们说到，荷兰人把所有类似于莎翁笔下安东尼奥这样的商人联合起来，同时为了筹措更多的资金还面向全社会融资，每个人只要手头有闲钱，都可以跑去东印度公司，在小本子上记下自己出了多少钱，公司则承诺有收益就给大家分红。于是，即使是一个女仆都成了东印度公司的股东之一。同时荷兰政府也是公司的大股东，换句话说，在股票的创立之初就已经是类似于现在的全民炒股了，炒的公司还竟是国有企业。东印度公司由于自身的规模，使得不确定性大大降低，即使有那么几艘船沉没，也不会有任何一位股东因此倾家荡产。

故事到这里还没完，接下来一个问题就是，假设某个小股东突然家里急需要钱怎么办？他不可能立马跑去东印度公司说要拿回自己的钱，事实上东印度公司最初十年都几乎没有盈利，钱都花在造船和做准备之上了，公司也不可能拿出钱给他。于是大家就想出一个办法，成立了最初的股票交易所，每个人都可以随时在公开市场上卖出手里的股票，每个人也可以随时买入，通过这种方式给资本创造了流动性。这是破天荒头一遭，此前人们不管是投资什么，几乎都是覆水难收，要么成功要么失败，你想中途掉转方向是不可能的。显然，荷兰人在创造了新的公司组织形式的同时，还创造了一种新的资本流转体制。

1609年，世界历史上第一个股票交易所诞生在阿姆斯特丹，东印度公司的股票成为在这里上市交易的第一只股票。只要愿意，东印度公司的股东们可以随时通过股票交易所，将自己手中的股票变成现金。这样就解决了东印度公司的股票既不付红利而也能得到投资者的青睐的问题。阿姆斯特丹交易所是金融发展史上的第一家有组织的证券交易市场，具有非常重要的意义，它标志着金融市场的形成。

阿姆斯特丹股票交易所不同于原来证券买卖市场，证券市场的股票具有较好流动性、公开性和投机性，交易所交易数额大，交易方式多样，除了买卖股票、赌涨赌跌，甚至可以在没有本钱也没有股票的情况下进行投机活动。另一个棘手问题是，总不可能每个人都跑去交易所交易吧，人太多不说，很多人根本就不懂如何交易，于是就有了专职的场内交易员和经纪人负责给自己的客户提供交易服务。前者就是一般人想象中的“红马甲”，很多描述股市的电视剧都有这类镜头，一群“红马甲”站成一圈大喊大叫，同时手里还拿着一个小本子记着什么，随着交易电子化的推广，相信这类镜头将越来越少。如果说交易员主要活动场所在交易所之内的话，那后者经纪人的活动范围就广多了，在英文里经纪人（Broker）最早也有皮条客的意思，实际上两者做的事情非常类似，都是在场外不停的吸引新客户，撮合交易，从中获利。

在阿姆斯特丹的股票交易所中，活跃着超过1000名的股票经纪人。他们虽然还没有穿上红马甲，但是固定的交易席位已经出现了。活跃的证券交易使阿姆斯特丹证券交易所不仅吸引大资本家的参与，而且还有普通的老百姓。一般人的交易必须通过经纪人，因为自己无权进入交易。小投资者要了解股价的高低也只能通过经纪人，因为当时没有真正的行市。阿姆斯特丹也因此成为当时欧洲最富有魅力的城市。荷兰东印度公司的股票成为市场上的抢手货，再加上荷兰安全的公共债券，前来从事股票交易的不仅有荷兰人，还有许许多多的外国人。欧洲大部分资金都流入这个城市，这里成为当时整个欧最活跃的资本市场，大量的股息收入从股票交易所流入荷兰国库和普通荷兰人的腰包。

荷兰人不只建立了阿姆斯特丹股票交易所，还建立了如今赫赫有名的华尔街，大名鼎鼎的纽约证券交易所就坐落于此。而这一切，都是在一棵老梧桐树下拉开序幕的。1653年，一群荷兰移民忙忙碌碌地在纽约市曼哈顿岛接近南端的地方竖起了一排高12英尺的原木墙，目的是保护自己免于遭受印第安人和英国人的袭击和骚扰。32年后，一群测量人员沿着这排木墙画下了建设街道的白线，并给这条还不存在的街道起了一个名字，Wall Street。在此之后的100多年里，华尔街一直默默无闻，直到1792年5月17日，24个在街头买卖股票的经纪人聚集在华尔街68号前的一棵梧桐树下，开始讨论起有价证券交易的条件和规则。讨论的结果就是举世闻名的《梧桐树协议》，英语称之为Button Wood Agreement。这是一份被称之为包括一切的简短协议，只表达了三个交易守则的合同：第一，只与在梧桐树协议上签字的经纪人进行有价证券的交易。第二，收取不少于交易额0.25%的手续费。第三，在交易中互惠互利。于是，这24位在协议上签了字的经纪人组成了一个独立的、享有交易特权的有价证券交易联盟。这就是后来纽约证券交易所的雏形，1792年5月17日这一天也因此而成为了纽约证券交易所的诞生日。华尔街68号前的那颗老梧桐树于1865年6月14日在闪电和雷鸣中被狂风夹着暴雨所击倒，但是“梧桐树”这一代称仍持续下来。时至今日，《经济学人》的金融专栏仍名为“梧桐树专栏”。至今，梧桐树协议中的“联盟与合作”规则，仍然是世界各国应对危机的主要法则。

中国特色的股票交易

19世纪初期，西方的资本主义列强用武力打开了满清锁国政策的“破篱笆”以后，中国被迫成为开放的国际市场。随着外国资本在华投资的增加，其持有的经营方式——股票、债券在中国出现了。

金融资本市场上最早出现的股票是外商股票。外国投资家在中国的沿海商埠兴办企业进行经济掠夺，从而把资本主义国家集股筹资的做法带入了中国。最初购买外商股票的既有外国人，也有中国的买办和商人。当时外国人在华投资的方向主要有航运、银行、保险、码头、地产等行业。1860年以后，股票融资方式日趋活跃，尤其是航运和银行方面。股票流通的需求被工商界人士普遍接受。大资本运作的股份制经济开始起步。从此，我国进入了资本主义萌芽阶段。

中国股份制经济的萌生，最初是以白银或资产在外资企业中参股以及中外合股开办股份制公司的方式出现的。19世纪60年代的“洋务运动”，极大地推动了资本主义的发展。以大官僚李鸿章为代表人物的“洋务运动”，主要是兴办军事工业并围绕军事工业带动其他行业，建立新式武器装备的陆海军，于是，中国开始有了一批大清光绪皇朝控制的官办企业。由于清末皇朝无能，国库空虚，许多官办企业资金困难，难以为继。与此同时，随着民族资产阶级的发展，工商界人士纷纷效法近代列强的资本主义的资本运作方式；与这些官办企业同期发展起来的民族工业企业，普遍采用集资入股的方式。

据历史资料考证，中国人自己最早发行的股票，可追溯到清朝末年的同治十一年，也就是公元1872年由轮船招商局发行的股票。轮船招商局的创办因其兴办最早、规模较大，在我国证券历史上有着特殊意义。与此同时，外国对华资本的投资也迅速增加，极大地推动了民族工业以及外商投资兴办企业的发展，使得股票这种信用工具在中国的发行量与日俱增。

中国最初的股票发行很不规范，公司的章程内容很不全面，发行的方法比较落后，主要是采取直接发行的方式，没有信息公开制度，而是通过摊派来发行，形成了地域性股票。发行股票作为信用工具来达到融资的方式，显然被工商界人士所普遍接受，但在当时的社会，除了洋人、大官僚和知名度较高的社会名流之外，一般人很难利用资本市场发行股票来筹集资金。股票一经产生，股票交易不久也随之出现。据史料记载，1861年以前，上海等地就已有股票买卖交易活动，但仅局限在外商之间，买卖并不兴隆。19世纪60年代以后，随着上海殖民经济的初步“繁荣”，外商股票交易在上海非常活跃。19世纪60年代中期，由于世界棉业投机热潮席卷上海，在华外资银行获得丰厚利润，其股票普遍大幅升水。如1864年利华银行面值10英镑的股票，市价曾高达25英镑；此外，19世纪五六十年代成立的外资航运公司获利也很丰厚，航运公司股票成为银行股票以外的另一买卖热点，以致市场上证券交易额“日以百万计，投机交易有时延至深夜”。

有了外商企业股票的交易，也就有了从事股票买卖的证券公司。1869年上海四川路二洋泾桥北，出现了中国第一家专营有价证券的英商长利公司，后来又有几家这样的公司相继设立。“店多成市，该业始发达”。到19世纪80年代前后，外资又开始进入租界公用事业和其他实业，市面上又出现了上海自来水公司、上海电灯公司等十几种新股票。西商各证券掮客为谋本业前途的发展，于1891年联络同业，组织上海证券掮客公会即上海股份公所，以买卖外商在华所设各事业公司的股票。外商在华组织的证券市场初步形成。华商股票交易，起初既没有固定的场所，又没有相应的交易规则，股票转让、买卖一般在亲朋好友、熟人中“以亲带友、以友及友”进行。成交的价格却视外商证券行情和证券本身的市场供求而定。后来，随着股票发行量的扩大，持有股票的人增多，手中持有股票的品种和数量也越大，股票买卖变成了经常的需要。于是“为各项公司通路径而固藩篱”的上海平准股票公司于1882年9月成立。该公司内部组织分明，还订有章程，为股票交易提供了便利。它的设立首开中国有组织的证券市场的先河。

若把1895年前的中国早期股票和股票交易视作中国证券市场的萌芽的话，那么，1895年以后至清末，中国证券市场就进入了初步形成阶段。随着国外资本投资的银行、工矿企业和铁路公司在华的设立，外国在华发行的外资股票规模迅速扩大。与此同时，甲午战争的惨败使“振兴工商、实业救国”的呼声再一次引发了中国第二次设厂办公司的高潮。清政府颁布了一系列有利于工商业发展的法规，并采取了一定的措施鼓励兴办各式银行、企业。1897年中国通商银行的创立率先揭开了中国近代化第二次高潮的序幕。

1901～1911年间，中国先后创办新式厂矿企业386家，资本额达8.8亿多元，华商在机械制造、电力、采矿、棉纺和其他工业方面获得了前所未有的发展。华商股票的发行量也随之大幅度的增加。由于外商在华组织的证券市场除为外国在华企业公司在华筹集资金服务外，还是少数洋商投机劫利的工具，完全不顾中国社会经济和投资者的利益，1910年爆发的橡皮股票风潮就是最好的例证。1903年，英国投机商人麦边在中国成立蓝格志拓殖公司，开业后的头几年并没有多少业务，1909年国际市场橡胶涨价，国外经营橡胶园种植业和投资橡胶工业的人获利丰厚。麦边便借此机会，于1910年初大造舆论，宣扬经营橡胶行业可获巨利，并谎称其公司在澳大利亚拥有大片的橡胶园。为了诱骗人们购买其公司股票，他编造该公司的经营发展计划，声言年分红可达45%左右。人们不明真相，竞相购买。“仅仅10先令之股票，未及标卖，已有以70两之巨价承购者”。麦边暗中掀抬股价，橡皮股票价格暴涨。麦加利、汇丰和花旗等外商银行见有利可图，便与麦边勾结，承做橡皮股票的抵押放款。此举又造成了该公司信誉可靠、实力雄厚、盈利可观的假象。争购者于是更加踊跃，连许多钱庄也都转入其中。1910年3月末，橡皮股票的价格上升到其面值的二十七八倍，麦边暗地里趁高脱手，卷款潜逃。其他外商亦步麦边后尘，纷纷抛售手中的橡皮股票。这时，外资银行宣布停办此项股票的押款，骗局败露，人们又争相抛售橡皮股票，但无人购进，橡皮股票价格一落千丈，最后成为废纸。持票者纷纷破产，钱庄也因此倒闭了20多家，市面极度恐慌，酿成了一场金融风潮。更为严重的是这次风潮使中国新兴的证券市场遭受沉重打击，中国股票市场自此进入低谷。

1904年梁启超提出了组织“股份懋迁公司”（即证券交易所）的倡议，但清政府未予重视和采纳。华商证券交易一直处于无组织的状态中。光绪末年，上海买办商人王一享、郁屏翰等在南市关桥开设了专营证券的“公平易”公司，不久，买办商人孙静山在上海九江路渭水坊又开设了另一家专营证券的“信通公司”，但规模和功能远不能与原先的上海平准股票公司相比。除上述专营的证券公司外，许多茶商、钱商、皮货商、古董商和杂货商以及买办也兼做股票买卖。这些股票掮客经常出入茶馆，在经营本业的同时，还洽谈股票生意。

约在1910年前后，股票交易买卖活动便固定在上海福州路的惠芳茶楼，中国证券市场进入了“茶会”时期。中国股票和证券市场自19世纪40年代产生后，经历了40多年的萌芽阶段，于19世纪末20世纪初才初步形成。中国证券市场一开始便存在华洋两个不同体系的市场，这正是旧中国社会性质的写照。尽管如此，中国股票发行和证券市场仍迈出了可喜的第一步，为后期的股票发行与证券市场发展奠定了基础。

行文至此，关于股票的历史已有了一个大概的轮廓了。显然不少读者想看到并不是这些经过几百年历史灰尘掩覆的旧黄历。或许他们更想知道的不是关于这个游戏怎么被设计、创造的故事，怎样才能玩好这个游戏才是大部分人心中的重点。然而读史明智这无疑是另一个规则，当越过400年的风沙尘土，兴衰繁荣，当我们试图想象当初那些如同海盗般的冒险者开创这个游戏时的疯狂与兴奋；当我们试图模拟出那17位金融寡头操纵这个游戏时的心情起伏，智慧交锋；当我们试图揣测梧桐树下的那番24人对话，当我们试图厘清在这个长达4个世纪的游戏中，究竟记录了多少奋起欢呼与多少颓然丧志，埋葬了多少血与骨，又在这血与骨的滋养下生出了多少的繁华荣耀，或许我们可以让往事故人的重量沉淀下我们沸腾喧嚣的勇气。毕竟在加入一个游戏之前，我们或许应该先明白，这到底是个怎样的游戏。

王的女人

传统的贤妻良母是老百姓对第一夫人最底线的期望。在他们的眼里，第一夫人对丈夫来说应当是一个好妻子，对孩子来说是一个好母亲，她维系着一个和睦的家庭。至今我们还没有看到哪个国家有明文法律，规定第一夫人应当做什么，不应当做什么。但是我们都知道，要想成为王的女人，要想执住那个一国之中最有权势的男人的手，站在他的身边一同接受万民的注视与朝拜，仅有漂亮的面孔和温柔贤淑的品质是远远不够的。当丈夫们为了政治主张、权利、名誉而搏杀的时候，他们的夫人们也必须掌握一套自己辅佐夫君的方案，助其在政治上一展宏图。她们不仅仅要做服侍、宽慰丈夫的妻子，还要在政治的尘嚣中辅佐夫君，提升丈夫形象，做一个政治伴侣。第一夫人无疑是除了女王之外世界上最有权力、最受瞩目、影响力最大的一群女人们。她们的每次亮相都少不了记者的追逐和百姓敬仰的膜拜。除了独到的政治手腕，她们还需要拥有无穷的个人魅力。如果说王的存在是让世人敬仰与畏惧的，那王的女人就是要让世人爱戴与崇拜的。或许也唯有这刚柔并济、恩威并施之下的统治，才会收获既敬又爱的民心。

贝隆夫人

在历史上的第一夫人里，最具盛名的大概就是有着阿根廷玫瑰之称的贝隆夫人了。随着以她名字命名，以她经历改编的歌剧、电影的流行，她成为了举世皆知的名女人。至今仍有无数人在那首著名的“别为我哭泣，阿根廷”旋律响起的时候，遥想起这位一生充满传奇色彩的美丽女性。她无疑是阿根廷最有影响力的人物之一，她将第一夫人的光彩演绎到了极致，在她之后，再没有任何一个第一夫人能够如她一样成为被疯狂崇拜的中心。她的光芒早已远远胜过了那个赐予她如是地位的男人，以至于在世人的回忆之中，对胡安·贝隆的描述往往是“啊！那个贝隆夫人的丈夫。”

伊娃·贝隆是一个农场主的私生女，自小被父亲抛弃，同母亲胡安娜过着贫苦的生活，同时忍受着同伴的欺弄与嘲笑。父亲去世时，艾薇塔前去吊唁，却被当作野孩子给轰出来。过早痛苦和屈辱的经历在造就一个人倔强、执着的性格同时，也会催生她偏执的理想和难平的欲望！正因为如此，艾薇塔小小年纪便种下了另人咂舌的理想：成为布宜诺斯艾利斯的大人物！

坚定、刚烈、极强的自尊心、过人的胆略，这样的个性，注定了艾薇塔不凡的经历。并且为了理想，她一定会不择手段！

我们知道，一个毫无背景和社会地位的卑微的私生子，想成为首都的大人物，唯一可以利用的就是自己的青春和美貌．她出卖自己的身体，仅仅为了从一个歌手那里换取走进布宜诺斯艾利斯的机会；为了结识权贵，她成日在酒吧、舞厅、剧场、宾馆中游荡；她一次次利用身体和所谓的爱情，将老板、军官、摄影师、电影导演迷倒在她的石榴裙下；为了扩大自己对上流社会影响，她当主持，做封面，并在电影中扮演英国女王伊丽莎白，法国皇后约瑟芬等权力女性。这个肆意挥霍青春的女人，像一个赌徒，努力寻找着她的赌注，她的未来。

终日游荡在声色犬马中寻找机遇的伊娃终于迎来了她人生的转折点。1943年，伴随着国内日益激化的矛盾，阿根廷发生军事政变，贝隆上校和他那套“民主、自由、平等”的政治观点脱颖而出。贝隆对穷人悲苦的同情和对富人奢侈的批判深深吸引了伊娃，她认为只有这个男人，才能结束她奢靡堕落的生活，实现她的理想！而伊娃所代表的底层势力和她做演员所培养的良好的口才和气质也是贝隆所需要的，于是他们毫无悬念地相爱了。伊娃与贝隆上校这对政治情侣宣扬的“民主、自由、平等”在阿根廷掀起一股强劲的政治风暴，极大刺激了国内的反动派，贝隆上校被送进了监狱。在贝隆最沮丧、最失落甚至萌生退意时，伊娃用她不灭的政治热情为贝隆上校重新点燃希望。她慷慨激昂地走向街头，提醒民众贝隆对下层群众的关注，成千上万的民众高呼着贝隆的名字，要求当局释放贝隆。而贝隆被释放后的第一句话就是：“感谢伊娃！感谢人民！”

1945年，贝隆上校向伊娃求婚。这对政治夫妻给了民众太多太美好的承诺。次年，贝隆上校正式当选为阿根廷总统。电影《贝隆夫人》中，在丈夫的就职典礼上，伊娃唱起了那首深情的《阿根廷，请别为我哭泣》。她是那样的光彩夺目，神采飞扬。至此，那个瘦小、卑微的伊娃变成了贝隆夫人，一个蜚声政坛的女人。

童年的经历像一场梦魇，强烈的影响着贝隆夫人的政治倾向。她马不停蹄地奔走于工厂、学校、医院、孤儿院之间，为提高阿根廷的社会保障、救济、劳工待遇、教育水平等问题忙得焦头烂额。她发誓要改善阿根廷底层人民的生活水准，而且永远站在穷人那一边，成为他们最好的朋友与旗手。同时，她积极维护女性权益，为女性争取选举投票权！

经过她的一系列的努力，其声望开始超过了她的那位总统丈夫，不少阿根廷的少男少女们将她视为偶像，穷人将她视为救星。在很多人家中，伊娃的画像与耶稣像并排贴在墙上。在穷人们的眼里，她是一位女神和一位仁慈的救世主！

在失去副总统提名的机会后，贝隆夫人策划了一个长达数月的欧洲之行。她神采飞扬地访问欧洲各国，她美貌得体，风采迷人。欧洲媒体将伊娃此次的出访称作“彩虹之旅”。同时，她也获得“贝隆手中的王牌”、“阿根廷玫瑰”、“苦难中的钻石”等称号。伊娃·贝隆此次的访问，打开了阿根廷的外交新气象，并成为阿根廷外交史上自豪的一页。

这也许是贝隆夫人最后的光环，彩虹之旅刚进行到一半时，她便病倒了。但即使躺在病床上，她也坚持工作，她通过电话向全国发号施令，通过广播发表演讲，还接待国内外友人的来访。通过她的艰苦努力，为所有阿根廷女人争取到了投票权。而当她的病情稍微有些好转，她又重新开始轰轰烈烈的社会活动。她创办并建立了阿根廷“第一夫人”基金会与穷人救助中心，为此，她专门在国家银行设立了一个特别的账号。她帮助贝隆整顿国家秩序，与那些腐败的阿根廷政府官员做斗争。她还建立不少医院和学校，并亲自在一所大学任教，讲授“贝隆主义”。她在阿根廷各大城市进行巡回演讲，有一次，在不到48个小时内，她竟发表了7次演说．医生们劝她要注意休息，她则自豪地回答：“我要为穷人燃烧自己的生命！”1949年初，贝隆上校再次被推选为总统候选人，这在世人看来，与其说是贝隆的胜利，倒不如说是伊娃的胜利。

1949年1月9日，伊娃在一个剪彩现场晕倒，被确诊为子宫癌，阿根廷国内引起了一场巨大的恐慌。人们纷纷走进教堂，为她祈求平安，成千上万的女孩取了她的名字：伊娃——阿根廷女人的象征。1951年11月，伊娃躺在医院的病床上，百感交集地投下了阿根廷第一张属于女人的选票，这是她与阿根廷妇女们共同的胜利。1952年6月4日，已经重病缠身的她坚持要出席丈夫第二次的就职典礼。7月26日晚，她轻轻地对贝隆说："小瘦子走了。"这一年，她刚好是33岁。当晚，阿根廷国家电台的广播员声音哽咽地向全国宣布："伊娃·贝隆——国家的灵魂，民族的精神领袖，逝世了。"

伊娃走了，随着她的离去，贝隆上校迅速倒台，她给与丈夫和民众的梦都开始破碎。民众似乎习惯于在苦难的现实面前怀念伊娃时代，却忘了其实伊娃只是给了他们一个难以实现的美梦。50多年过去了，阿根廷依然在为她哭泣，就仿佛她从未离开。

在纪念贝隆夫人去世60周年纪念前夕，阿根廷总统克里斯蒂娜·基什内尔公布了新版100比索纸币，上面印有贝隆夫人的头像。她是第一位头像出现在阿根廷纸币上的女性。

希拉里·克林顿

希拉里·克林顿在美国一直是一个很有争议性的人物。纽约一位政治观察家丹·格林伯格曾评价到，"对于希拉里，人们或爱或恨，但决没有中间路线。"在希拉里的狂热追随者眼中她是一位勇敢的妻子、一位性感的女人、一位充满智慧的女强人。而在她的政敌眼中，希拉里则是一个虚伪狡诈、老于世故和拥有政治伎俩的女人。但是无论是她的政敌还是她的狂热追随者，都不得不折服于她的公众影响力。而且根据种种迹象表明，她也许很有可能成为美国的第一位女总统。

希拉里·戴安·罗德曼于1947年10月26日出生于伊利诺斯州的芝加哥。1969年从韦利斯利大学毕业后，希拉里被耶鲁大学的法学院录取，在那儿她遇到了学法律的同窗比尔·克林顿。

大学时代的希拉里常因衣着朴素落伍而显得不合群，带着厚如瓶底的眼镜，她曾自嘲："瞎得像蝙蝠。"人们还记得她当时的样子：法兰绒衬衫、厚镜片和朴素的衣着。简朴得就像入学通知或者校方告示所要求的，"有点让人惊讶"，希拉里的同班同学盖尔·希伊后来描述到。在嫁给英俊的比尔·克林顿那天，她母亲在婚礼将要举行时才发现希拉里这位新娘连结婚礼服也没为自己准备。而在丈夫准备竞选州长和总统后希拉里决定重塑自己的形象，她摘掉眼镜、染了头发、穿上了得体的名牌套装。就在丈夫传出丑闻的日子里，她为自己建立的魅力形象也毫发无伤，以至于竟登上了美国《VOUGE》杂志的封面。

但是希拉里在大学的社会活动中却非常活跃，她很快投入到反战的罢课活动中，还组织了校园的游行活动。但她给同学们更深刻的印象来自她的"勤奋努力、严肃认真"，甚至独来独往。"她从来都按时去大学生体育馆练健身操，对自己非常严格，有时甚至苛刻。"她的同学塔米·怀尼特回忆到。希拉里从小一直受到父亲休·罗德姆的严格管束。后来希拉里在自己的一部自传中回忆到："我的父亲总是力求完美，我知道自己总是达不到他的目标。有一次，当我拿着全A的成绩单回家时，他看了一眼却说，'这是什么考试，一定是太简单了'"。

希拉里在大学的表现给很多关注她学生和老师留下了不同的印象。1994年希拉里的一位同学在接受美国国家广播公司的采访时说："许多年来她一直掩饰着她的野心。但在耶鲁法学院时，她不再隐藏她急于要成为重要政治人物的渴望。”而她的另一同学则说：“那时有许多争取民权、关于外交政策及其他问题的集会，她总呐喊奔走其中，却从未受过处罚。我想她谈的最多的是在性别和工作机会方面，虽然所有这些看上去超出了她自身的能力。她真正的事业是她希拉里自己。”耶鲁法学院的知名教授伯克·马歇尔则认为，“她非常聪明、勤奋、有吸引力，但是，在她的政治策略上和其他人一样，缺乏想象力。”但是这位缺乏“想象力”的女子成为了美国的第一夫人。

希拉里·克林顿决不是一个站在丈夫身后的第一夫人，在克林顿当选总统后，她频繁地出现在美国各大媒体的早间访谈节目中，为克林顿或者说美国第一家庭塑造公众形象。而她的努力使克林顿在民众中的支持率不断提升。但是随后的一切似乎把她的努力几乎化为泡影。克林顿被指责与莫尼卡·莱温斯基有染，而随后媒体又不断炮制出各种与克林顿有关的花边新闻，当自己的家庭生活成为几十亿人的笑柄之时，希拉里这位公众眼中一向严于律己的女强人的尊严几乎被践踏得一丝不剩。希拉里明白大家都在注视着她。有些人冷言冷语地说这是桩交易性的大婚姻，另外一些人则问她怎么可能还能再忍受下去。“整个华盛顿就只在谈论着这件事，我感觉在全国也一样。每个人都想知道她在想些什么，希拉里·克林顿的真实想法是什么。”《华盛顿邮报》的记者雷丝莉·米克说道。

面对这场突如其来的灾难，希拉里表现得异常勇敢。没有人看到她被愤怒扭曲的脸，没有人看到她悲伤哭泣。拥有高度政治智慧的希拉里显示出了她坚毅的性格，在人们同情和唾弃的目光中她扬起尊贵的头颅。她平静地宣称仍爱着克林顿；如常陪伴他飞往各地，把一家三口的相亲相爱画面传遍全球。希拉里明白，权力的竞技场不相信眼泪。她后来在接受一位美国广播公司的记者采访时曾说到："这是一场战争，我们决不会输给政敌。"从克林顿入主白宫那天起，希拉里就已经认定了自己的职责，她要与克林顿一起共同面对政敌的各种攻击，决不屈服。

希拉里·克林顿在面对丈夫丑闻所表现出来的异乎寻常的勇气与智慧使她的公众形象不仅没有因为克林顿的性丑闻而受影响，反而大为提升。但是希拉里的表现也招来了非议，有些媒体撰写长文批露希拉里之所以如此表态，是由于她与克林顿完全是商业伙伴的利益关系而不是普通家庭的丈夫与妻子角色，因此为了丈夫克林顿与自己的政治生涯，她才做出了隐忍的决断，而不像通常妻子在得知丈夫不忠后所表现出的愤怒。因此，她被她的政敌们视为无耻的女人。

当希拉里还是第一夫人时，她在一次演讲后回答听众的提问时诉苦说，美国的体制以及选举产生总统的方式，给有色人种和妇女带来特殊的包袱，女性需要特别努力来克服对她们先入为主的看法，她们不得不回答一大堆关于衣着和发式的问题。希拉里曾私下对一位朋友说，原来她不重外表，衣着落伍，还自以为是一种风格，执意不愿意去改变。但后来发现，对女人而言，着装也是帮助丈夫的一种武器。高雅大方的着装，能让人显得精神焕发，也能让别人对你产生足够的信任。所以，最后她选择深藏起自己的个性，在公众场合，做一个别人喜欢看的女人。根据季节和场合的变化选择服装和袜子的颜色及质地。希拉里还大胆尝试快速减肥法，在短期内成功减掉7公斤赘肉，使身材看上去比过去更加匀称。这就是现实生活中真实的希拉里。

幸运的是，美国妇女基金会在1998年制定了一个"白宫方案"，期望于在美国培养造就出一位女性总统，其宣传口号是：

“大约在40年前，人类听到的召唤是把男人送上月球；今天我们发出的召唤是把女人送进白宫。”希拉里当然不会放过这次“上帝赐给”的机会。而前总统克林顿对希拉里的强力支持也是一股不可忽视的力量。希拉里的一名顾问称，“克林顿时刻都在算着希拉里的总统前景，他跟很多人讨论这个问题，并非常积极地向人们推销他的夫人希拉里。”

提到克林顿与希拉里的最新关系，我们最后不得不再补充几句。美国媒体披露，希拉里和克林顿立下了一个关于地点、时间、人员的3W“夫妻君子协议”。协议规定了希拉里参选总统和一旦成为总统后，克林顿应该做或不做什么。克林顿在协议中宣誓对希拉里忠贞，如果再偷情，除了赔偿妻子数百万美元外，还必须公开向妻子道歉，并自动搬出家门接受惩罚，而不是像过去那样赖在客厅的沙发上撵也不走。希拉里为克林顿做出的安排是：一旦希拉里入主白宫，克林顿在白宫中将没有任何隐秘性高的办公室，为克林顿安排的办公室将会设在白宫东翼通常是第一夫人办公的地方，以防再重复克林顿和莱温斯基那些“温故而知新的故事”。克林顿未来的白宫办公室不允许招募任何年轻女实习生，下属职员只能是男性或60岁以上的女性。在这协议中清晰散发出的标志是这个曾经的第一夫人的野心：让王做我的男人。

彭丽媛

3月22日，新任国家主席习近平抵达莫斯科，开始对俄罗斯进行国事访问。此次是习近平当选中国国家主席后的首次出访，也是彭丽媛首次作为主席夫人陪同出访。二人一同走下舷梯的照片，成为了持续不降温的热议话题。从电视到网络，一股彭丽媛旋风席卷而来，这使得国人第一次如此为自己的第一夫人而骄傲。从她的衣着到表情，从她的配饰到言谈，任何一点小事都能占据各大网站的头条位置。这似乎是习惯愤世嫉俗的国人许久不见的对一个具有政治色彩的人物如此无争议的褒扬。不管是出访俄罗斯、非洲，还是在博鳌论坛，彭丽媛的随访都引发高度关注。网络检索中，“出访造型”、“歌唱家”、“国产品牌”、“服装股大涨”、“丽媛STYLE”等都成为了关联度最高的搜索词。这是新中国成立以来，第一位得到举国关注与赞扬的第一夫人，不少外媒评价她是“中国的新名片“。

彭丽媛和习近平的相识源于1986年。那年朋友给彭丽媛介绍了个对象，正是当时在福建厦门担任副市长的习近平。彭丽媛开始担心两地分居，本不想见面，但听朋友说此人“出类拔萃”，便同意见见。

见面那天，彭丽媛故意穿了条肥大的军裤，有意考验一下对方是否只看重外貌。没想到，习近平穿得跟自己一样朴素，而且一开口就吸引了她。他不问“当前流行什么歌”、“出场费多少”，而是问：“声乐分几种唱法？”彭丽媛一下子觉得跟眼前这个陌生人有了默契。

彭丽媛后来回忆起这次一见钟情，说：“当时我心里一动——这不就是我心目中理想的丈夫吗？人纯朴又很有思想。后来近平也告诉我：‘和你相见不到40分钟，我就认定你是我的妻子了。’”

但是，彭丽媛的家里出现了一些阻力。原因是彭丽媛的父母不愿女儿嫁给高干子弟，担心攀高结贵会让女儿受委屈。习近平安慰彭丽媛说：“我父亲也是农民的儿子，很平易近人。我家的孩子找的对象都是平民的孩子。我会向你父母解释清楚，他们会接受我的。”

终于，在1987年9月1日，彭丽媛和习近平喜结良缘。当时，身在京城的彭丽媛接到习近平的电话，几句话商定后，到单位开了张介绍信，就坐上飞机直飞厦门。一下飞机，习近平拉着她到照相馆去拍结婚照，办理结婚证，简单举办了婚礼。

婚后，两人一直过着牛郎织女般的生活。有一次，习近平有空来了趟北京看望彭丽媛，但彭丽媛突然接到通知，要去演出，她挂了电话半天没开口，怕伤了丈夫的心。可习近平知道后，反而宽慰她："没关系，你尽管走，我们总有团聚的时候。我不能让你为了我离开舞台，那样也太自私了。"

"我爱人是最优秀的人。"每当谈及习近平，彭丽媛总是一脸幸福。她说："我认为他是所有女人心目中最称职的丈夫"。彭丽媛在生活上也给予丈夫无微不至的关心和体贴。

一年冬天，彭丽媛去福建看望习近平，发现南方过冬没有暖气。回到北京，她就一直惦记给丈夫做床棉被，因为"街上卖的尺寸小，近平个儿高，捂不住脚丫"。她特地托母亲用新棉花弹了一床6斤重的大棉絮，又去布店扯了被面被里，自己一针一线缝起了一床新被子。

正巧那段时间彭丽媛要外出演出，先去东北，最后才能到福建。于是，她就背上鼓鼓囊囊的大被子上路了，途经沈阳、长春、鞍山等地，走一路背一路。路上彭丽媛还遇到两个旅客，一个说："这人像彭丽媛。"一个说："笑话！彭丽媛能背着被子到外地演出吗？不信咱俩打赌！"彭丽媛听了，哭笑不得。

一路颠簸将新被子送到远在福建宁德的丈夫手中，习近平盖上了，连声说好，彭丽媛这才放心了。

在家时，彭丽媛经常自己骑自行车去买菜，也跟别人讲价。"但他们不认识我，要是认识我，我就不好意思了。有的人会凑过来说，你长得跟一个人很像。我说跟谁像？他们说：‘你长得像彭丽媛’。”

习近平比彭丽媛大几岁，总是心疼她，把她当小妹妹待。每逢外出，习近平的旅行袋里总带着一个小录音机和几盒彭丽媛演唱的录音带。他虽然不太会唱歌，但特别喜欢听妻子的歌声。

彭丽媛最看重家庭，她曾坦言道：“若叫我为事业，不要家庭、不要孩子，我会觉得不可理解。家庭是女人的靠山，是平静的港湾。我的家庭同所有老百姓一样，是一个普通的家庭，一个幸福的家庭。”

彭丽媛的端庄典雅，以及作为艺术家所散发出的个人魅力，应首先看作是她“个人”的软实力。尽管软实力论说的初衷是以国家为主要分析对象，但在国内层面上，不同主体也能够发展以及培育相应的软实力，因为软实力并不局限于政府。哈佛大学有软实力，好莱坞有软实力，美国政府也同样有其相应的软实力，这在中国也不例外。

很长一段时间，中国领导人的配偶往往刻意保持低调，很少在国际舞台亮相，在公众场合，她们也从不谈论个人生活。这与其他大国（特别是美国）的情况截然不同。美国第四任总统詹姆斯·麦迪逊总统的妻子多莉，富兰克林·罗斯福的妻子埃莉诺，肯尼迪妻子杰奎琳，以及现任总统奥巴马的夫人米歇尔，都曾经或正在充分施展“第一夫人”的魅力，并在政治舞台上发挥积极作用。事实上，“第一夫人”已成为美国乃至西方政治体系中的重要组成部分。正如研究“第一夫人”政治现象的美国加利福尼亚大学教授阿尔戈尔说：“第一夫人在政治舞台上有独到影响力，可能成为一股政治力量。”

中国领导人配偶的低调行事，或许与中国的政治文化传统息息相关。此次，彭丽媛以第一夫人的身份“高调”亮相，显然不是个人作为，这与外事机构的外交新思路或新思维密不可分。在国家形象日益重要的大环境下，如何运用新的思路或方法，来赢取国际社会对中国政府的支持和理解，成为外事机构一个极具挑战的艰巨任务。相关机构与专家学者也纷纷出谋划策，其中最典型的就是中国政府最近几年提倡的“公共外交”。在国务委员杨洁篪看来，“公共外交工作中，政府更多的是发挥组织、推进作用，由媒体、民间组织、智库、学术机构、知名人士及普通民众活动为主”。换言之，公共外交可以简单看作是政府搭台，非政府行为体积极入戏。据此，公共外交是政府外交的一个重要补充，如果运用得当，它能够改善政府的国际形象，进而在对外交往中能够获得更多的优待。

彭丽媛的此次随访，显然是一次精心安排的“公共外交”。如外交学院国际关系研究所所长、国际安全研究中心主任王帆所言，“第一夫人的外交角色是对官方外交的一种非常好的补充。”作为这场公共外交的一员，彭丽媛向外界展示了其独特的风格与魅力。在公共外交中，灵活性与弹性至关重要，政府不能也没有必要控制每一个环节。这是因为，与依托硬实力的外交迥然不同，公共外交作为软实力的载体，它的主要特点在于其成效很大程度上取决于公共外交的对象是否心悦诚服。在这一点上，公共外交绝非“宣传”。一旦它演变为宣传，非但不能提升一国政府的形象，还会适得其反。

彭丽媛在国际舞台上的精彩亮相，表明这场周密安排的公共外交初见成效。它的成功并非缘于政府的广泛介入，而在于遵循公共外交的基本原则：用公共的价值观去触动公众，以真实的情感打动人心，晓之以理，动之以情。如同美国萨福克大学历史学者薛涌所说，“第一夫人的文化本质恰恰是朴实、浪漫的家庭生活，是对女性的尊重。”更重要的是，“第一夫人并不体现大国之荣光，她所体现的是一个社会的价值观”。

底特律之殇

2012年1月21日，奥巴马在他的第二任期就职演说中，曾经提到过底特律，他说："在从底特律的街道到阿巴拉契亚的山岭，再到纽顿的安静小巷，在所有孩子都知道他们得到照顾和珍视，并永远不会受到伤害之前，我们的征途不会终结。"这段话毫无疑问是对于选举对手罗姆尼的反击。而罗姆尼败选的硬伤之一，便是他曾经在2008年发表于《纽约时报》上的一篇文章《让底特律破产吧》。因为反对救助美国汽车业，反对救助他自己的出生地底特律，罗姆尼失去了关键摇摆州密歇根和俄亥俄。不过，奥巴马并没有能够挽救底特律，这座曾经闻名世界的汽车城，终于在2013年7月18日正式申请了破产保护。

底特律不是美国第一座破产的城市，自1937年以来，美国有约600个市、镇、县等申请破产，但底特律却是迄今为止破产的最大城市。它的破产的确让许多人感到不安，并怀疑这将成为美国经济复苏失败的直接证据。底特律的破产，让我们从变迁历史和对立观念中汲取经验。毫无疑问此刻的美国需要的不仅是马丁·路德·金式的美国梦理想，甚至还需要罗姆尼式的冷酷。可悲的是，无论是永远不会受现实压迫而低头的理想与激情，还是永远不会被幻觉和欲望所主宰的理智与清醒，这两样东西，没有一样曾经真实存在过。

汽车之城

底特律是美国密歇根州最大的城市，1701年由法国贵族探险家、毛皮商安东尼·门斯·凯迪拉克建立，是位于美国东北部底特律河沿岸的一座重要的港口城市、是著名的世界传统汽车中心和音乐之都。城市得名于连接圣克莱尔湖和伊利湖的底特律河，它源自法语“Rivièredu Détroit”，意为“海峡之河”。

法国人路易·亨内平乘船沿底特律河航行时发现，河的北岸有一块理想的定居之地。1701年，法国军官安托万·德拉莫特·卡迪亚克以路易十四的海军大臣蓬查特兰伯爵为名，在此建立了底特律河畔蓬查特兰堡，作为皮毛交易中心，同时也为往来于五大湖的法国军舰提供保护。

1760年，在法英战争期间，英国军队控制了该地区并将地名简化为底特律。当地土著部落大多与法国殖民者关系良好，英军的到来使他们生存受到威胁。1763年，由渥太华首领庞蒂亚克酋长率领的几个部落，发动了被称之为庞蒂亚克起义的战斗，但最终被英军击败。1796年，根据《杰伊条约》，底特律加入美利坚合众国。1805年，一场大火几乎烧毁了底特律所有的房屋与建筑，仅留下一座仓库和一个砖制烟囱。底特律市旗上缀有法国百合花、英国狮子和美国星条旗的标志，反映了这座城市的历史渊源。

18世纪末，底特律建造了大量镀金时代建筑并因此被称为“美国的巴黎”。由于占据五大湖水路的战略地位，底特律逐渐成为了一个交通枢纽。随着航运、造船以及制造业的兴起，底特律自1830年代起稳步成长。1896年，亨利·福特在麦克大道他租用的厂房里制造出了他的第一辆汽车。1908年，福特T型车下线。在福特与其他汽车先驱者威廉·C·杜兰特、约翰·弗朗西斯·道奇和霍勒斯·埃尔金·道奇兄弟、沃尔特·克莱斯勒等的共同努力下，底特律慢慢成为世界汽车工业之都。工业的发展吸引了来自美国南部的大量居民，使得底特律的人口数量在20世纪上半叶极剧增长。

19世纪上半期内，由于兴修铁路，欧洲德、英、荷移民大量拥入。造船业及航运业迅速发展，钢铁工业及机械工业等也随之发展。这座城市依靠附近有铁矿砂和炼钢厂的有利条件，逐步形成庞大的汽车工业。“汽车大王”亨利·福特1903年创建了第一家大规模的汽车生产厂，1914年首次使用装配线生产汽车。

1907年，底特律汽车经销商协会主办了首届车展，当时有1 7 家厂商和33辆汽车参展。车展原则上每年举办一次，但受二战影响曾在1943年至1952年期间停办。国际汽车制造商的参展历史却可以追溯到1957年。当年，美国三大汽车制造商通用、福特和克莱斯勒与沃尔沃、宝马、梅塞德斯－奔驰、捷豹和保时捷共同出现在展览大厅。

作为美国三大汽车公司：通用、克莱斯勒和福特的总部所在地，底特律见证了美国汽车工业发展的兴衰。很多底特律人都在怀念半个世纪前的幸福生活。底特律的发展从汽车业起步，被人们称为“美国汽车工业的摇篮”。它曾是“美国梦”的代表城市，让美国有了“汽车轮子上的国度”之称。几乎50%以上的底特律人都从事着与汽车相关的工作，他们不必为未来发愁，公司会为他们提供终身福利。

然而，“成也萧何败也萧何”，这座城市也因为过度依赖汽车工业而走入死胡同。随着油价的不断高企，以大排量、高油耗见长的美国车遭遇了节油性能较好的日系车的挑战。除此之外，美国南部的几大州也开始通过各种优惠政策与底特律争夺汽车工厂选址。2008年爆发的金融危机给了底特律致命一击，作为核心制造业的三大汽车公司裁员高达14万人，这个城市开始逐渐沦为空城。

如今的底特律更像是一位拿着酒瓶游荡的没落贵族，到处是空荡的摩天大楼和残破的乡村别墅。一些基础服务已中断，很多地方甚至已经没有了街道照明灯和警察服务。

底特律的消亡

对于底特律的破产事件，《福布斯》杂志是这样评论的：如果听到有身患重症的病人死亡了，我们听到的最多的回答便是，“太遗憾了，但一点都不意外。”这也是底特律申请破产带给我们的感觉。

底特律市不是一朝建成的，也并非一朝沦落。它的长期积弊是什么？追究起来原因主要有四个：地理位置优势的丧失，产业结构过于单一，福利过于优厚以及种族问题引发的大量人口外逃。

底特律因为通用、福特和克莱斯勒三大汽车公司总部齐聚于此，曾经是世界上最有名的“汽车之城”。汽车业的诞生和发展与底特律紧密相关。1914年，由老福特首创的流水线作业，不仅带动了汽车产业的蓬勃兴盛，更直接带来了美国20世纪20年代的“柯立芝繁荣”，成为美国进一步崛起的基石。在20世纪50年代的鼎盛期，底特律位列美国第五大城市，全城拥有将近200万人口。

底特律兴起的18世纪，内河水运依然是美国最重要的运输方式。身处五大湖水路战略要地的底特律，逐渐成为交通枢纽。底特律和其所在的密歇根州，依靠地下丰富的煤铁资源和廉价的内河运输，一跃成为美国的重工业中心，逐步使美国摆脱了对欧洲工业品进口的依赖。

但在远洋运输不再充满风险的今天，底特律的地理优势已经荡然无存。随着产业布局全球优化，密歇根州的钢铁厂被更加廉价的进口钢材所取代，密歇根州也成为媒体口中的“生锈地带”。新的工业中心在美国南方更靠近沿海港口的地方展开。底特律的汽车厂商在美国汽车市场的份额，也不断被日本和欧洲车瓜分。

随着各国汽车业的纷纷崛起、石油危机以及中国等新兴市场市场需求空间的扩大，一方面导致底特律的汽车业所占市场份额在下降，另外一方面底特律的汽车巨头们开始在全球尤其在中国等新兴经济体兴建汽车厂，这直接推动了底特律汽车产业就业岗位和提供税收的能力在急速下降。再加上前几年的金融危机让底特律的汽车业雪上加霜，遭受沉重打击，三大汽车公司大量裁员，导致城市的经济更加恶化。而在这过程中，底特律也想改变过于依赖汽车业的局面，力图实现转型，但其并没有匹兹堡那种把握机会的能力，最终直至破产也没有转型成功。

底特律的人口向外迁徙看似是和汽车业萎缩提供的就业岗位下降有关，其根本原因却是由于民权运动引发的种族紧张局势以及该市发生的极具破坏力的骚乱，使得白人和中产阶级流向郊外，减少了城市的税收基础。人口向外迁徙让底特律成为美国过去60多年中城市人口削减最多的城市之一。

1967年7月23日那场“南北战争以后最大规模的国内暴乱”将底特律从繁荣巅峰推向了下坡路。那一年黑人暴乱席卷美国32州114座城市，底特律暴乱则是其顶峰。时任美国总统为此被迫出兵五千入城镇压，死亡43人，受伤数千人，7200人被捕。全市到处纵火，11天内火警多达1600起，第12街的18个街区和大河路的3英里内化为焦土。三大汽车业巨头全部停工停产，白人中产阶级由此开始大规模逃离，市区人口锐减，底特律的噩梦也由此开始了。

暴乱之后当选并连任20年的底特律首任黑人市长科尔曼·扬后来在他的自传中写道：“暴乱最严重的伤员，是底特律城市本身，城市从此开始迅速荒芜。”工作、税收、投资等等各种机会都开始逃离城市。早在暴乱之前白人就开始逐步外迁，1966年达2.2万人。但是暴乱之后外迁速度更是疯狂。1967年暴乱发生后余下半年里，外迁人数达6.7万人，1968年8万人，1969年4.6万人。1970年，底特律有一半白人，到了2008年，白人只剩了10%。白人离开，在带走税基的同时，也将底特律变成一个贫穷的、黑人的“孤岛”。

高犯罪率和贫民窟现象使底特律变得“不适合居住”。上世纪90年代，为了促进当地旅游业，政府先后授权在城市中心地带建设了一批高档宾馆和三座赌场，希望将这座黑人人口占80%的城市打造为“美国黑人文化的中心”。不过，这个中心除了爵士乐、嘻哈说唱外，也包括帮派火拼、枪支、吸毒和犯罪。经济低迷造成贫民窟蔓延，贫民窟刺激犯罪率上升，高犯罪率制约经济增长，在底特律这三者逐渐形成了一个死循环。正如美国影片《8英里》中所述，底特律的黑人只有三条路可以选，要么努力在演艺圈、体育圈闯出一片天地，要么去当帮派小混混，要么去收废品。

2007年，底特律在全美暴力犯罪城市榜上排名第三，2008年，密歇根州三分之二的谋杀案发生在底特律，2010年，该城市连续第四年成为FBI眼中“最危险的城市”。

底特律的衰落，也与优厚的福利密不可分。高额的退休养老金和医疗保险，曾让底特律成为工薪阶层的天堂，但也是一个沉重的包袱。这样的结果是，产业在下滑，失业率在上升；税收在减少，福利开支却要增加。为维持运转，底特律政府只能赤字高悬。在这些情况的堆积下，破产毫无疑问已经成为了底特律的必然结果。

小政府大社会

对于很多国人来说，城市破产算得上是一件新鲜事。企业破产听多了，但城市不是属于国家属于政府的吗，这怎么可能会破产呢？这就要从美国的制度讲起了。

“小政府和大社会”是西方政府管理中的一个基本理论，城市的兴盛和衰亡也有它自身的历史际遇，“破产”也是一种自然的表现。美国许多地方政府都面临预算赤字过高的情况，因为它们在苦苦挣扎着偿还多年来积累的债务。作为最后的手段，一些地方政府申请破产。

城市“破产”可以视为西方“有限政府”的一个生动案例。在美国，城市的管理者是民众的“雇员”，政府开支要报请州议会批准，作为执行者，在法律等监督下，统筹纳税人缴纳的税金，用于公共运营。说到底，城市政府就是一个“有限责任”公司，民众用纳税参与投资，议会有监察和监管的权力。

1937年以来，美国有约600个市、镇、县等申请破产，金融危机爆发以来，就有十几个城市申请破产。从规模上来讲，这一波美国地方政府债务危机在加利福尼亚州和纽约州尤为严重。这两州的经济规模都超过希腊。由于面临结构性赤字，加利福尼亚州和纽约州经济几乎陷入瘫痪，美国出现城市破产主要是以下几个原因:

首先是经济原因，格林斯潘时代的美国实现长期低利率政策，借债成本过低导致政府大量负债，从而为以后爆发债务危机埋下了隐患，这是根本原因。

其次是政治原因。在西方国家也存在公务员收入过高的问题。他们的公务员分为政务官和事务官两类，政务官随政党进退，事务官则是常任文官。当代西方中产阶级大量破产，贫富分化严重，民众普遍缺乏政治热情，主要表现就是选举投票率过低，甚至很多选举选民总投票率都不到50%。在仅有的选民中，常任文官的投票热情最高。因此各个政党都将常任文官看做是自己的大票仓，争相向这些公务员允诺各种福利措施，长期以来导致公务员工资过高，机构臃肿的情况。

第三是多党制必然导致政府负债过重，每个政党上台后都拼命借债、花钱，还钱则是下任官员的事情。现代金融市场日益发达，债务融资相当便利，以至于很多政府都过度负债。任何债务都不是免费的午餐，借债就要付出成本。国际上一般规定“财政赤字不能超出财政收入的3%，政府负债不能超出GDP的60%”，一旦超出这个比例，政府就失去了还本付息的能力。

破产是最复杂的法律活动之一，其中涉及合同法、税法、房地产法等诸多法律。申请破产不只会给底特律带来极大的负面影响，也将使同属密歇根州其他城市的信贷价值遭到质疑。

不过，需要明确的一点是，地方政府申请破产，只是标志着该地方政府将失去清偿债务的能力，并不意味着政府职能的破产。不过，地方政府破产后，城市债券的投资者将成为首当其冲的受害者，因为地方政府破产相当于政府债券违约，即地方财政无力支付债务，发行的市政债券将无法到期偿还。此外，地方政府破产也将影响到普通民众的生活，因为破产后政府将不得不采取一系列措施，如加税、裁员、减薪等，使地方财政重回正轨。

有意思的是，美国联邦政府对于底特律市的破产并没有大包大揽。在底特律提出破产申请之后，奥巴马政府实际上拒绝了援助这个曾经辉煌的汽车之城，底特律所在的密歇根州政府也拒绝了援助的要求，甚至认为底特律破产是“必经之路”。

众所周知，经济危机之后，美国一直深陷于能否完成经济复苏的质疑之中，而底特律的破产无疑让这个质疑被加深了。出于政治影响考量，也许很多国家和政府的选择会是援助与拯救，是为其债务买单。实际上，压垮底特律的债务为180亿美金，这远远算不上是个无法承受的数字，但是底特律仍然破产了。这一方面让我们为之遗憾，毕竟底特律曾经是美国梦的象征之一，但底特律的破产却在另一个方面体现了美国精神：尊重市场规则与制度。申请破产保护，以市场经济规则应对城市危机，无疑是不让底特律纳税人直接为城市破败买单的最好办法。

来自底特律的启示

底特律与中国许多城市，有太多的相似之处：以为城镇化就能拉动经济发展，不惜背负大规模的债务，用于固定资产投资和城市建设，城市建筑遍地都是，却空无一人……从债务规模上看，底特律市政府的债务总共只有180亿美元，中国地方政府的债务总量曾经高达10.7万亿元人民币（合1.65万亿美元），个别城市的债务数量不一。据安邦研究团队掌握的情况，部分城市的债务可能高达数千亿元人民币，远远高于底特律市的债务规模。

几乎就在底特律正式申请破产保护的消息传遍全球的同时，一条名为《中国鬼城盘点》的新闻在中国国内引发了巨大的关注和争议。

这篇几乎登上了国内所有重要财经新闻网站的消息图文并茂地罗列了中国从南到北，从西到东共计12座设区市，称由于过度的房地产开发，使得这些城市出现了大量无人居住的空置楼盘，看似繁华整齐的水泥森林背后其实是鲜有人迹的“鬼城”。其中，既包括北方矿产名城鄂尔多斯，也包括中部赫赫有名的郑州郑东新区。

与底特律相似的是，这些城市都存在着大量无人居住的房屋；与底特律不同的是，这些城市中的许多仍然在继续建设着无人居住的房屋。

近年来，随着产能过剩问题日益严峻，中国一大批传统工业城市、资源型城市走到了命运的十字路口。无论是“钢城”还是“煤城”，抑或是其他靠单一传统产业支撑发展的城市，无不面临着转型升级的巨大压力。在“新路”没找到的情况下，许多城市仍在“旧路”上做着文章，而更多的城市则将目光投向了见效快的房地产业。

在许多业内专家看来，底特律的破产带给中国的警示首先在于城市的发展不能过度依靠单一产业，必须不失时机地主动推进城市产业更新换代、升级改造，抢占产业创新先机，必须克服追求低质量高增长的惯性思维和政绩观。如若不然，不仅“鬼城”之说将成为现实，中国许多传统的工业城市更有可能走向衰落。

当然，在中国不存在城市破产的问题，我国《破产法》根本没有地方政府破产的规则。美国是一个联邦制的国家，美国的各个州是美国联邦的组成部分，而不是美国的“地方政府”。美国实行高度的社区自治原则，因此，美国底特律的破产不会对其他城市的发展构成影响。中国的行政体制与美国完全不同，因此，底特律的悲剧不可能在中国上演。但是，这并不意味着中国可以高枕无忧，事实上，中国特有的财政结构以及监管机制，可能会让中国地方政府面临更大的风险。

中国地方政府都是典型的“无限责任”政府，虽然从法律上来说，中国的各个城市都具备独立的法人资格，都以自己的财产对外承担责任，但是，由于我国《破产法》不承认地方政府破产的问题，因此，一些地方政府即使面临非常严重的财政危机，也不会进入破产程序，更不会被宣布破产。这就使得地方政府的债务被掩盖起来，从而成为隐性债务。

其次，由于地方政府负责人意识到不存在破产的问题，因而在自己的任期内大兴土木，从而使得法律所规定的地方财政预算约束制度根本无法发挥应有的作用。部分地方政府在基础设施建设方面之所以敢于“大手笔”，根本原因就在于他们充分意识到，当地方财政出现问题的时候，中央政府一定会出手相助。就是这种特殊的依赖心理，使得地方政府在基础设施建设方面根本没有预算的概念。少数地方政府甚至把50年之后的财政收入都用于当前的基础设施建设，这种寅吃卯粮的做法，使得地方政府面临更大的财政风险。

第三，实行分税制改革之后，中央政府与地方政府之间的博弈始终没有间断，地方政府不仅吸引国有特大型企业投资间接地获得中央政府的支持，而且通过国有商业银行贷款直接从中央企业获得资金。近些年来，一些地方政府为了转移财政风险，设立了一个又一个“影子公司”，借助于企业破产制度，把地方政府财政风险变成企业的商业风险。越来越多的案例表明，一些地方企业的破产案件实际上是地方政府金蝉脱壳逃避债务的法律案件。

他山之石可以攻玉，虽然在中国目前体制下，我们很难引进美国的破产机制，但从解决问题的思路上，我们或许可以引以为鉴，地方官员应该为自己的盲目跃进承担责任。现在的情况往往是：上任官员为了在自己的任期上干出“成绩”，拼命融资大搞建设，在自己得到升迁后，却给下任埋下巨大债务地雷，此种情形屡见不鲜。

许多地方官员把“城镇化”简单理解为“房地产化”，把城镇化运作成“造城运动”，在短时期内，依靠政府大规模投资迅速拉动经济。但因为缺乏相关配套产业的支持，最后建出来的是一座座无人入住的“鬼城”，比如鄂尔多斯投资50亿建的新城，以及昆明呈贡新城等。

而在一些资源型城市，在短期内，它们可以靠出卖资源迅速崛起为“暴发户”，他们缺乏动力对资源进行深加工，并形成系统的产业链。而一旦资源枯竭、产量减少或遭遇市场低迷之后，城市经济马上衰落，这种情况亦不在少数。陕西神木是因煤炭富裕起来的，但在国内经济下行，煤炭市场低迷的情况下，由于缺乏其他产业支撑，财政收入遂一落千丈。

中国的城镇化要避免出现底特律，除了要注意防范债务风险外，还需要着重注意产业体系的建设，地区经济的持续健康发展必须要有产业支撑，卖地和卖资源都只可能一时之选，难以作为长期的经济基础，因为资源和土地都是有限的，这是很简单的“坐吃山空”的道理。没有健全的产业化就不可能有成功的城镇化，一时的喧嚣热闹过后，很快就会归于沉寂。殷鉴不远，不可不防。

纸钞

——国家名片

流苏织工精致，
每条都抵得上一百头牛的换价。
……
然而，宙斯，克罗诺斯之子，
盗走了格劳科斯的心智，
使他用金甲换回图丢斯之子狄俄墨得斯的铜衣，
前者值得一百头肥牛，而后者只有九条牛的换价。
……
比赛，充满痛苦的摔跤，
优胜者可得一只巨大的铜鼎，架在火上的炊具，
按阿开亚人自己估掂，值得十二头肥牛的换价。
比赛中的输者，他带出一名女子，
精熟多种手工活计，置放在人群里，价值四头肥牛。
……
日后，我们会征收物产，偿还你的损失，
已被吃喝的酒肉，在你的厅房，
每人支付一份赔送，二十头牛的换价。

——《荷马史诗》

毫无疑问，在《荷马史诗》中的交换已经具有了价值衡量的涵义，这已经初步超越了需要与否的早期阶段。人类的交换脱离了用剩余物资去交换所需品的简单逻辑，而牲畜无疑是成为了这个时期的货币，如同诗中的牛，已经成为了交换媒介和尺度象征。

从牲畜作为货币开始，货币进入了发展的历程，也首先开始了商品货币阶段中的非金属实物货币的阶段。这一阶段以牲畜为先导，陆续出现了多种多样的非金属实物货币。以金属货币出现为标志而结束。从理论上分析，其原因在于始终存在的降低交易成本的需要，这一需要不仅促成了货币的产生，而且还将始终成为货币表现形式不断抽象化、简便化的动力，使货币表现从非金属实物向金属过渡，以及后来向更抽象的纸制票证形式甚至无形化过渡。

人们之所以习惯于用贵金属铸币，是因为金银不易被仿造。金银本身并没有价值，人们所想象的金银价值是由货币的价值派生的，而货币价值是国家规定的。货币在国内市场上完全是按国家规定的名称重量来流通的，只有在国家权力不发生作用的地方（如国际市场），货币才按它本身的实际重量与成色来计算。实际上纸币价值体现的就是国家信用。

历史上流通的各种形态的货币，折射了不同时代政治、经济、文化的变革，以及社会生产力水平、交换形式的发展和演变。然而时至今日，当人们已普遍把“钱”的涵义理解为纸钞的今天，纸钞所承付的已经不仅仅是交换的意义了，它也同时肩负着一种国家名片的涵义存在着。我们几乎可以从每个国家的货币上，探索出它的历史、文化背景、政权象征，甚至是风景与建筑的特色。这无疑使得今天的“钱”相较于历史上的各种货币存在，更加具有文化意义和研究价值了。

这些东西，在纸钞出现前都是货币

用金属作为货币或者用各种贵重、稀有物品等作为货币显然是我们都已了解的货币历史。但是，除此之外，还有一些更为匪夷所思的东西也曾经作为货币存在过。这无疑是在我们开始讨论纸钞之前的一个有趣的过渡。

在所罗门群岛中的雅浦岛上，你会发现世界上最大、最奇怪的一种货币：雷石（raistone）。这些中间有洞的灰岩石块直径能有12英尺，重达8吨。由于雅浦岛缺乏制造这种雷石的灰岩石块，村民们会冒着生命危险，划着他们远洋航行的独木舟前往帕劳，在那里的山腰上切下这些庞然大物，然后用独木舟运回岛上，将其作为货币的使用。实际上这些石头通常留在原地，只有所有权发生变化。一旦来到岛上，这些东西就不能移动了，但岛上每个人都知道谁拥有哪些石头，转让行为在公开仪式上进行。实际上这和数字转账有着惊人的相似之处。比如：转账时钱并没有发生真实的移动，只是账户和户主名字的关系发生了改变。

在中世纪的俄罗斯，松鼠毛皮则是一种常见的流通货币。事实上，其常见程度超乎想象，以至于松鼠的口鼻部位、爪子和耳朵也被用作货币，用处大概是找零的“零钱”。意想不到的是，将松鼠当成现金来支出可能带来了一个意想不到的好处：在黑死病爆发期间，俄罗斯受到的打击没有其他国家那么严重。由于使用松鼠皮货币，它可能已经减少了携带病菌的寄生虫数量。

在支付工具中，还有过一个古老的存在：盐。事实上，工资（salary）一词就来源于拉丁文“salarium”，后者指的是支付给罗马士兵用于买盐的钱。在中世纪，这是撒哈拉大沙漠地区的主要货币形式，并在东非被广泛使用。通常，人们会舔一下盐块，以确定它的真伪，然后将它掰成小块，用来找零。其他难以置信、可以食用的货币包括：一种用椰子纤维包裹的姜黄香料纱球，曾在所罗门群岛的交易中使用；可可（或巧克力豆）曾广泛应用于整个墨西哥和中美洲；帕尔马奶酪，也曾在意大利被用作货币和银行抵押物。还有一种特别的不可食用的货币：缅甸的有毒种子货币。但这种货币至少可以证明，钱确实是可以从树上长出来的，或者至少是从灌木丛里长出来的。

相较以上种种，木头做的钞票虽然对钱包来说可能很粗暴，但是却显得正常了很多。它们是德国人在一战后为恢复经济的一种天才般的设计。当时，战争赔款协议令德国经济遭受毁灭性破坏，各地的乡镇开始印制“代用货币”作为本地支付工具，使用的材质各式各样，有木材、铝箔、丝绸亚麻布和扑克牌等等，这种状况一直持续到当时的德国央行——德意志帝国银行恢复元气。“因为在那时候，德国人终于意识到：收藏者将购买怪异的货币用于收藏，从而在实质上使之退出了流通领域。

中国的纸钞简史

纸币的出现是货币史上的一大进步。有人认为中国纸币的起源要追溯到汉武帝时的“白鹿皮币”和唐代宪宗时的“飞钱”。当时汉武帝时期因长年与匈奴作战，国库空虚，为解决财政困难，在铸行“三铢钱”和“白金币”（用银和锡铸成的合金币）的同时，又发行了“白鹿皮币”。所谓“白鹿皮币”，是用宫苑的白鹿皮作为币材，每张一方尺，周边彩绘，每张皮币定值40万钱。由于其价值远远脱离皮币的自身价值，因此“白鹿皮币”只是作为王侯之间贡赠之用，并没有用于流通领域，因此还不是真正意义上的纸币，只能说是纸币的先驱。“飞钱”出现于唐代中期，当时商人外出经商带上大量铜钱有诸多不便，便先到官方开具一张凭证，上面记载着地方和钱币的数目，之后持凭证去异地提款购货。此凭证即“飞钱”。“飞钱”实质上只是一种汇兑业务，它本身不介入流通，不行使货币的职能，因此也不是真正意义上的纸币。公认的说法是，到了北宋时期四川成都的“交子”才是中国纸币真正的开始。

纸币出现在北宋并不是偶然的，它是社会政治经济发展的必然产物。宋代商品经济发展较快，商品流通中需要更多的货币，而当时铜钱短缺，满足不了流通中的需要量。当时的四川地区通行铁钱，铁钱值低量重，使用极为不便。当时一铜钱抵铁钱十，每千铁钱的重量，大钱25斤，中钱13斤。买一匹布需铁钱两万，重约500斤，要用车载。成都是重要的经济重地，而且，蜀汉通往外界的道路又异常崎岖难行，因此客观上需要轻便的货币，这也是纸币最早出现于四川的主要原因。再者，北宋虽然是一个高度集权的封建专制国家，但全国货币并不统一，存在着几个货币区，各自为政，互不通用。当时有13路（宋代的行政单位）专用铜钱，4路专用铁钱，陕西、河东则铜铁钱兼用。各个货币区又严禁货币外流，使用纸币正可防止铜铁钱外流。此外，宋朝政府经常受辽、夏、金的攻打，军费和赔款开支很大，也需要发行纸币来弥补财政赤字。种种原因促成了纸币——“交子”的产生。

1900年来，“交子”诞生地始终是个谜。据专家考证，“交子”最早是以私下流通的形式出现的，所以又称“私交子”。北宋初年，成都一带商业十分发达，通货紧张，铁钱却流通不畅，于是当地16家富户开始私下印制一种可以取代钱币、用楮树皮造的券，后来被称作“交子”。当地政府最初想取缔这种“新货币”，但是这种“新货币”在经济流通中作用却十分明显，于是决定改用官方印制。但是这两种“交子”的诞生地却一直没人发现。

宋仁宗天圣元年（1023年），政府设益州交子务，由京朝官一二人担任监官主持交子发行，并“置抄纸院，以革伪造之弊”，严格其印制过程。这便是我国最早由政府正式发行的纸币——“官交子”。它比美国（1692年）、法国（1716年）等西方国家发行纸币要早六七百年，因此也是世界上发行最早的纸币。

“官交子”发行初期，其形制是仿照民间“私交”，加盖本州州印，只是临时填写的金额文字不同，一般是一贯至十贯，并规定了流通的范围。宋仁宗时，一律改为五贯和十贯两种。到宋神宗时，又改为一贯和五百文两种。发行额也有限制，规定分界发行，每界三年（实足二年），以新换旧。首届交子发行1256340贯，备本钱360000贯（以四川的铁钱为钞本），准备金相当于发行量的28%。“交子”的流通范围也基本上限于在四川境内，后来虽在陕西、河东有所流行，但不久就废止了。

清王朝灭亡之后，在战争的炮火中出现了“红军纸币”。这种纸币正面上方刊写“中华苏维埃共和国国家银行”12个字，左右各印五星，中间及四角由对称花饰组成，并有纪值“伍角”二字，下方注明“凭票贰张兑换银元壹圆”。背面以花饰为主。票幅67毫米×103毫米，正面呈浅紫色，背面呈浅红色，纪年1933。从票面设计内涵分析，尤其是将东半球和西半球地图分别嵌入“伍”和“角”这两个字的圆圈之内，以示将无产阶级革命进行到底。据查证，中华苏维埃共和国国家银行是1932年3月在江西瑞金叶坪成立，毛泽民任行长。当时打算发行1角、2角、5角、1元、5元、10元7种面额的纸币，但由于战争的原因，5元和10元纸币没有发行。1934年10月中央红军被迫进行战略转移，国家银行随军长征，并一度停止发行货币。红军到达遵义，为筹集物资，又发行纸币作军饷发给战士，离开遵义时，用银元和实物收回。红军到达陕北后，中央政府成立了西北办事处，国家银行也成立了西北分行。1937年1月，西北分行随中央政府机关迁至延安后，为进一步适应统一战线形势的需要，统一使用法币，从而停止了国家银行货币发行工作，并全面回收苏区纸币，因回收彻底，留传至今的属凤毛麟角。

1948年12月1日，中国人民银行在华北解放区的石家庄成立，并在成立之日开始发行钞票，即第一套人民币。这套人民币共有12种面额，最大面额为 5 万元，最小为1元。票面上的“中国人民银行”六个字由时任华北人民政府主席并主持中共中央财经工作的董必武同志亲笔题写。由于当时正处于解放战争时期，人民解放军打到哪里人民币就发行到哪里，所以第一套人民币曾先后在石家庄、北平、上海、天津、西安、沈阳等十几个地方印制过，版面多达62种。

人民币的发行为中华人民共和国成立后统一国内市场货币、建立中国的货币制度奠定了基础。但是由于第一套人民币面额大、票面种类较多、印制粗糙、说明文字多为汉字一种等缺陷，也给管理和使用带来许多困难。1955年3月1日，中国人民银行奉命发行第二套人民币，新发行的人民币面额较小，计价结算较为简单，且说明文字增加到汉、蒙、藏、维吾尔四种，便于在少数民族地区流通。同年 4 月1日，第一套人民币停止流通。

纸币上的文明

每个国家的纸币，基本都代表着一个国家的文明程度，再进一步说，可以看出一个国家的政治制度，这就是纸币上的文明。纸币上的历史人物，大体是一个国家的基本价值取向，民主国家还是极权国家，反映在纸币上，一目了然。

比如在亚洲国家的纸币上大多是国王，只有实行宪政的国家除外，如日本，一千元的纸币是《我是猫》的作者夏目漱石，一万元纸币是曾说过“一人之自由独立关系到国家之自由独立”的明治时代的启蒙思想家福泽谕吉。值得一提的是樋口一叶也登上了日本的纸钞。她是明治维新时代的平民女作家，也是第一位“登上”日元纸币的女性，日本近代现实主义文学的早期开拓者之一，也是当时妇女社会角色变化的先驱。用女性作家作头像，无疑显示了男女平等的思想在日本逐渐被接受。日本财务省有关负责人表示：“我们从来都是以政治家为中心的，在货币上更是如此，但如果从更广泛的领域去考虑，科学、文学、男女平等对我们同样重要。”

而在欧洲除了英国外，其他国家纸币上没有一个国王。通常只有四种人：学者、作家、科学家、音乐家，只有个别总督和民族英雄。比如在意大利里拉上，就印着意大利著名画家卡拉瓦乔的头像，后面的背景则是他早期的风俗画《占卜者》。德国的马克上则是德国著名钢琴家克拉舒曼的头像。值得一提的是，她本人的脸比这张照片要瘦。背景则是她用过的钢琴。英国人出于爱戴女王，在各种英镑的正面都是伊丽莎白二世的画像。而在法国这样一个崇尚哲学与艺术的国家，在各种面值的法郎上，都印有本国作曲家、画家、哲学家的肖像。

对于美国来说，最自豪的莫过于它的制度，而制度的建立者主要靠开明的有作为的政治家，因此，它就把著名的政治家的肖像印在了纸币上，如华盛顿、林肯、杰弗逊、格兰特等。而俄罗斯人怀念彼得一世，但又不可能找到他的照片，因为那时还没发明照相技术，就把他的雕塑的照片印在了新版卢布上。

在货币中，还有着一些有意思的小故事。比如美元虽然已经成为世界上最稳定的货币之一，但在历史上它也有过很不稳定的时候。事实上，在美元的作用增大以前，它必须遏制的是假币问题。在北美殖民地时代早期，印制美元很容易，当时有很多印钞厂，钞票的做工也不是很复杂，没有太多的防伪措施，因此，如何人为创造稀缺性呢？于是人们在钞票上印下“伪造者当诛”（To counter feitis death）字样。当时所有13个殖民地都在它们的钞票上印了这句话，后来这句话最终被“我们信仰上帝”（In God We Trust）取代。在“我们信仰上帝”之前，实际上是“我们信仰死刑”。”

相比于美国将“我们信仰上帝”印在钞票上，岛国帕劳则更进一步。2007年，帕劳共和国发行了一种银币，上面印有圣母玛利亚的头像，并伴有一个微小的水瓶，里面装着从法国露德的山洞里取出的圣水。一年后，该国发行了该款银币的第二套，以纪念圣母玛利亚在那个山洞显灵150周年。但圣水银元并不是第一种含有非常规材料的硬币。帕劳还发行过包含小块珠母贝的硬币，里面还镶嵌着陨石颗粒。库克群岛则更胜一筹，在纪念电视的发明时，它们将电视发明者贝尔德（J.L.Baird）的一段动态视频剪辑镶入硬币，使之成为了世界上最迷你的“平板电视”。

与这种“平板电视”相似的是蒙古发行的硬币。不知道当成吉思汗那些放牧牦牛的后裔首次看到2007年蒙古发行的面值500图格里克硬币反面印着美国前总统约翰.肯尼迪的头像时，他们会想到什么？他们大概不会想到，当他们按下肯尼迪胸部一个微小按钮，就可以听到肯尼迪著名的“我是一个柏林人”演讲的原声摘要，这也可以证明推出“和平队”计划的肯尼迪在蒙古深受爱戴。

在钱币收藏家的眼中，斯威斯兰的早期纸币无疑是个有趣的存在，因为上面印制的图案是一个裸体选妃的盛会。这种纸币的正面是国王索布扎二世，背景是议会大厦。索布扎二世是该国独立后的第一任国王，执政61年之久，是世界上统治时间最长的君主之一。他有120个嫔妃和1000多个子孙。背面图像的主题则是王国的芦苇节。芦苇节，又称芦苇舞节，是斯威士兰最为盛大的传统节日。每年8月，斯威士兰都要举行芦苇节，这一节日不仅是庆祝少女成人的盛会，更是国王一年一度的选妃盛典。参加盛会的少女们身着五彩短裙，上身赤裸，手持一束芦苇入场。

不过如果要说起最独特的纸币大概就是绿色越南钞票了。我们通常认为钱是一种可互换的东西，它可以用来交换所有等值商品和服务。但这一观点却决不是放之四海而皆准的，在有些文化中，特定货币只能购买特定东西，比如一位新娘或一块未开垦的土地。绿色越南钞票就是一个例子，它就像美国的救济补助票一样使用。在这种钞票的四周有很多穿孔的小券，你可以把它们撕下来买件衣服，买件衬衣或裤子，它实际上就是以衣服来确定面值的。

最漂亮的国家名片

天堂之境

法属太平洋领土的法郎大概是公认的最漂亮的纸币了。与贫困、饥饿、落后的非洲相比，法属波利尼西亚、新卡里多尼亚、瓦利斯和富图纳等，风景优美，物产丰富，居民过着无忧无虑的神仙生活。这种惬意的生活方式也被带到了纸币上，于是形成了法属风格的10000法郎的纸币：头戴花环的波利尼西亚少女，一头漂亮乌黑的秀发，夕阳的余晖洒在她的头发上，留下了橙金色的光芒。人像处理的非常好，充满立体感。她身后的背景是傍晚的海边村寨，金色的天空、海水、民居，人們脑海中能够想像到的天堂景色也不过如此吧?

美丽的雌雄国鸟

2006年9月8日发行的尼泊尔面值50卢比的钱币背面是一对雌雄尼泊尔国鸟——棕尾虹雉，背景是阿玛达布拉姆峰，在山的上方印有“尼泊尔中央银行金禧2005年”字样。据说，棕尾虹雉又名“九色鸟”，因身上羽毛闪烁着彩虹般的金属光泽而得名，是雉科虹雉属的一种。

钱币正面印有尼泊尔末代国王贾南德拉·比尔·比克拉姆，中间背景是鱼尾峰，左边背景建筑是尼泊尔中央银行总部办公大楼，右边背景是位于佛教圣地蓝毗尼的阿育王石柱，肖像右边的是尼泊尔中央银行50周年纪念标徽。

纸币上的“风流女皇”

这张有着一百多年历史的超大票幅纸币，是俄罗斯末代沙皇尼古拉二世时期发行的卢布之一。该币票幅超大，长25.8厘米，宽11.2厘米，整个票幅面积约为100元人民币的2.3倍。

该纸币的正面印有“1910”、“国家”、“钞票”、“100卢布”和“国家银行无数量限制兑换钞票和金币”等俄文字样，并附有当年俄罗斯货币发行部门两名负责人的签名；背面印有俄罗斯帝国女皇叶卡捷琳娜二世的头像，左边是持剑武士，为俄罗斯寓言故事中的人物。票面设计精美，雕刻细腻，线条流畅，浮雕感强，把俄罗斯帝国女皇叶卡捷琳娜二世的庄重与华贵表现的淋漓尽致。

在俄国历史上，叶卡捷琳娜女皇与彼得大帝齐名，这位俄国女皇，原为德意志一公爵之女，1745年嫁给俄皇彼得三世·费奥多罗维奇。1762年6月28日，叶卡捷琳娜二世在宫廷政变中废黜彼得三世，并登上皇位。她对外两次同土耳其作战，三次参加瓜分波兰，把克里木汗国并入俄国，打通黑海出海口，她建立了人类历史上空前绝后的俄罗斯帝国。她的政绩卓越，一段段令人目不暇接的情史更成为一代代史学家津津乐道的话题。

文化至上

目前流通的瑞士法郎纸币是自1995年至1998年发行的10法郎、20法郎、50法郎、100法郎、200法郎和1000法郎6种面额。纸币图案采用竖式设计，正面人物是瑞士文化界的6位知名人士肖像，占整个票面的一半；背面是代表他们成就的若干个合成的图案。100法郎的正面是雕塑家和绘画大师阿尔贝托·贾科梅蒂的肖像。背面是贾科梅蒂的代表作：塑像《前进的人》、自传《梦·司芬克斯与T之死》插图。

探索无止境

新西兰元5元面值纸币上的男子是埃德蒙·希拉里爵士，他和伙伴于1953年登上珠穆朗玛峰，是成功登顶珠峰的首批探险者之一。5元纸币的颜色也暗示了希拉里当年登上珠峰时的艰难。1958年，他还领导探险队第一次横穿南极洲。

相夫教子

冰岛克朗是冰岛的官方货币，在冰岛语中是“皇冠”的意思，纸币面额有100克朗、500克朗、1000克朗、2000克朗以及5000克朗等。其中5000克朗面值的纸币上的人物是拉格希尔·荣斯蒂尔（1646年·1715年），她曾是两位冰岛主教的妻子，还是一位著名的裁缝。纸币背面是荣斯蒂尔正在教两名学生学习的情景。

生殖崇拜

库克群岛是澳大利亚所属的太平洋岛屿，人口仅数千。由于人口较少，自古以来崇拜生殖。在发行的纸币上也印上了他們所崇拜的生殖神图腾，可以說是在全世界纸币中绝无仅有的。

国家信用的崩塌——不值钱的钱

我们知道，实际上纸币价值体现的就是国家信用。而国家信用是否值得信赖，其中有一个衡量标准就是这个国家是否存在严重的通货膨胀问题。

在讨论通货膨胀这个话题之前，或许我们应该先讨论一下货币背后不同的发行制度。而最好的例子，莫过于美国与中国之间的货币发行制度差异了。

在美国货币是负债，而在中国货币被视为一般等价物。美元的背后是期货，是意识中将来会有的商品，而人民币背后是现货，是为了分配现有商品而人为创造出的一般等价物。这是文化和历史不同造成的差异，反应了不同的思考问题的逻辑。

有人曾经提到过这样一个例子：在古代有甲乙两人，甲某天无法打猎了就跟乙说，你把你昨天猎到的那头鹿给我我明天还你，为了空口无凭甲给乙打了借条，这个借条就是美元的理论基础。随着人际往来的日趋复杂，甲给乙打的借条往往会流落到第三方手里，人们逐渐习惯了只认借条不认人，再后来人们发明了一种统一的可以重复使用的借条，这种统一的借条就是钱也称货币。有时候甲前一天借了一头鹿可是第二天用一口猪去还债乙也愿意，因为大家认可猪和鹿是等值的，于是借和还在货币的作用下演变成了买和卖。因为没人愿意接受昨天借出去一头鹿而今天对方还来一只鸡就想撤借条的行为，所以美元能够保持币值稳定靠的是它的“期货”本质。某人手中的货币既是市场对他过去劳动的度量也是他可以向市场中其他人索取其劳动产出的债权凭证。同时人们也给货币赋予了更多的意义，诸如流通手段、支付手段、贮藏手段等等，但对其本质最准确和形象的理解依然是借条，它度量并记录着某人因为消费了他人的劳动而欠下的债务。

但由于资产品价格和数量必然会变动，因此抵押贷款制度下货币总量与商品总量相等的可能性不大，同时由于资产品分布不均必然造成货币分配不均，这样资产品必然会成为整个经济体系运行的不安定因素。经济体内货币数量的波动使得人们不得不时常体验通胀和通缩的痛苦滋味。而通货膨胀就是指因货币供给大于货币实际需求，导致货币贬值，而引起的一段时间内物价持续而普遍地上涨的现象。造成通货膨胀的直接原因是国家财政赤字的增加。政府为了挽救经济危机或弥补庞大的财政赤字，不顾商品流通的实际需要，滥发纸币。他们之所以要利用这种办法来弥补财政赤字，是因为这种办法比起增加税收、增发国债等办法富于隐蔽性，并且简便易行。其实质是社会总需求大于社会总供给。纸币、含金量低的铸币、信用货币，过度发行都会导致通胀。

说起通货膨胀最严重的国家，大概就是津巴布韦了。津巴布韦中央银行在去年宣布，将发行单张面额1000亿津元的钞票，以对付通货膨胀。目前，津巴布韦官方公布的年通货膨胀率高达

2200000%。

为了应对完全失控的通货膨胀，津巴布韦出现了天价面额的1000亿津元的钞票，不过这样一张钞票，仍不足以购买一条面包。有些津巴布韦人要求政府发行面额更高的钞票。当地人皆认为，新的千亿大钞还未问世就已经不值钱，连吃顿饭都成问题。一名津巴布韦男子表示，他光是坐车回家就需要2500亿新币，新钞根本不值钱。

津巴布韦曾是非洲最富裕的国家之一，但该国经济近年来崩溃，全国至少80%的人口陷入贫穷，面临生活基本物资大量缺乏的窘境。长期经济危机让至少80%的津巴布韦民众生活在贫困线以下，当地商店基本生活必需品奇缺。通货膨胀让津巴布韦普通民众手握百万却近乎一文不值——目前津巴布韦货币最小面额为100万。

由于纸钞印制太多，以至于印钞纸供货商货源供应不上，津巴布韦政府未来可能面临“无钱”可用的尴尬境地。德国印钞供应商在国际社会的压力下，对津巴布韦实施禁运。津巴布韦的一位高级官员说，津巴布韦现存的印钞纸可能将在两周内用完。据说，黑市上的汇率已经达到1美元兑换8亿津元。

索马里的通货膨胀也相当严重。在索马里，任何人都可以用钱砸死你。据说索马里一个茶杯也要500先令，人们出行都提着大包小包的钱。出现这样的原因，还是在于索马里政府没有一个很好的经济规划、没有正确的宏观调控，导致索马里的经济一度十分混乱。社会上涌现出各种名目的地下商人，假币伪钞大量的流入市场。据世界银行估计，索马里社会现金流里大概有80%的钱都是假币或者私自印刷的伪钞。生活在这里的好处就是，自己可以印钞票，坏处就是，别人也能印钞票。

同样不值钱的钱还有伊拉克的伊拉克丁和朝鲜元。伊拉克战争给伊拉克社会和人民带来深重灾难，新伊拉克丁也随着萨达姆的倒下而一路下跌。据统计，伊拉克的通货膨胀较之2012年上涨了50%，石油天然气的黑市交易更使伊拉克经济变得混乱不堪。伊拉克人民有个“奢侈”的爱好，那就是烧钱。没事就烧烧钱玩非常之惬意。当地民众的观点是：如果钱真跌到与纸巾一个价格，那我就用纸巾当钱，钱当纸巾。

和伊拉克的烧钱相比，朝鲜人显得要低调一些。朝鲜在国际经贸市场上只有很少的权利，由于各种复杂的关系，美国冻结了朝鲜在国外银行的帐户，直接导致了朝鲜元的下跌。于此同时近几年来，朝鲜国内物价飞涨，最高时甚至达到了550%。这就是传说中的捏着钞票不如包着馒头踏实的地方。传闻说朝鲜民众已经大有回归原始、以物换物的趋势了，毕竟这看上去比拿着钱要有安全感。

无间行者

2012年11月20日，加沙。巴勒斯坦的哈马斯武装人员驾驶着摩托车，拖着一名男子的尸体游街示众，这名男子因为为以色列人“工作”而遭到枪决。当天，巴勒斯坦的哈马斯武装人员枪毙了6名所谓的“投敌者”。哈马斯对于“通敌卖国”的加沙间谍一般都是当众处死。虽然根据巴勒斯坦法律，处决令需要民族权力机构主席阿巴斯签署，但割据加沙的哈马斯武装并不管这些。很显然，间谍并不如我们想象的那样，都过着007那样名车美人的生活。作为国家利器的存在，间谍在效忠于国家和政治势力，享受着某些特权的同时，也背负着艰巨的任务，并面临着随时可能到来的威胁与危险。广义上来说，间谍是指从事秘密侦探工作的人，从敌对方或竞争对手那里刺探机密情报或是进行破坏活动，以此来使其所效力的一方有利。间谍的主要任务之一，就是采取各种手段窃取情报，进行颠覆、暗杀、绑架、爆炸、心战、破坏等隐蔽行为。间谍是一种极具风险的职业。从事间谍情报工作，好比刀头舐血，整日生活在危险之中，以色列间谍被拖尸游行的事件令不少人对其中的残忍感到震惊，而恐怕更不幸的是，在那个可怜的间谍成为尸体之前，他可能还经受过更加残酷的严刑。

很多关于间谍的事件都被保存至历史内。《孙子兵法》还将间谍分成乡间（又称因间，敌人的同乡）、内间（敌国的官吏）、反间（收买敌人的间谍）、死间（向敌人散布谣言，事败后，间谍必死）、生间（能活着回来的间谍）5种。

考底利耶的学徒旃陀罗笈多，即印度孔雀王朝的开国君主，熟用了暗杀和间谍活动等技巧，并将这些技巧写在《政事论》里。此外，希伯来人和古埃及人也有研究和使用到间谍的策略。在日本封建历史上，君主们亦会使用忍者来收集敌军的情报。到了近代，例如在英女王伊莉莎白的统治下，间谍更是扮演着一个很重要的角色。至于现代的间谍手法，当然会比以前的更加精彩，但是间谍们的危险，却丝毫没有因为科技的进步而减少。在国与国的利益竞争下，间谍无疑是其效忠国最尖锐的利器之一，但是作为这样“国之英雄”的存在，却很少有间谍能够获得其效忠国的承认。勋章无影，誓言无声，而那些能被世人所知道的间谍们，可想而知其曾为国家做出过多么突出的贡献，而更多的间谍，则是在永远无法摆脱与轮回的无间炼狱中，做着无名的无间行者。

地球上第一个女间谍：娣莱拉

在西方国家的间谍教材里，娣莱拉被公认为是“地球上第一个女间谍”。娣莱拉生活于公元前10世纪，《圣经》中就有关于她的记载（娣莱拉旧译为“大利拉”）。娣莱拉这个词在今天的英语中除了是个人名，还喻指陷害男人的女骗子，尤指通过色相勾引男子的女诱骗者，这自然是由于娣莱拉曾为显赫一时的女间谍。

杰里科位于死海之畔，是世界上的第一座城市，在《圣经》里被提到71次，它也是巴勒斯坦率先自治的地方。公元前10世纪，娣莱拉出生在杰里科城附近。当时谁也不会料到，这个小女孩将来会做出惊天动地的业绩来，成为影响历史的杰出人物。

娣莱拉生逢乱世，自幼贫苦，但她天生丽质，人见人怜。其时，巴勒斯坦德两个强大的民族——非利士人和希伯来人为争夺“迦南地”正进行着你死我活的厮杀。其缘起是一个叫摩西的希伯来人带领他苦难的同胞走出埃及后，在今天的巴勒斯坦一带安顿了下来，但他们遭到非利士人的顽强抵抗，双方为争夺地盘而战。在一个风高月黑的可怕夜晚，希伯来人血洗了娣莱拉所在的村庄，把男子悉数杀死，将妇女俘虏并加以奴役和奸淫，美丽的娣莱拉自然难逃厄运。

被摧残后的娣莱拉迫于生计，沦落为当地有名的风尘女子，终日醉生梦死。非利士人与希伯来人的战争进行得旷日持久。非利士人因人多势众，开始时在战争中一直居于上风，但自打希伯来人中出了一个名叫参孙的大力士后，非利士人的厄运便来了。参孙年方20，长得虎背熊腰，牛高马大，有万夫不敌之勇，能赤手空拳撕碎狮子，根据《圣经》的记载，参孙身材魁梧，骁勇善战，杀人如麻，有一次曾用一块驴腮骨一口气杀死上千名非利士人。这样的人如不制服，非利士人很难取得战争的胜利。即便是再强大的人，也不会没有弱点。参孙有一个致命的弱点——生性好色。由此，非利士人想出了智取的办法——美人计，诱使参孙掉进陷阱。非利士人的“美人计”的实行者就是娣莱拉。

娣莱拉虽然只有18岁，但是已经妖冶得能使高山低头，使部落灭亡。当非利士人的首领找到她，要她充当诱杀参孙的女间谍时，娣莱拉一口就答应了下来。这是因为娣莱拉对于希伯来人有着刻骨的仇恨。非利士人有意将参孙引诱到了娣莱拉所在的地方，参孙一下子就被娣莱拉的美貌迷惑住了。后来，他不顾本民族希伯来人的强烈反对，娶了一个美丽的非利士女子为妻，还同娣莱拉打得火热，两人成为公开的情人。一天，两人耳鬓厮磨、情浓意浓之极，娣莱拉问参孙："我的英雄好汉，你是世间第一强人，世界上不会再有你害怕的东西了吧？"参孙听后虽然得意但默不作声，可禁不住娣莱拉的挑逗与诱惑，终于忍不住说："这世上没有我害怕的东西，不过，要是有人用7根湿皮绳绑住我，我就只有束手就擒了。"娣莱拉探得这一绝密情报后，迅速通报给早已等候在门外的非利士人。这些非利士人火速行动，用7根湿皮绳把参孙捆了个结结实实，谁知参孙狡猾地哈哈大笑，然后稍一用力，7根皮绳应声崩断。非利士人见状大惊，纷纷四散而逃。原来，参孙并未说实话，对娣莱拉留了一手。娣莱拉的间谍身份彻底暴露了，她的处境之危险可想而知。但是娣莱拉无愧于间谍鼻祖的称号，她处变不惊，随机应变。面对参孙愤怒的目光，娣莱拉知道对这一好色勇夫来说，眼泪是最好的武器，于是装作满怀委屈地说："是非利士人逼我干的，我没办法啊！"那楚楚动人的模样，重新得到了参孙的怜爱，两人又如胶似漆了。

间谍的重大使命还得继续完成，娣莱拉后来又多次缠着参孙对她说出力大无比的奥秘。真是英雄难过美人关，参孙有一次在半梦半醒间，终于迷迷糊糊地将秘密和盘托出，说力量集中在他的头发上，只要剪去他的头发，便与普通人没什么两样。这一次，参孙说的是实话。

不辱使命的娣莱拉用剪刀割掉了参孙的头发，然后去叫来了非利士人，失去力量的参孙被俘了。这下，娣莱拉成功了，非利士人欣喜若狂。他们把被俘的参孙的双眼剜去，给他戴上手铐脚镣，拴在一间地牢的石磨边，让他像驴子一样天天推磨。参孙积蓄力量，伺机复仇。非利士人一年一度的夏收节到了，他们邀请娣莱拉作为嘉宾出席，同时也把参孙押到会场，决定将他斩首示众。"不杀不足以平民愤"的参孙马上就要被砍头了，非利士人无不扬眉吐气。

会场上的欢乐声，尤其是娣莱拉的盈盈笑语，深深刺痛了参孙，深藏的复仇心理使他爆发出无与伦比的力量，一头向支撑会场的大石柱撞去。大柱被撞断了，整个大厦也随之轰然坍塌，全屋的人都被压在下面，娣莱拉和参孙也被砸身亡。原来，非利士人忘了，参孙的力量源泉在于头发，过了这么久，他早已长出新的头发，浑身又有了无敌的力气。这一结局，谁也没有预料到。

一代勇士就这样走入历史的尘土。希伯来人并没有瞧不起因好色而失去生命的参孙，他们为参孙举行了隆重的葬礼，在他的墓碑上写着："他是一位真正的英雄，假如没有女人的话；但即使有了女人，他仍不失为一位民族英雄。"他们也为娣莱拉的事迹所感动，在离参孙不远的一个山沟里厚葬了娣莱拉。娣莱拉的墓碑上写着："她毁了一个英雄，同时也造就了一个英雄，毕竟，能够这样做的女人，她是千古第一位。"就这样，人类史上第一个出色的女间谍娣莱拉，也被历史永远地记住了。

个人成就最高的特工：普京

在世界的情报机构中，克格勃无疑是极富盛名的一个。克格勃是1954年3月13日至1991年11月6日期间苏联的情报机构，以实力和高明而著称于世。前身为捷尔任斯基创立的"契卡（Cheka）"，前苏联早期的情报机构契卡将总部设在彼得格勒（圣彼得堡）霍瓦亚大街2号，1918年苏俄政府迁都莫斯科，契卡总部也在1920年迁到莫斯科克里姆林宫附近的卢比扬卡广场11号。

克格勃的职权范围大致与美国的中央情报局（CIA）和联邦调查局（FBI）的间谍、反间谍部门相当，在某方面甚至超过美国。该机构可追溯到1917年12月苏俄政府刚建立时成立的"契卡"，捷尔任斯基为第一任首脑。

冷战期间，“克格勃”的职能过大，涉及国内的所有领域。自东欧剧变、苏联解体后，俄罗斯继承了克格勃的相关机构，但力量已经大为削弱。随着俄罗斯经济实力的逐渐恢复，为应对北约东扩、格鲁吉亚等传统势力范围的不断被蚕食和国内分裂势力抬头的新局面，俄罗斯的情报机构开始重新纳入国家安全的重点领域，情报活动也重新活跃起来。

克格勃的情报能力有口皆碑。一个众所周知的事实是：现俄罗斯联邦总统普京，当初也曾是克格勃的一员。1999年12月31日晚，年迈的时任俄罗斯总统叶利钦宣布辞职，把总统宝座“让贤”给总理普京。克里姆林宫敲响千禧年的钟声，俄罗斯步入“普京时代”。2010年5月，在莫斯科召开的一个俄罗斯国家科学院会议上，普京首次公开承认曾于1985年到1990年间，作为克格勃特工在东德从事反西方国家的工业间谍活动。

普京执政后，“克格勃情结”表现得尤其明显，其治国方略和执政风格都受此影响。普京也毫不讳言：“始终以克格勃经历为荣”。绝大多数普京传记中，都记载着普京童年和青年时期与人打架的故事。而在其自传《第一人》中，普京也说，童年时期的他就是个“小流氓”。在年幼的普京看来，读书并不是通往成功的道路。他乐于把自己弄成一个小混混的样子。与那时的“对手”相比，普京的年纪更小，体格也更弱小，但他丝毫不愿示弱。“如果有任何人胆敢惹普京，他会立刻跳到那个人身上，又抓又咬、扯对方头发——他会想尽办法，绝不允许有人以任何方式侮辱他。”普京的朋友们回忆说。

10岁左右，普京不再打架，他开始寻找其他方式挥霍精力。他曾尝试过拳击，但这被证明太痛苦了——在最初的几次拳击训练中，普京的鼻子都被打伤了。后来，他又开始练桑搏。这是俄罗斯的一种格斗术，意为“无器械自卫术”，糅合柔道、空手道以及传统摔跤的技法。据说，决定练习桑博也与普京的抱负有关，因为他听说克格勃希望招收来的新成员在徒手格斗方面技艺超群。“想象一下，在所有人都想当宇航员的时候，那个男孩却想当克格勃。”记者娜格沃克严对美国《新闻周刊》说。其实，在那个年代，普京的克格勃梦想并不像娜格沃克严形容的那样特立独行。“我读9年级的时候，受到了电影和小说的影响，我开始有一种愿望，想为克格勃工作。”普京曾经对一名传记作者说，“这没有什么特别的。”

20世纪60年代，在苏联文化部门的大力宣传下，秘密警察有着浪漫、甚至光辉的形象。普京12岁那年，一本名叫《盾与剑》的小说正在畅销，其主人公正是一个在德国执行任务的苏联特工。普京15岁时，这本小说又被拍成极受欢迎的电视连续剧。普京显然深受这部小说和电视剧的影响。不过，《新闻周刊》认为，普京的“克格勃梦”或许另有“隐情”。报道称，二战期间，普京的父亲曾被派往军队，与苏联内务人民委员部，即苏维埃秘密警察组织一起工作，因此可以同时从火车车厢工厂和秘密警察组织领取薪水。这也就能够解释为什么普京一家的住房条件相对较好。

1985年至1990年间，普京曾作为克格勃间谍在东德德累斯顿市工作过，他当时的公开身份是莱比锡“苏德友谊之家”主任。虽然普京从未刻意掩饰他的这段间谍经历，但是在2010年5月的这番言论可算得上是迄今为止普京就该话题给出的最为坦诚的回应。在俄罗斯国家科学院的一次会议中，普京透露，至少他工作的一部分内容是在东德收集西方国家掌握的敏感科技和工业信息，而在得知自己传回苏联的情报没能用来弥补苏联和西方国家巨大的技术差距时，他感到越来越郁闷。普京还感叹说，他不明白为什么苏联科学家不利用他们辛苦搜集回来的情报。他说道："我们真的很努力工作，一次又一次成功获得新情报，但它们却丝毫没有派上用处。我们曾不断询问：'它在哪？它们会在我国经济的哪一领域发挥作用？'哪儿都没有！它们根本没有起到一点儿作用。"

普京在间谍生涯中，具体做什么，很少有人知道。曾与普京在东德德累斯顿克格勃分部共事长达5年之久的前苏联克格勃少校尤索尔泽夫在他的一本新书中，首次向世人披露了普京间谍生涯中鲜为人知的一幕：普京当时的工作之一就是找出那些住得离美军军事基地较近的西德公民，在帮他们获得探亲许可证进入东德后，再伺机从中发展出可以帮助克格勃监视美军动向的线人。在德累斯顿克格勃分部工作期间，普京还参与了克格勃绝密的"光束行动"，该行动中克格勃监视的对象不再是北约或美英军事基地，而是他们的东德盟友。莫斯科当时频频要求得到有关东德领导层的一切内部信息，以便可以知己知彼，去掉那些不合作的东德官员。普京还试图建立起一个庞大的刺探经济情报的间谍网，以确保能为莫斯科收集到有用的经济科技情报。此外普京的工作还包括帮助外国克格勃间谍获得掩盖身份的假证件，譬如在德累斯顿身份登记局克格勃线人的帮助下，帮助外国间谍伪造护照等。

俄罗斯坊间曾有一段传闻称，柏林墙倒塌后，1989年12月的一个夜晚，东德游行抗议民众捣毁了东德国家安全机关后，聚集到普京所在的办公楼外，准备围攻。当时，一名灰白头发的克格勃人员握着手枪说："这是苏联领土，任何人过界，我都会开枪！"后来大家才知道，这个人就是普京。但是普京在《墙》中更正说，自己从来没有对群众喊过话，"其中一个晚上，群众确实靠近了我们所在的大楼，但并没有发生冲突。"柏林墙被推倒后，普京停止了在德国的间谍工作。"那时候，多数人都处于迷茫之中，不知道明天会发生什么。我那时想当一名出租车司机，就用我那辆在东德当情报官员时买下的俄产伏尔加轿车。”不久，普京向克格勃打了辞职报告，但未被批准。

1991年8月20日，在“8·19事件”后的第二天，普京第二次打了辞职报告。这一次，报告被批准了。在获准辞职后，普京马上找到在列宁格勒电视台工作的朋友沙德汉：“我想坦白诚恳地讲讲我过去的工作，使之不再是秘密，并且没有人能够再以此来威胁我。”他们进行了长时间的谈话，并承认自己“做过许多见不得人的工作，这是事实，很遗憾。”这次谈话后来在列宁格勒电视台播放了。此后，每当有人对普京暗示他的过去时，他就会说：“都说了，这一切大家都已知道了。”但大家知道的是全部吗？在普京被叶利钦定为“接班人”后，早已统一的德国情报部门试图调查普京当年在德国的活动。但让人震惊的是，在被接收的东德国家安全部的档案中，有关普京的档案已全部不翼而飞。

007的原型：约·托马斯

英国特工詹姆斯·邦德，代号“007”，冷酷但多情，机智且勇敢，总能在危难时刻化险为夷，也总会邂逅一段浪漫的爱情。“007”是小说里的人物，更是银幕上的经典，半个世纪以来一直风靡全球，成为世人心目中的英国符号。最近，英国历史学家索菲·杰克逊从英国国家档案馆最新的一些解密文件中发现线索，“007”的故事或许取材于二战的真实经历，人物原型是二战时英国传奇特工弗里斯特·汤米·约·托马斯，代号“白兔”。

解密文件包括创作“007”系列小说的英国作家伊恩·弗莱明在1945年5月撰写的备忘录，其中记载着他向同事们告知了约·托马斯已从盖世太保手中逃脱的记录。二战期间，弗莱明供职于海军情报机构，与约·托马斯分属不同的秘密情报系统。

在今年的伦敦奥运会开幕式上，英国女王伊丽莎白二世客串了一回“邦女郎”，最后由女王替身与“007”的扮演者丹尼尔·克雷格一前一后纵身跳下直升机，空降“伦敦碗”，堪称整场开幕式的经典场景之一。关于高空跳伞的创意，不仅符合小说和电影里“007”出其不意的行事风格，而且呼应约·托马斯的冒险经历。

二战期间，约·托马斯曾经三度跳伞潜入遭德军占领的法国，执行秘密任务。像电影里的“007”一样，约·托马斯会说流利的英语和法语，掌握各项摆脱跟踪的技能，也曾落入敌手而惨遭酷刑。约·托马斯摆脱敌人跟踪的招数包括：躲在灵车中，从飞驰的火车上跳下，伪装成他人，以及扼死保安。在小说和电影中，这些招数统统被“007”用过。

有一次，约·托马斯搭乘火车从里昂前往巴黎，发现他所在的餐车车厢里到处是德国人。更糟糕的是，他身旁就是臭名昭著的纳粹头目、绰号“里昂的屠夫”的克劳斯·巴比。那段时期，盖世太保对这名英国特工“白兔”已经有所察觉。不过，约·托马斯不动声色，用法语与巴比交谈起来，假装赞成德军占领法国，竟然蒙混过关。火车抵达巴黎后，约·托马斯一溜烟没了踪影。在小说《007：俄罗斯情书》中，“007”乘坐东方特快列车，与敌人在车上边吃边谈，便是取材于约·托马斯的这段经历。

1944年2月，约·托马斯第三次潜入法国，不幸于3月21日在巴黎被盖世太保逮捕。他连续4天经受不间断的酷刑折磨，例如用铁链拴住四肢、把头浸入冰水中。这类刑讯一直持续了两个月，其间，他手腕被铁链勒伤、险些因血液中毒而失去左臂。然而，他始终没有向德国纳粹吐露反法西斯同盟的人员信息，还两度尝试越狱。随后一年多里，他先后在多所监狱和集中营被关押，多次越狱未遂。1945年4月中下旬，他带领一群同伴一度逃出集中营，但在经历了连续3天吃不上饭的折磨后，就在距离美军防线不到800米的地方，他们又被德军抓了回去。不过，几天之后，他又带着10名法国同伴越狱，成功穿过德军哨卡进入美军阵地。2006年电影《007：皇家赌场》中，丹尼尔·克雷格饰演的“007”遭敌人抓获，被冷水浸头等刑讯折磨，与约·托马斯的经历如出一辙。

按照《牛津国家人物传记大辞典》的评价，约·托马斯是“在敌后执行任务的最棒英国人之一”。约·托马斯1902年6月17日出生在英国首都伦敦，父亲是煤炭商人。童年时代，他随家人一同迁往法国迪耶普，因而能说一口地道的法语。1919年波苏战争爆发后，约·托马斯加入波兰阵营作战，后来遭苏军逮捕。那时，他不到20岁，却做了一件令人意想不到的事：勒死苏军看守，成功越狱。

约·托马斯英俊潇洒，聪明机智，对时尚潮流有着敏锐嗅觉。如果没有战争，他的人生轨迹可能将大大不同。上世纪20年代，他在“时尚之都”巴黎的莫利纳时装店上班，每天与高档礼服、皮鞋和丝巾打交道。然而，二战爆发，法国沦陷。约·托马斯逃回英国，最初是为戴高乐将军的“自由法国”抵抗组织担任翻译，没过多久又被新成立的英国情报机构“特别行动处”招募。约·托马斯在特别行动处做过一阵子行政工作，很快就以联络官身份与法国情报机构打交道，开始了潜入法国执行秘密任务的间谍生涯。1943年9月，他第二次跳伞秘密降落法国。短短几个月里，他发现反法西斯同盟对法国抵抗运动提供的后勤保障和物资支援严重不足。返回英国后，他当即去找首相温斯顿·丘吉尔交涉，苦苦哀求了5分钟。邱吉尔最初不大情愿，后来被约·托马斯说服，同意加大对法国抵抗运动的物资援助。电影里，“007”被英国军情六处授予可以除去任何妨碍行动的人的权力，即“杀人执照”。但在现实生活中，英国特别行动处却不允许约·托马斯持枪，更不可能授予他“杀人执照”。然而，生性不羁的约·托马斯总是带着武器出门，遇到危险敌人时也毫不犹豫地开枪。有一次，约·托马斯在巴黎街头被人紧紧盯上，于是便诱使盯梢者走到一座大桥前。约·托马斯躲在阴影处，趁那人不备便猛扑上去，近距离开了一枪，然后把对方尸体丢进河里。

看过“007”系列电影的影迷都知道，只要“007”出现，就必有美女相随。在现实生活中，约·托马斯和“007”一样，风流倜傥，身边常有美女相伴。然而，他的感情生活并不顺利。最大憾事莫过于，他始终无法与人生伴侣芭芭拉携手步入婚姻殿堂。

那时，约·托马斯与妻子莉莲长期分居，感情淡薄。他希望与妻子离婚，无奈莉莲身处德军占领下的法国，而他作为英国间谍，无法公开前往法国办理离婚手续。从那以后，他与芭芭拉牵手几十年，唤她作挚爱情人。芭芭拉没有机会穿上洁白婚纱站在十字架前宣誓，但心中早已是这个男人的妻子，更心甘情愿地改随夫姓。二战结束后，约·托马斯重返巴黎时装店工作，若干年后成为英国工业联合会驻法国贸易代表。然而，战争给他留下太多创伤和病痛，令他时常在梦中惊醒。与电影中轻松潇洒的形象不同，弗莱明在小说中描写的“007”性格“日趋阴郁”、“精神上受折磨”，更加符合人物原型。1946年，约·托马斯被授予“乔治十字勋章”，成为首位获此殊荣的二战特工。这一勋章由英王乔治六世于1940年设立，以表彰“最伟大的英勇行为或在极端危险的情况下所表现的杰出勇气”。1964年，约·托马斯病逝，享年62岁。对他跌宕起伏的一生，一名传记作家评价道：“他的故事比任何一名小说家挖空心思写成的作品或任何一部好莱坞电影都更非凡……他是勇士中的勇士。”

诺贝尔

——回首华人荣耀

我所留下的全部可变换为现金的财产，将以下列方式予以处理：这份资本由我的执行者投资于安全的证券方面，并将构成一种基金；它的利息将每年以奖金的形式，分配给那些在前一年里曾赋予人类最大利益的人。上述利息将被平分为5份，其分配办法如下：一份给在物理方面作出最重要发现或发明的人；一份给作出过最重要的化学发现或改进的人；一份给在生理和医学领域作出过最重要发现的人；一份给在文学方面曾创作出有理想主义倾向的最杰出作品的人；一份给曾为促进国家之间的友好、为废除或裁减常备军队以及为举行和平会议作出过最大或最好工作的人。物理和化学奖金，将由瑞典皇家科学院授予；生理学和医学奖金由在斯德哥尔摩的卡罗琳医学院授予；文学奖金由在斯德哥尔摩的瑞典文学院授予；和平奖金由挪威议会选出的一个五人委员会来授予。我的明确愿望是，在颁发这些奖金的时候，对于授奖候选人的国籍丝毫不予考虑，不管他是不是斯堪的纳维亚人，只要他值得，就应该授予奖金。我在此声明，这样授予奖金是我的迫切愿望。这是我的唯一有效的遗嘱。在我死后，若发现以前任何有关财产处理的遗嘱，一概作废。

——阿尔弗雷德·伯哈德·诺贝尔

1895年11月27日

这大概是对世界影响最大的遗嘱之一。至此，举世闻名的“诺贝尔奖”就此诞生了。如今，在孩子们都必须学习的语文课本上，是这样介绍诺贝尔的——在世界科学史上，有这样一位伟大的科学家：他不仅把自己的毕生精力全部贡献给了科学事业，而且还在身后留下遗嘱，把自己的遗产全部捐献给科学的事业，用以奖掖后人，向科学的高峰努力攀登。今天，以他的名字命名的科学奖，已经成为举世瞩目的最高科学大奖。他的名字和人类在科学探索中取得的成就一道，永远地留在了人类社会发展的文明史册上。这位伟大的科学家，就是世人皆知的瑞典化学家阿尔弗雷德·伯恩哈德·诺贝尔。

诺贝尔奖至今已有百年的历史了，在这百年当中，中国经历了无数的战争与动荡，科技与文化的发展几乎都处于历史低谷。在百年的动荡之后，获得诺贝尔奖的肯定，就成为了国人走出低谷的里程碑式的梦想。就在几天前，中国作家莫言获得了诺贝尔文学奖，这无疑让习惯失望的我们再次燃起了对诺贝尔奖的关注与热情。事实上，作为文明古国的中国，虽然曾缔造过对于推动世界文明进程至关重要的四大发明，虽然有着任何一个国家都无法比拟的优美文字与大量传世佳作，但遗憾的是，这些都只是历史上的辉煌。近百年来，经过了战争浩劫与重建，经历了经济的发展与飞跃后，在生活水平与物质水平已与发达国家接近的今天，我们无疑在物质文明发展的同时，迫切需要得到国际上对于我们精神文化的认可。而诺贝尔奖，无疑正是这种世界认可的重要体现之一。

阿尔弗雷德·贝恩哈德·诺贝尔

事实上，我们只想讲述那些曾获得过诺贝尔奖的杰出华人的成就与故事，但在此之前，恐怕我们不得不做的是：充满敬意的重新温故一番这个著名奖项的创造者：阿尔弗雷德·贝恩哈德·诺贝尔的一生。

1833年10月21日，诺贝尔出生于瑞典首都斯德哥尔摩。按照瑞典人的命名习惯，阿尔弗雷德是名，诺贝尔是姓。不过按照后来约定俗成的叫法，诺贝尔家族的姓后来通常也就用以指阿尔弗雷德本人。诺贝尔的母亲是以发现淋巴管而成为著名的瑞典博物学家鲁德贝克的后裔。父亲伊曼纽尔·诺贝尔是位发明家，在俄国拥有大型机械工厂。1840—1859年其父在圣彼得堡从事大规模水雷生产，这些水雷及其他武器曾用于克里米亚战争。他发明了家用取暖的锅炉系统、设计了一种制造木轮的机器、设计制造了大锻锤、改造了工厂设备。1853年5月，沙皇尼古拉一世为了表彰伊曼纽尔·诺贝尔的功绩，破例授予他勋章。

在父亲永不停息的创造精神影响和引导下，诺贝尔走上了光辉灿烂的科学发明道路。诺贝尔的学校生活仅止于小学。他到了上学的年龄时，被送进了斯德哥尔摩的圣雅各布高级卫道士小学念了几个学期的书。在这所小学里他所有的功课以及品德都得了最高分，是82个学生中得到最高分数的3个学生之一。1842年，诺贝尔随家人到俄国彼得堡生活，父亲给三兄弟在家里办了一个诺贝尔家庭学校。此后的六七年内，爱好诗歌的诺贝尔一直做着“雪莱梦”，但父亲很反感，认为诗歌不过是懒散女子的消遣，一个有出息的男子汉不应当也不屑乐于此道。

在家庭学校内，对诺贝尔理科教育影响最大的是家庭教师齐宁，他是俄国当时最著名的化学家。1850年，诺贝尔17岁时，父亲为了家族事业的发展，决定送诺贝尔到欧洲各国和美国去见见世面，同时考察欧洲国家和美国在机械、化工方面的现状和进展。直至他21岁才回到彼得堡。这期间，他开始接触硝化甘油炸药的制造技术。1863年，诺贝尔返回瑞典，与父亲及弟弟共同研制炸药，因意外爆炸事故炸毁工场，炸死弟弟，政府禁止他们再进行试验。他因此一度把实验室设在了斯德哥尔摩市外马拉湖的一条驳船上。直到1866年秋的一天，雷酸汞的爆炸试验成功了，它即是今天用途广泛的雷管。此后诺贝尔在炸药方面的一系列发明使他成为“现代炸药之父”。诺贝尔本质上是一位和平主义者，希望他发明的破坏性炸药有助于消灭战争，但他对人类和国家的看法却是悲观主义的。

诺贝尔的爱情

在诺贝尔生前与身后，人们对他常有欧洲“最富有的流浪汉”之说。他一生没有妻室儿女，也没有固定住所。他曾说过：“我在哪里工作，哪里就是我的家。”曾有3位女性进入他的生活，但一个早逝，一个无缘，一个无知而负心，诺贝尔的爱情是悲剧。

青年时代的那次欧美之旅，诺贝尔曾在巴黎与一位法国姑娘有过短暂的热恋，不幸的是，那位姑娘不久猝然病逝。1876年诺贝尔43岁时，奥地利大元帅弗兰兹·金斯基伯爵之女伯莎应聘做他的秘书，诺贝尔对她一见倾心，无奈伯莎心已属人，这两人虽无缘结为连理，却结成了永恒的友谊，伯莎后来成为著名女作家、世界和平运动先驱之一。1876年秋，诺贝尔去奥地利进行商业旅行时，在维也纳的一家花店里结识了卖花女索菲。此后诺贝尔与索菲维持了近

15年的关系。诺贝尔一度希望索菲成为他的伴侣，为她在疗养地买了一幢漂亮的别墅，在巴黎富人区购置了一座华丽的公馆，但由于索菲没有文化，缺乏教养，又不听诺贝尔的劝导，只知挥霍放荡，使诺贝尔感到忧伤与失望。

化学家的诗人梦

诺贝尔在少年时代深受英国诗人雪莱的影响，并因此做过想当诗人的“雪莱梦”。成年之后，尽管由于技术发明与商务发展两方面的事务极为繁忙，业余时间很少，但诺贝尔对文学的爱好与他对科学的爱好一样始终如一。可以说，文学与科学是诺贝尔的两大精神支柱。对于英国文学，诺贝尔除了喜欢阅读雪莱、拜伦和莎士比亚等人的作品之外，甚至对英国不怎么著名的作家作品也极为熟悉。对于法国文学，他除了与雨果有直接交往而阅读他的作品之外，还广泛地阅读莫泊桑、巴尔扎克、左拉等人的作品。对于俄国文学，他喜欢阅读果戈里、陀斯妥耶夫斯基、托尔斯泰和屠格涅夫等人的作品。包括他的祖国瑞典在内的斯堪的纳维亚各国的文学，他阅读过易卜生、比约恩森、加博格、基兰等人的作品。对这些作品他都有过独特的评价。

诺贝尔不仅喜欢阅读文学作品，而且也曾尝试过进行文学创作。他写过诗，《一则谜语》就是他的一首自传体式的长诗。晚年他开始创作小说，1861年写的《在最明亮的非洲》、1862年写的《姊妹们》，这两部作品抒发他对社会改革的观点，1895年写的喜剧《杆菌发明专利权》，则对现实持批评态度，作品充满了挖苦和讥讽。他唯一的一部正式出版的戏剧作品，是写于1895年的《复仇的女神》。这部悲剧在巴黎出版时，诺贝尔已经永辞人世。他的家族成员们认为："像这么一部可怜的剧作，不能给一位伟人带来荣誉的纪念。"因此只留下3本保存，其余的全部销毁。这个家族的决定也许是对的，因为，诺贝尔在年轻时表现出来诗人的气质，已经在漫长的发明家和大企业主的一点儿也不浪漫的岁月中消失了。

诺贝尔的工业帝国

诺贝尔生前曾说他不喜欢经商，说他厌恶那些尔虞我诈的商务纠纷，他说与其进那些商务仲裁所，不如进他的技术实验室。然而他可确实是一位富有的商人，他生前在各国创建的诺贝尔分公司，可以说是现代跨国公司的先驱。

仅在瑞典，诺贝尔就开办过4家工厂。1865年，诺贝尔在德国汉堡开设了德国的诺贝尔公司；1873年至1891年迁居法国期间，法国诺贝尔公司所属的工厂开办到7家；英国的诺贝尔公司所属的工厂曾发展到8家；到70年代，诺贝尔已成工业巨富，他委托大哥在芬兰和俄国开办了化工厂，还投资诺贝尔兄弟石油公司，后者曾是诺贝尔巨额资产的重要财源之一。后来各国的公司和工厂被改组为两个国际托拉斯：英德托拉斯和拉丁托拉斯。从1886年到1896年的10年间，诺贝尔跨国公司已遍及21个国家，拥有90余座工厂，雇工多达万余人，到了80年代末90年代初，诺贝尔跨国公司实际上已成为一个庞大的工业帝国。

诺贝尔在巴黎工作和生活期间，流传着不少有关他的轶闻趣事。有一则说，他聘用作为厨娘的一个法国姑娘告诉他，她要辞职去结婚。诺贝尔问这位法国姑娘要他送点什么结婚礼物，这位聪明而机灵的法国姑娘提出：别的都不要，只想要"诺贝尔先生本人一天所挣的钱"。这个请求可难倒了诺贝尔，因为诺贝尔本人也不知道他一天挣多少钱。然而，诺贝尔是一个答应了的事就一定要办的人，于是他经过几天计算之后，算出他一天大概能挣4万法郎。这样，他就把4万法郎作为结婚礼物赠给了那位姑娘。据说这笔钱在当时的价值，仅靠它的利息就可以让这位姑娘舒心地过上一辈子。

遗嘱风波

在诺贝尔遗嘱公布之初，瑞典社会舆论的批评和谴责之声占了上风。报界公开地鼓励亲属上诉，反对它的理由主要是“法律缺陷”和“不爱国”。报界说，一个瑞典人不注意瑞典的利益，既不把这笔巨额遗产捐赠给瑞典，也没有给瑞典人甚至斯堪的纳维亚人获奖的优先权，还要瑞典承揽这些额外工作，从而给瑞典人带来不能给他们任何利益的麻烦，那纯粹是不爱国的，瑞典的奖金颁发机构将不可能令人满意地完成分派给它们的任务。遗嘱还把颁发和平奖金的任务交给一个由挪威议会指定的委员会，瑞典与挪威之间的关系当时已经非常紧张，这将要严重损害瑞典的利益。一部分社会民主党人士指责说，诺贝尔设立奖金支持个别杰出人物，无助于社会进步。他们认为，诺贝尔的财产来自劳动和大自然，应该使社会每一个成员都得到益处。而对法律缺陷的批评，曾被认为将使整个的遗嘱失效。高明的律师们挑出的第一个毛病是，遗嘱中没有明确讲出立嘱人是哪国公民。这样一来，就难以确定该由哪个国家的执法机关来判决遗嘱的合法性，更无法确定该由哪国政府来组织诺贝尔基金委员会了。这个指责不是没有道理的，因为，诺贝尔生在瑞典，成长在俄国，创业活动遍及欧洲，晚年也没有成为任何一个欧洲国家有国籍的公民。他们挑出的第二个毛病是，遗嘱没有明确指出全部财产由谁来负责保管。他们说，虽然遗嘱说要成立一个基金会，但又没有指定由谁来组织这个基金会。所以，可以认为，遗嘱执行人无权继承遗产，而继承遗产的基金会又不存在。

经过遗嘱执行人索尔曼等人不懈努力，1898年5月21日，瑞典国王宣布诺贝尔遗嘱生效。1901年6月29日，瑞典国会通过了诺贝尔基金会章程。1901年12月10日，即诺贝尔逝世5周年的纪念日，颁发了首次诺贝尔奖。诺贝尔到底有多少资产，这是连诺贝尔自己也不十分清楚的问题。按照诺贝尔的遗嘱，要把他的全部资产变成现金，这本身就是一个牵涉到多国经济和法律的巨大工程。经索尔曼等人数年在多国之间来回奔波，终于在1900年对诺贝尔遗产的清理有了一个初步的轮廓。遗产变换为现金的总额33233792瑞典克朗，约为920万美元。不仅在当时，就是在现在，诺贝尔的这笔遗产确实都是一笔巨额遗产。

诺贝尔奖是按照诺贝尔最后的遗嘱订定的，分成下列的六项：（1）物理奖：由瑞典科学研究院决定，对于物理方面有重要发明和发现的人。（2）化学奖：由瑞典科学研究院决定，在化学有重要发现和改良的人。（3）医学奖：由斯德哥尔摩的加罗林学会决定，在生理学或医学上，有重要发现的人。（4）文学奖：由斯德哥尔摩学术院决定，对文学思想有启发引导作用的人。（5）和平奖：由挪威议会组成的五人委员会决定。为促进国际的友好关系，且为和平会议的设立和普及竭尽心力，在军备的废除和缩减上有重要贡献的人。（6）经济学奖：并非诺贝尔遗嘱中提到的五大奖励领域之一，是由瑞典银行在1968年为纪念诺贝尔而增设的，获奖者由瑞典皇家科学院决定。

按章程规定，获奖者每年除了可以获得当年颁发的那份数额可观的奖金之外，还可以获得一枚金质奖章和一份获奖证书。由于诺贝尔基金的主要基金每年是变化的，其基金所得纯收入也就每年有所不同，因此每年的每项奖金数额也就各不相同。例如，1901年第一次颁奖时，每项奖金的数额约为15万瑞典克朗，约合4.2万美元。此后，由于在债券、股票、房地产等方面的投资获利，诺贝尔基金不断增值积累，其奖金金额也在逐年增长。上世纪80年代之后，每项奖金的数额增加到100多万瑞典克朗。到了上世纪90年代，每项奖金数额又有较大增长。例如，1993年每项奖金为670万瑞典克朗，当年的这一数额约合84万美元。又如，1996年的每项奖金已增加到740万瑞典克朗，当年的这一数额约合112万美元。金质奖章约重半镑，内含黄金23K，奖章直径约为6．5厘米，正面是诺贝尔的浮雕像。不同奖项、奖章的背面饰物不同。每份获奖证书的设计也各具风采。颁奖仪式隆重而简朴，每年出席的人数限定在1500人至1800人之间，其中男士要穿燕尾服或民族服装，女士要穿严肃的晚礼服，仪式中所用的鲜花从世界各地空运而来，以表示对知识的尊重。1896年12月10日诺贝尔在意大利的圣雷莫去世，终年63岁。在去世前，他是这样总结自己的：阿尔弗雷德·诺贝尔，当他呱呱坠地时，他那可怜的生命本可断送于一位仁慈的医生之手。主要的美德：保持指甲清洁，从不累及他人。主要的过失：没有太太，脾气很坏，消化不良。唯一的愿望：不被人活埋。最大的罪恶：不祭拜财神。

丁肇中

1976年，现年69岁的丁肇中因发现构成物质的第四种基本粒子——J粒子，获得了1976年诺贝尔物理学奖。颁奖仪式上，丁肇中用一口流利中文慷慨致词，这也是诺贝尔奖设立76年来，首次用汉语发表的获奖演说。这一刻，也成为了全球华人的骄傲。

丁肇中的祖籍是山东省日照市涛雒镇。父亲丁观海、母亲王隽英皆任教于大学。1936年丁观海和已有身孕的妻子王隽英到美国进行学术访问时，王隽英意外早产。这个提前来到人间的婴儿，就是丁肇中。而也就在这样的巧合中，丁肇中变成了美国公民。出生3个月后，父母又把丁肇中带回了中国。他说："由于当时中国的境况，我一直是一个难民，不断地从一个地方逃到另一个地方。当然，那时使我不可能得到任何的正规教育。"在他12岁时，随全家迁往台湾，才进中学读书，因而十分珍惜上学的机会。

高中时，他特别喜欢理化，刻苦钻研，成绩很好，他的一个同学曾在毕业纪念册上给他这样的赠言："你的理科可以说在班上无敌手，我希望你集中全力向理科进攻，发明几个丁氏定律！"中学毕业后，丁肇中被保送进台湾成功大学机械工程系。1956年他20岁时只身赴美，进密歇根大学，于1962年获得了物理学博士学位。

丁肇中选定了实验物理作为他的主攻方向。1972年他领导一个小组在纽约的布鲁克国家实验室进行了一系列实验去寻找新的重粒子。对于实验的艰巨性和复杂性，他曾经这样比喻道："在雨季，一个像波士顿这样的城市，一分钟之内也许要降落下千千万万粒雨滴，如果其中的一滴有着不同的颜色，我们就必须找到那滴雨。"

1974年11月12日，在实验室里夜以继日地工作了两年多，全力攻关的丁肇中向全世界宣布，他的小组发现了一种未曾预料过的新的基本粒子·J粒子。这种粒子有两个奇怪的性质：质量重，寿命长，因而它一定来自第四夸克，这推翻了过去认为世界只由三种夸克组的理论，为人类认识微观世界开辟了一个新的境界，被称为是"物理学的11月革命"。

丁肇中还有一个著名的外号"不知道先生"。这个外号的来源于2004年。那年的11月7日，南航报告厅座无虚席，师生们在聆听诺贝尔物理学奖获得者、著名美籍华人丁肇中教授作报告，内容关于寻找太空中的反物质和暗物质。一个小时的精彩报告后，按照惯例，丁教授回答同学们的提问。“您觉得人类在太空中能找到暗物质和反物质吗？”“不知道。”“您觉得您从事的科学实验有什么经济价值吗？”“不知道。”“您能不能谈谈物理学未来20年的发展方向？”“不知道。”一问三不知，而且回答“不知道”时，丁肇中表情自然诚恳，没有任何明知不说的矫揉造作。在场的所有同学都大感意外，短暂的沉默后开始有人窃窃私语起来。旋即，他微笑着说：不知道的事情绝对不能去主观推断，尤其是最尖端的科学很难靠判断来确定是怎么回事。简短而平实的几句话，充满了中国人的哲理：“知之为知之，不知为不知，是知也”。

无独有偶，《庄子·齐物论》也记载了一个三问而三不知的故事：“啮缺问乎王倪曰：‘子知物之所同是乎？’曰：‘吾恶乎知之！’‘子知子之所不知邪？’曰：‘吾恶乎知之！’‘然则物无知邪？’曰：‘吾恶乎知之！虽然，尝试言之：庸讵知吾所谓知之非不知邪？庸讵知吾所谓不知之非知邪？’”丁肇中这位享有盛誉的华人科学家，据说经常回答“不知道”。正是“不知道”激发的强烈求知欲，使他读起书来孜孜不倦，成为美国密歇根大学百年历史上从学士到博士完成时间最短的学生。当时该校每年学费1000美元，他因表现出色一直受到校方资助，从大学到博士的6年间，他仅用了100美元学费。也正是“不知道”激发的强烈好奇心，使他不断探索“不知道”的领域，为人类揭开了很多很多的“不知道”，并最终登上了诺贝尔领奖台。

科学属于全世界，科学家却属于自己的祖国。2005年6月18日，丁肇中携妻将子回到故乡山东日照寻根祭祖，实现了一个海外游子多年的夙愿。在故乡涛雒镇南门里，面对上千名久久迎候的父老乡亲，丁肇中的激动甚至远胜于领取诺贝尔奖的光荣时刻。种德堂西厢房是丁肇中父亲丁观海和母亲王隽英曾经住过的屋子，参观完西厢房，大家邀请丁肇中题字留念，丁肇中请妻子苏姗先题。苏姗会意一笑，这位金发碧眼的美国女士坐到古色古香的八仙桌前，在白纸上用英文深情写道："今天对丁氏家族来说，是一个特殊的日子：树高千尺，叶落归根。苏姗。2005年6月18日。"丁肇中从夫人手里接过笔，让儿子克里斯托弗签上自己的名字，最后，又一笔一划地签上了自己的名字：丁肇中。

丁氏家族是日照的名门望族，祖上屡出进士、举人，书香浓郁。丁肇中的祖父丁履巽肄业于上海复旦大学，父亲丁观海早年就读于山东大学，是一位土木工程学家。抗战初期，幼小的丁肇中曾在故乡度过无邪的童年。跟随父亲回乡的克里斯托弗·丁是丁肇中惟一的儿子，这位19岁、身材高大的小伙子正在父亲母校——美国密歇根大学念二年级。爷爷丁观海专为心爱的孙子起了一个中文名字：丁明童。老人还为丁肇中的另外两个孩子分别起了中文名字，叫丁明美、丁明明。

丁明童对父辈家乡的一切充满了好奇。每到一处，丁肇中都不厌其烦地用英语向儿子解说。他告诉儿子："美国人喜欢去欧洲，那是去找他们的祖先；而你来中国，也是找自己的祖先。"在丁肇中心里，他是多么渴望儿子和他一样了解和热爱自己的故国家乡！伫立在祖父丁履巽的墓前，丁肇中表情沉重的脸上有了一丝宽慰。回忆1985年，少小离家的丁肇中首次回到阔别40多年的家乡探亲。2002年6月14日，丁肇中在第二次回乡祭扫祖墓后说："真应该带儿子回来，让他看看，让他知道他的根在这里。"如今，鬓毛已衰的丁肇中终于带着儿子回来了。整理一下花圈上的挽联，丁肇中牵着夫人苏姗的手，凝视着儿子，缓缓地用英语说："Your root is here.（你的根在这儿。）"黑色的墓碑上镌刻着丁肇中亲拟的碑文：怀念我的祖父，一位鼓励家人为世界做贡献的人。

朱棣文

1997年，因“发明了用激光冷却和俘获原子的方法”，朱棣文荣获诺贝尔物理学奖。他也是美国能源部的部长。这是继前劳工部部长赵小兰后，第二位出任美国内阁首长的华人，更是首位担任美国内阁首长的诺贝尔奖得主。

朱棣文负责美国联邦政府能源政策制定，能源行业管理，能源相关技术研发、核武器的研制和管理，防止核扩散等重要工作。美国政府未来在制订能源政策时，将面对前所未有的挑战，能源部部长将担当一个更加重要的角色，而朱棣文被认为是肩负这项重任的理想人选。

朱棣文从事的是目前世界上最尖端的激光致冷捕捉技术研究，有着非常广泛的实际用途，这项研究为帮助人类了解放射线与物质之间的相互作用，特别是深入理解气体在低温下的量子物理特性开辟了道路。在原子与分子物理学中，研究气体的原子与分子相当困难，因为它们即使在室温下，也会以上百公里的速度朝四面八方移动，唯一可行的方法是冷却，然而，一般冷却方法会让气体凝结为液体进而结冻。朱棣文等3位学者则利用激光达到冷却气体的效果，即用激光束（molassos）达到万分之一绝对温度，等于非常接近绝对零度（摄氏零下273度）。原子一旦陷入其中，速度将变得非常缓慢，而变得容易俘获。该技术可以用来做精确测量，特别是做“重力测量”；人们还可以利用此技术做成重力分析图，由此解开地球上的许多谜团：例如观察油田的内层、勘探海底或地层内的矿物质，在生物科技上可以解读去氧核糖核酸（DNA）的密码；科学家还可以借此研究“原子激光”，制造精密的电子元件；也可以测量万有引力，进一步发展太空宇航系统，进行准确的地面卫星定位。科学家们普遍认为，这的确是一个了不起的研究成果。

朱棣文的祖父朱祝年是江苏苏州太仓城厢镇的一位读书人，十分重视培养后代。朱棣文的父亲朱汝瑾1940年毕业于清华大学化工系，1943年留美就读麻省理工学院，1946年获该院化工博士，先后任美国圣路易、纽约及新泽西的3所大学教授，历任美国和欧洲60多家石油、化学、导弹、核子工程及太空公司的顾问，工程及太空公司的顾问；其母李静贞出生于天津一名门之家，1945年清华大学经济系毕业后去美国麻省理工学院攻读工商管理。朱棣文的外祖父李书田毕业于天津大学，1923年公费留美，回国后投身教育事业，曾任天津大学校长，国民政府教育部长。朱棣文父兄辈中至少有12位拥有博士学位或大学教授职位。因此，朱棣文说，出身学术世家对他今天取得的成就有相当的影响。

朱棣文曾多次访问中国。1998年6月，他当选为中国科学院外籍院士。朱棣文坦言，他一生有一个很大的遗憾，因为有一样东西他始终没有学好，这就是中文。朱棣文七八岁的时候，父母曾想过送他去学中文，但那时的他不想和周围的人不一样，也不想每个星期天早上到中文学校去，所以就很反抗。“现在回想起来，我希望那时父母能和我说中文，也希望当时我能继续上中文学校，或者进行类似的中文学习。”朱棣文是在中西文化共同浸染下成长起来的，继承了中西文化的精髓，他的内心深处既有西方人的率真、幽默，也有东方人的谦虚、含蓄。这无疑正是海外杰出华人的一个共同特征。

莫言

The Nobel Prizein Literature 2012 was awarded to Mo Yan “who with hallucinatory realism merges folk tales, history and the contemporary”。这是2012年10月11日，北京时间19点，2012年诺贝尔文学奖揭晓时，中国作家莫言获奖的颁奖词。其意为：将魔幻现实主义与民间故事、历史与当代社会融合在一起。

莫言自1980年代中以一系列乡土作品崛起，充满着“怀乡”以及“怨乡”的复杂情感，被归类为“寻根文学”作家。莫言的作品深受魔幻现实主义影响，写的是发生在山东高密东北乡的“传奇”。莫言在他的小说中构造独特的主观感觉世界，天马行空般的叙述，陌生化的处理，塑造神秘超验的对象世界，带有明显的“先锋”色彩。他的作品被译成多国文字，日本诺贝尔文学奖获得者大江健三郎认为，莫言是中国问鼎诺贝尔文学奖的人选。事实上，莫言已成为了中国第一位获得诺贝尔文学奖的本土作家。

瑞典著名汉学家、诺贝尔文学奖终审评委马悦然评点莫言说：“莫言非常会讲故事，太会讲故事了。他的小说都是很长的，除了在《上海文学》发表的《莫言小说九段》。”“我感觉他写得太多了，他的书有现在的一半厚就更好了。”他还曾亲自对莫言说：“你的小说太长了，你写得太多了。”莫言幽默地回答：“我知道，但是因为我非常会讲故事，只要开始了就讲不完。”

说起莫言最著名的小说，大概莫过于《红高粱》了。该作一发，即引起了轰动。当年夏天，莫言与张艺谋等人合作，将《红高粱》改编成电影文学剧本。1988年春，电影《红高粱》获西柏林电影节金熊奖，引起了世界对中国电影的关注，也成就了中国文化界的两位名人——张艺谋与莫言的世界知名度。在作品中摹刻了一出出“东北乡”传奇的莫言对自己的家乡一往情深，“我的故乡和我的文学是密切相关的”，莫言说：“高密有泥塑、剪纸、扑灰年画、茂腔等民间艺术。民间艺术、民间文化伴随着我成长，我从小耳濡目染这些文化元素，当我拿起笔来进行文学创作的时候，这些民间文化元素就不可避免地进入了我的小说，也影响甚至决定了我的作品的艺术风格。”

在回答“您作品中的什么地方打动了评委”时，莫言说：“我想最主要的是我的作品中的文学素质。这是一个文学奖，授予的理由就是文学。我的作品是中国文学，也是世界文学的一部分，我的文学表现了中国人民的生活，表现了中国独特的文化和风情。同时我的小说也描写了广泛意义上的人。一直是站在人的角度上，一直是写人，我想这样的作品就超越了地区、种族、族群的局限。”有人说，莫言的获奖意味着通过小说打开了一个让西方世界，包括世界了解中国文化的一个窗口。莫言则说：这个普世价值现在也说得很烂了，大家都把普世价值挂在嘴边，实际上我理解的普世价值也没那么复杂，在文学作品里边，你写出了不仅仅能够打动你的同胞的作品，而且你的作品被翻译出去以后也能打动外国的读者，这样的作品就必然具有普世价值。